U0558207

RANG XIANGMUHUA XUEXI ZHENSHI FASHENG

让项目化学习真实发生

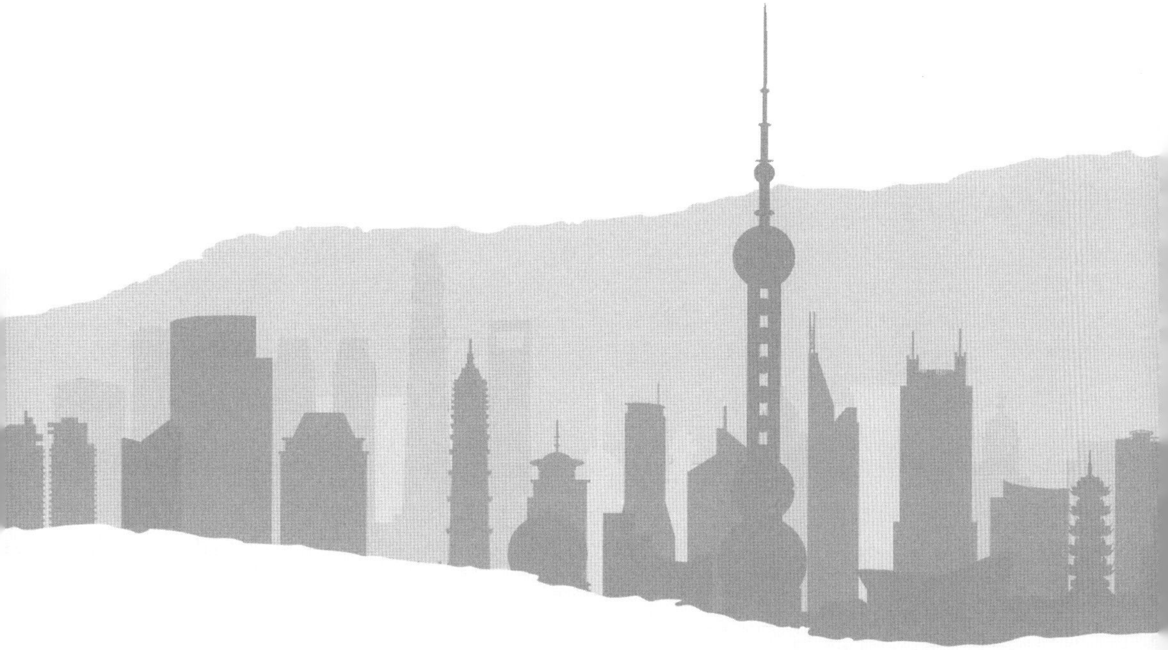

浦东的研究与实践

杨海燕◎编著

目　录

第一章

项目化学习的内涵与价值

研究表明，PBL 可以让学生获得 21 世纪技能，甚至在传统的考试中取得更好的表现。但是我们倡导 PBL，还因为 PBL 有一个更重要的特征，它是真实的，它吸引了学生的思想和心灵。

——约翰·拉尔默(John Larmer)

21世纪以来，越来越多的学校和教师认可项目化学习（project based learning, PBL）并积极实践，那项目化学习是什么？它的基本要素有哪些？项目化学习的价值到底表现在哪些方面？本章将围绕这些内容综述相关研究成果。

一、项目化学习实施的相关背景

2019年6月，中共中央、国务院颁发《关于深化教育教学改革全面提高义务教育质量的意见》，文件指出要“探索基于学科的课程综合化教学，开展研究型、项目化、合作式学习”。《义务教育课程方案和课程标准（2022年版）》（以下简称“双新”）的颁布标志着新一轮义务教育课程改革的全面推进。新方案提出，要“深化教学改革”，“坚持素养导向”，“强化学科实践”，“注重做中学”，“推进综合学习”。本轮课程改革预示着我国义务教育进入一个崭新时代——核心素养时代。① 由于项目化具有指向“素养目标”，通过项目来学习重要的观念、概念和能力，增加学生探索大概念的机会等特点和优势，项目化学习已经成为探索教与学方式变革，培育学生核心素养和21世纪技能的一种重要载体和方式。

那么21世纪需要什么样的素养和能力呢？根据外国诸多研究成果，21世纪我们要培养学生的素养，除了日常的基础性素养，如数学素养、阅读素养、科学素养、公民素养、技术素养等，通过我们日常的教育教学就可以实现，还需要培养学生具备一些关键能力，如创新思维、批判性思维、沟通能力

① 安桂清.论义务教育课程的综合性与实践性[J].全球教育展望，2022(5)：14—26.

和合作能力等,这四项技能一般被称之为“21 世纪技能”,或“4C”或“关键能力”。这些关键能力的获取,需要复杂的任务和挑战,需要改变环境和真实的情境。国际学生评估项目(PISA)的测试结果表明,中国学生基础知识和技能非常扎实,但在高阶思维和协作式问题解决等复杂认知技能上表现不佳。这一结果表明当前培养中小学生 21 世纪技能已经迫在眉睫。项目化学习恰逢其时,可以为培养学生的这些关键能力提供机会和载体。

二、项目化学习的内涵界定

目前学界关于 PBL 的界定看法不一。总体来看,对项目化学习的界定主要包括教与学的过程、教与学的方法与学生学习结果这三种视角的解读。[①] 对项目化学习本质的认知有两种理解。[②] 一是将项目化学习视为一种教与学的方式,基于课程标准设计学科或跨学科项目。二是将项目化学习看成是一种课程组织方式,用项目主题、问题等作为系统的课程逻辑,整合内容形成独立于国家课程之外的项目课程,如科学、技术、工程、数学(science, technology, engineering, mathematics, STEM)系列的项目课程、体现学校特色的节庆文化的项目课程。

(一) 国外对项目化学习内涵的界定

PBL 理念一般认为发端于杜威(Dewey)的“做中学”及建构主义思想。1896 年,杜威创立了一所实验中学作为其教育理论的实验基地,并任该校校长。其教育理论强调个人发展、从实践中学习和体验式学习,成为 20 世纪项目化学习研究与探索的最重要理论支撑。随后,杜威的学生克伯屈首次提出并实践了项目学习(project methods)。

1918 年,克伯屈给出了项目学习的广义定义,并提出项目的“通用(目

① 高辛宇.项目化学习教师胜任力模型的构建与应用研究[D].上海:华东师范大学,2023:5.
② 崔允漷,王少非,杨澄宇,等.新课程关键词[M].北京:教育科学出版社,2023:82—83.

标)模型”(the universal goal),项目学习在教育领域的发展与普遍应用才有了可行的理论依据。他指出,所谓项目,就是一个实施者设计、计划并且在一定范围内完成的完整活动(或经历/经验)。所谓“通用(目标)模型”,即项目并非只局限于手工操作训练以及特定教学阶段,而是适用于任何时间、任何学科,包括各种形式的活动和学习。① 他设计了四种项目课堂模式,即“建构式”(construction)、“体验式”(enjoyment)、“问题式”(problem)、“特定式”(specific learning)。

随着近些年来全球范围内的“素养”研究的深入,项目化学习作为培育素养的一种重要手段得到了普遍的重视。与克伯屈时代相比,与“动手做”不同,在21世纪技能和素养的导向下,当前国际上所倡导的主流的项目化学习,如斯坦福大学的达林·哈蒙德教授、学习科学领域的克拉斯克、巴克教育研究所(Buck Institute for Ecucation,简称BIE)等更强调核心知识的理解,在做事中形成专家思维,引发跨情境的迁移。②

巴克教育研究所在《项目学习手册》中将项目化学习界定为:学生在一段时间内通过研究并应对一个真实的、有吸引力的和复杂的问题、课题或挑战,从而掌握重点知识和技能。项目化学习的重点是学生的学习目标,包括基于标准的内容以及批判性思维、问题解决、合作和自我管理等技能。③

BIE在长期的探索中逐渐形成了黄金标准PBL的核心项目设计要素④:(1)核心知识、理解力和成功素养;(2)具有挑战性的问题或疑问;(3)持续探究;(4)真实性;(5)学生的发言权和选择权;(6)反思;(7)批判性反馈和修改;(8)公开展示的成果。

---

① 刘育东.国外项目学习的历史沿革及发展趋势[J].教育理论与实践,2019(19):60—64.

② 夏雪梅.在学科中进行项目化学习:学生视角[J].全球教育展望,2019(2):83—94.

③ 夏雪梅.项目化学习设计:学习素养视角下的国际与本土实践[M].北京:教育科学出版社,2018:8.

④ 苏西·博思,约翰·拉尔默.项目式教学:为学生创造沉浸式学习体验[M].周华杰,等,译.北京:中国人民大学出版社,2020:13.

(二) 国内对项目化学习内涵的界定

项目化学习是指通过项目制作和完成来促进知识技能掌握的一种学习方法。① 与传统强调知识高度概念化、抽象化的教学法不同,项目化学习将学习的重心从单个知识点转移到真实问题,其主张通过设置学科或跨学科的驱动性问题,引导学生开展探究合作、成果分享、反思总结等一系列活动,从而促进学生对核心知识的掌握。

上海学习素养研究所所长夏雪梅博士给出的界定是:学生在一段时间内对与学科或跨学科有关的驱动性问题进行深入持续的探索,在调动所有知识、能力、品质等创造性地解决新问题、形成公开成果中,形成对核心知识和学习历程的深刻理解,能够在新情境中进行迁移。②《上海市义务教育项目化学习三年行动计划(2020—2022 年)》中指出,项目化学习是指以校长为核心的教育教学团队,在课程设计和实施过程中,设计真实、富有挑战性的驱动性问题,引导学生持续探究,创造性地解决问题,形成相关项目成果。

可以看出,项目化学习包括驱动性问题、持续探究、公开成果、学生合作、核心知识等关键性的特征,指向学生创造性问题解决能力。项目化学习情景性、综合性、实践性的特点集中反映了当下课程教学改革的理念趋势。

三、项目化学习对学生学习的影响

近年来,PBL 的应用拓展到了更多学科,且有关其对学生学习影响的实证研究逐渐增多,例如对不同学科学习的影响、对不同类型学生的影响、对非智力层面的影响等。本研究综合国际上和国内的项目化学习对学生学习影响的研究,从三个方面呈现研究成果。

---

① 陆叶丰,李娟,胡美如,等.项目化学习能有效提升学业成绩吗?:基于 44 项实验和准实验研究结果的元分析[J].湖南师范大学教育科学学报,2023(3):105—113.

② 夏雪梅.项目化学习设计:学习素养视角下的国际与本土实践[M].北京:教育科学出版社,2018:10.

（一）项目化学习对不同学科学习的影响

在这个问题上，研究者们基本上分成两派。有一部分研究者认为，项目化学习是一种广域的学与教的方法，适应任何知识领域，并列举出科学、社会研究、数学、外语、母语阅读与写作等领域的成功案例。而且，有研究者认为，这种成长表现在知识的传递、知识学习的深度、主动投入的学习态度和自我认识等各个维度。不过，也有研究者通过大量的实证研究的分析，对此表现出更为审慎的态度，①即在不同的学科领域，因为学科本身的知识结构与性质的差异，学生在不同学科领域的项目化学习中所获得的发展是不一样的。

总体而言，在社会和科学领域，由于这两个学科本身与真实世界的联结性较高，项目化学习的有效性证据比较集中，也不太有争议。② 而在语言和数学领域，争议相对就比较多。

1. 对语言领域学习的影响

有研究表明，在语言领域，项目化学习的作用主要体现在“学习语言”和“用语言进行学习”，而对于“学习语言本身”，因涉及语言知识本身这些较为抽象、枯燥的内容，项目化学习则不太适合。另有研究表明，项目化学习为语言的学习创造了真实而有意义的情境，采用真实的语言材料，阅读反映多元文化的材料，而不仅仅是使用技能训练手册、练习册等进行学习。③ 从以上研究结果看出，项目化学习可以为语言的学习提供真实的情境和材料，但语言知识本身的学习不太适合采用项目化学习的方式。

2. 对数学领域学习的影响

尽管大部分项目式学习的学生评价都显示学生在各个方面都有所成

---

① 夏雪梅.在学科中进行项目化学习：学生视角[J].全球教育展望，2019(2)：83—94.

② 夏雪梅.项目化学习设计：学习素养视角下的国际与本土实践[M].北京：教育科学出版社，2018：141.

③ 同①。

长。但也有学生评价的结果显示了项目化学习的效果不佳的情况。研究指出,在一所初中的数学项目式学习中,数据显示学生们虽然体现出了更高的内驱力、更强的批判思维能力和更多赞赏同伴学习的行为,但学生的成绩未能达到预期标准。①

另有研究者通过对近十年来国外有关项目学习对中小学数学学习影响的实证研究进行述评,结果表明,项目学习对数学学习的影响有限;项目学习对不同内容领域、不同类型学生的影响程度不一;对数学学习的影响更多地体现在非智力因素层面。②

尽管实证研究表明,数学项目化学习的学业结果在短时间内往往不能够表现出显著差异,但是,国外后续的研究也发现,从长期结果来看,参与过数学项目化学习的学生的数学表现优于那些没有参加过的学生。③ 数学项目化学习没有通常的教学那样具有"快速、显性"的效果,但从长远看,项目化学习更有助于学生产生深度的概念性知识,对学生综合数学素养的培育更为有利。

(二) 项目化学习对非智力因素层面的影响

国外大部分研究都表明 PBL 在学生非智力因素层面有积极的潜在影响。国外项目化学习对数学不同内容领域影响的实证研究表明,PBL 通常能够通过影响学生在非智力层面的表现进而对数学学习产生潜在的积极影响。④

1. PBL 对学生的学习态度有积极影响,效果有个体差异

在对代数内容学习非智力层面的影响方面,奥兹德米尔(Özdemir)等

---

① 桑国元,蔡添.项目式学习中的学生评价[J].教学与管理,2021(31):1—4.

② 何声清.国外项目学习对数学学习的影响研究述评[J].外国中小学教育,2017(6):63—67,40.

③ 夏雪梅.项目化学习设计:学习素养视角下的国际与本土实践[M].北京:教育科学出版社,2018:138—139.

④ 同②。

人在其研究中编制了学生自我评价表(Self-evaluation Form),PBL 组学生的前、后测得分存在显著性差异,而传统教学组则无显著性差异,这表明 PBL 对学生的代数学习态度有积极影响。此外,PBL 对学习的影响也因个体差异而不同。

2. 学生在 PBL 中的参与度有明显提高,学习效果取决于学生对 PBL 的认可度和参与度

研究者曾于 2008—2010 年的两个学年里,对美国加利福尼亚州北部某高中的 1484 名八、九年级学生实施了两年的代数课程 PBL 实验(Robert Moses'Algebra Project)。而结果表明,无论是 CST 测试还是 MAI 问卷,前、后测数据都无显著性差异。尽管如此,学生在 PBL 中的参与度则有明显提高,在课堂上也展现了更高的关系平等:在 PBL 课堂中,不再只有几名活跃的学生崭露头角,学生的课堂参与度普遍较好,平时不太积极的学生也表现出了良好的学习热情。

另外,有研究表明,学生的学习参与度和完成度因人而异:一些学生在项目中很活跃,能够有自己的见解,能够从同伴的讨论中学习;然而有些学生则难以适应这种学习形式,难以完成项目的任务。一旦学生在项目活动中能够主动参与并持之以恒,他(她)则能够与同伴及教师产生有意义的互动并发展对概念的理解。然而,有些学生因 PBL 的教学方式新颖而感到难以适应,进而萌生挫败感、焦虑感和无助感,而这些负面情绪则进一步影响着其学习态度。

3. PBL 对学生学习动机有潜在影响

沃瑞(Worry)的研究指出,从影响效应来看,PBL 对学生几何学习动机的影响达到了强度水平,比对几何成绩的影响更加明显。奥兹德米尔(Özdemir)的研究也进一步证实了 PBL 对学生学习的潜在影响:学生在 PBL 中更倾向于提出自己的模型、解决真实的现实问题、通过试验和试误来进行推理。此外,PBL 对于那些"高能力却因为上课分心而表现不佳"的学生尤其

有效,这种学习方式较好地抓住了学生的注意力,增强了其学习的热情。

借鉴国外相关研究成果,国内研究者[①]对北京市朝阳区某中学七年级43名学生的实验研究表明,项目化学习可以有效提高学生的数学学习兴趣和自我效能感,并且在性别上没有显著差异。

(三)项目化学习对不同类型学生的影响

国外研究者孔利弗(Condliffe)评论了2016年之前30多年来项目化学习重要的研究成果,发现在高质量的项目化学习和学生学习质量间有积极正向的关系。[②]

1. PBL对学业中等、外向的、更富创造性的学生更加有益

而在2006—2010年期间,多位研究者考察了项目化学习对不同类型儿童的实证研究效果,发现对学业中等或不良的儿童,项目化学习更加有效。[③] 项目化学习对真实世界的关注会让那些对学业原本不感兴趣的儿童投入学习,增加学生的学习热情,使其主动投入学习。

此外,PBL对学习的影响也因个体差异而不同,康拉德(Konrad)的研究表明,[④]不同学生对于PBL的适应程度不同,外向的学生更能接受PBL并从中获益,内向的学生则在PBL中表现得很挣扎。

由国外这些研究可见,项目化学习对不同类型的学生的促进成效是有差异的,对学业中等学生,外向的学生,倾向于发现式、创造性的学习方式的学生会更加有益。

在国内,研究者[⑤]对小学阶段语文和数学两个主要学科进行项目化学

① 郝连明,綦春霞,李俐颖.项目学习对学习兴趣和自我效能感的影响[J].教学与管理,2018(24):32—34.

② 夏雪梅.在学科中进行项目化学习:学生视角[J].全球教育展望,2019(2):83—94.

③ 同②。

④ 何声清.国外项目学习对数学学习的影响研究述评[J].外国中小学教育,2017(6):63—67.

⑤ 同②。

习设计和实施。研究样本主要来自一所公立的实验学校，主要是四年级和五年级的学生，这些学生来自 16 个班级，共 600 多人。与以往研究结论相呼应，该研究也同样发现，项目化学习对学生，尤其是中等及以下学业表现的学生会有相当大的益处。这种益处表现在可以增加学生的学习自信心，促进学生间的沟通，让他们发现彼此的优点，让课堂中的生生联系的交响乐式的互动更为深入，课堂氛围更加民主，同时也促进学生在课堂中对知识的巩固和理解。对中等生，需要在项目化学习中纳入相应的知识性的练习，降低他们对于考试的焦虑；而对优等生而言，项目化学习设计可以进一步增强驱动性问题的挑战性和结果呈现的难度。

2. PBL 对学习障碍和低学习成就学生有积极影响

其他学科的相关应用研究表明，PBL 对于学习障碍和低学习成就学生有积极影响，数学学科的应用研究也有类似结论。[①] 例如，汉（Han）等人在 2008—2010 年的一项跟踪研究表明，低学业表现的学生在 PBL 中比较高、中等学业表现的学生有更大的进步，PBL 有助于缩短不同层次学生间的差距。PBL 在知识呈现方式上更加活泼，在教学方式上更具有故事叙述性和情境带入感，这对数学焦虑、学业不良及缺乏兴趣等类型学生的数学学习有一定帮助。

由以上这些研究可见，项目化学习对不同类型的学生的促进成效是有差异的，对学业中等学生，外向的学生，倾向于发现式、创造性的学习方式的学生会更加有益；相比较高、中等学业表现学生，学习障碍和低学习成就学生在 PBL 中的进步会更大。

四、高质量项目化学习的效果及影响因素

从认知神经科学、实证研究等多元视角的观点看，好的项目化学习会促

---

① 何声清. 国外项目学习对数学学习的影响研究述评[J]. 外国中小学教育，2017(6)：63—67.

进学生大脑发育,让学生学习更专注、更具有主动性和投入性,同时会让学生对关键概念的理解更为透彻、持久,更容易在新情境中进行概念迁移。①

开展项目化学习对学生的学习到底有什么用?有多大的用处?具体表现在哪些方面?国外的很多研究已经给出了相关的结论。国外实践过项目化学习的学校和教师指出在有正确支持的情况下,项目化学习对各类学生都有用,主要表现为:可以提高学生的学习动力,可以用来教授学术内容标准,是建立批判性思维、协作和沟通等技能的最佳方式之一,可以整合多种技术手段;通过让学习变得相关和有意义,帮助学生了解学校如何与外界联系;促进更多的公民参与和全球意识。研究人员指出,项目化学习比传统教学更有效地提高学业成绩,增进学生的学习参与性,随着时间的推移改善学生对知识的保留,改善学生对于 21 世纪技能的掌握,有效提高低学年级学生的表现,提高学生在国家标准化考试方面的成就等(见图 1-1)。

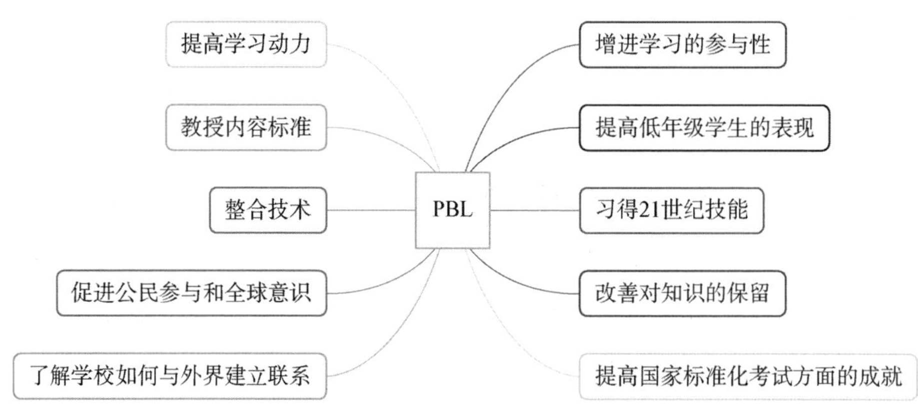

图 1-1 高质量项目化学习的效果

由以上结论可以看出,与传统教学相比,项目化学习对学生学习具有非

① 夏雪梅.项目化学习的设计:学习素养视角下的国际与本土实践[M].北京:教育科学出版社,2018:20.

常鲜明的优势和特点，但必须指出，不是说开展了 PBL 就一定有很好的效果，前提是必须精心设计，良好实施。

另外，国内有研究者重点关注了项目化学习对提升学生学业成绩效果这一问题。研究者①采用元分析的方法对国内外 44 项课堂实验和准实验研究的结果进行分析，结果发现项目化学习对学业成绩的提升作用整体处于中等水平（g=0.580），值得进一步推广和探索；不同学科、学段开展项目化学习的效果差异不明显，都能取得一定成效；项目化学习在亚非拉等地区发展中国家的开展效果较好，成绩提升作用明显；围绕某个单元或内容主题展开的项目化学习最能提升学生学业成绩，而长期教学改革实验效果最差，几乎没有任何促进作用。

教育变革的成效取决于教师的所做和所思。② PBL 之所以并非一直对知识学习有显著的积极影响，现有研究成果表明主要与以下几个因素有关。

（一）PBL 难以适应标准化测试

国外研究者海尔（Heyl）认为，PBL 与标准化测试存在天然的矛盾：在 PBL 中习得的技能虽然能解决某些现实问题，然而这些离散的、不成体系的技能对于问题解决常常没有建设性的帮助。研究者雷蒙（Reimer）也对自己的研究反思道："由于代数 PBL 的内容与州标准化测试之间缺乏关联，这导致了它的应用没有表现出亮眼的效果。"

（二）PBL 难以在短期内立竿见影

项目学习需要有一段持续的时间保证，研究者布莱尔（Blair）认为，其研究之所以没有得出"PBL 下学生学习表现出前、后测的差异"，是由于实验周期不长，难以在短期内有明显成效。

---

① 陆叶丰，李娟，胡美如，等.项目化学习能有效提升学业成绩吗?：基于 44 项实验和准实验研究结果的元分析[J].湖南师范大学教育科学学报，2023(3)：105—113.

② 何声清.教师专业信念对项目化学习实施意愿的影响——理念认同的中介作用[J].现代基础教育研究，2023(4)：111—118.

(三) PBL与传统教学的穿插设置损害了项目的连续性

与传统教学不同,PBL是以项目为载体,而知识发展则贯穿其中。因此,项目本身的流畅性和持续性关涉到学习过程的完整性。换言之,如果学生的PBL过程断断续续,则难于经历逻辑顺畅的故事叙述而实现知识的学习。在实际教学中,一线教师常常顾虑PBL对于教学进度的耽搁,因而在实施PBL时尽可能插入传统教学。国外研究者康拉德(Konrad)的实验中,PBL与传统教学是穿插设置的,每周仅安排一天PBL实验,这在一定程度上损失了项目的流畅性和持续性而导致取得的成效不佳。

(四) 教师未正视自己在PBL中的角色

教师在PBL中的主要功能是促进者(facilitator)和合作者(collaborator),然而这并非表明教师在PBL课堂中的主导地位被削弱。正如哈德逊(Hudson)在其研究中指出的,教师在PBL的进程中应明晰各阶段的任务和目标,在一系列的项目活动之后不要忘记引出概念的意义,对于学生在项目活动中的讨论要即时把控、评价和矫正。一旦缺乏教师的有效干预和指引,学生在项目进程中往往会比较挣扎。

(五) 教师没有在理念上建立对项目化学习的真正认同

实证研究显示,PBL之所以在实践中出现效果不佳的情况,是因为教师并没有在理念上建立对它的真正认同。[①] 例如,有些教师顾虑PBL会影响日常教学进度,在教学中不愿意投入时间,或者频繁地穿插其"更加熟悉的、信任的"教学方式。数学教师在教学实践中对于PBL的融入度较其他学科教师更低,常常"停留在项目表层而难以真正推进学习"。又例如,尽管PBL正在教学一线如火如荼地推广,但教师在短期内难以转变"先讲解、再应用"的教学思路。也就是说,PBL核心理念如果未能获得教师的认同,则

① 何声清.教师专业信念对项目化学习实施意愿的影响——理念认同的中介作用[J].现代基础教育研究,2023(4):111—118.

难以真正在课堂中有效落实。

(六)“教师中心”的信念根深蒂固

项目化学习实践效果还与教师持有的专业信念密切相关。[①] 我国香港地区的实验研究也表明，尽管“学生中心”早已进入官方的教育文件，但是教师“师者中心”的信条根深蒂固，这使得 PBL 的贯彻不够彻底。

五、项目化学习对学生学习影响的研究展望

通过相关文献梳理可知，当前国外有关项目化学习对学生学习影响的实证研究已经取得了丰硕的成果，如“项目化学习的界定”“项目化学习设计的准则和核心要素”“不同类型学生在项目化学习中的获益”“学生在不同学科项目化学习中的发展”“项目化学习对非智力因素的影响”等。相比较而言，在国内，项目化学习起步较晚，目前的研究主要集中在项目化学习本身的设计和实施质量上，有关项目化学习中学生学习的实证研究成果非常少，还没有足够的证据来进行国内学生相应的推理。基于国外的研究成果，笔者认为，随着国内项目化学习的实践推进，在今后的项目化学习研究中有关学生的研究需要关注以下几点：

1. 进一步明确项目化学习在教学中的定位

PBL 尽管形式新颖，但在迎合项目连贯性时常常破坏了原有的知识体系。更现实的问题是，PBL 不一定适应当前我国义务教育阶段各类高利害学业测试。[②] 在当前分科教学的形式下，需要明确项目化学习在教学中的正确定位，比如，PBL 是穿插在传统分科教学中还是单独设立 PBL 周？如何在严密的学科教学体系中纳入项目化学习设计的要素，提升知识的层级，

---

① 何声清．教师专业信念对项目化学习实施意愿的影响——理念认同的中介作用[J]．现代基础教育研究，2023(4)：111—118．

② 何声清．国外项目学习对数学学习的影响研究述评[J]．外国中小学教育，2017(6)：63—67．

真正促进学生对学科知识的深度理解和迁移?这些问题直接关系到项目化学习的流畅性和连续性,进而影响到学习效果。

2. 加强项目化学习对学生学习影响的实证研究

国外项目化的相关研究成果都有严格的证据和数据作为支撑,这些结果对国内开展项目化学习的本土化实践提供了有益的借鉴和思考。伴随着项目化学习的本土实践和迭代,需要加强项目化学习的本土科学研究,开展实验,收集实验数据、追踪学生变化和发展的数据,对师生进行相应的访谈,对教学进行观察记录,发现学生在项目化学习中遇到的困难和成长的收获,理解学生在项目化学习中的观点和想法,收集教师在实施项目化教学中的疑问和反馈。也就是说,项目化学习的中国建构需要"观察、调查、试验、统计"的取向,①专注于实施过程中的具体问题的研究与分析,以期形成本土项目化学习对学生影响的证据链。

3. 为了发挥项目化学习对学生学习的积极影响,需要教师转变教学态度和信念

即便从理论上讲,我们对 PBL 的应用有清晰定位,然而,一线教师在实践项目化学习的过程中,面对丰富的问题解决过程和学生表现时,由于受自身教育知识、能力、信念等限制,时常出现"应对无序、教师主导行为明显、淡化利用项目化学习帮助学生掌握学科知识目标等现象"。② 也就是说,对于践行 PBL 的一线教师而言,其面临的更大挑战在于,"他们不仅需要在 PBL 中转换角色,还需要转变已经持有的教学态度和信念"。③ 在新课标背景下开展项目化教学改革实践,"转变专业信念、强化理念认同是教师亟待补足

---

① 夏雪梅.项目化学习的实施:学习素养视角下的中国建构[M].北京:教育科学出版社,2020:75.

② 叶碧欣,桑国元,王新宇.项目化学习中的教师素养:基于混合调查的框架构建[J].上海教育科研,2021(10):23—29.

③ 何声清.国外项目学习对数学学习的影响研究述评[J].外国中小学教育,2017(6):63—67.

的两项前期工作”。[①]

为此，PBL 真正走进中小学的课堂发挥其应有价值，还需教师层面的理念先行，相应的教师培训应及时跟进。也就是说，要想保证高质量的项目化教学，必须保证充足的教师数量及较高的教师素养。此外，项目化学习从设计到实施需要很多的“水磨功夫”，需要让学校的空间、时间表、资源设置、教研等都随之进行相应的变革。[②]

① 何声清．教师专业信念对项目化学习实施意愿的影响——理念认同的中介作用[J]．现代基础教育研究，2023(4)：111—118．

② 夏雪梅．项目化学习的实施：学习素养视角下的中国建构[M]．北京：教育科学出版社，2020：76．

第二章

项目化学习实施现状调研分析

要解决问题，还需作系统的周密的调查工作和研究工作，这就是分析的过程。提出问题即矛盾的所在。

——毛泽东

提升项目化学习设计和实施的质量，首先要摸清和了解问题。要运用科学正确的调研方法和工具，掌握客观真实的第一手资料，了解学校和教师在设计和实施项目化学习中的需求和存在的真实问题。再根据项目化学习理论建构适合本区域开展项目化学习的有效路径和策略，从而提升项目化学习整体质量。

一、学校实施项目化学习的现状调研分析

在义务教育项目化学习实践和探索中，作为学校教育教学团队的核心，校长对项目化学习的认知、信念以及组织行为等，直接影响着学校项目化学习的推进程度和实践质量。本研究以浦东新区项目化学习实验校校长为调查对象，采用《浦东新区义务教育项目化学习实施校长调查问卷》（见附件1），调查项目化学习实验校校长对项目化学习的认知、信念以及行为实践，旨在了解浦东新区义务教育阶段学校实施项目化学习的现状，提出项目化学习实施的优化建议，为学校探索项目化学习教与学的新样态，高质量落实国家课程方案和课程标准提供支持和服务。

（一）调研背景

2019 年 6 月，《国务院办公厅关于新时代推进普通高中育人方式改革的指导意见》提出，积极探索基于情境、问题导向的互动式、启发式、探究式、体验式等课堂教学，注重加强“项目设计”等跨学科综合性教学。2019 年 7 月，中共中央、国务院颁发《关于深化教育教学改革全面提高义务教育质量的意见》，明确提出“探索基于学科的课程综合化教学，开展研究型、项目化、合作式学习”。这些文件都肯定了项目化学习是变革教与学方式，提高课堂

教学质量的重要途径。2020 年 10 月,上海市教委发布了《上海市义务教育项目化学习三年行动计划(2020—2022 年)》,文件指出,“项目化学习是以校长为核心的教育教学团队,在学校活动领域、学科领域和跨学科领域,设计真实、富有挑战性的问题,引导和指导学生在一段时间内持续探究,尝试创造性地解决问题,形成相关项目成果”,项目化学习“要促进教与学方式变革和教师专业成长,激发学校办学活力”。

为落实和推进市教委有关精神,推进义务教与学方式变革,提升义务教育质量,2021 年 3 月,浦东新区教育局发布《浦东新区义务教育项目化学习三年行动计划(2021—2023 年)》,提出“根据区域和学校实际,探索项目化学习教与学的新样态,涌现一批项目化学习的典型经验和案例,培育出一批义务教育阶段项目化学习实验校”,要求“各实验校要组建校长领衔的项目团队,研制学校项目化学习年度计划,开展常态化实践研究”。第一批共评出 46 所区级项目化学习实验校。

从市、区级文件都可以看出校长在推进项目化学习中的重要地位和角色。为了解浦东新区项目化学习实验校校长对项目化学习的认识及实施现状,特开展本次调研。

(二) 调研设计

1. 调研工具及信效度

在问卷编制之前,对项目化学习的相关政策文件和公开发表的文献进行了分析。问卷的编制大致经历了文献梳理、问题编写、试测修改、确定问卷等四个阶段,最终形成《浦东新区义务教育项目化学习实施校长调研问卷》。

由于本研究的调查问卷非结构一致的量表问卷,问卷中的选择题主要由分类变量选择题构成,通常不采用量化的信效度检测,故本研究主要采用专家评阅法验证问卷的内容效度,采用试测和重验信度验证调查问卷的信度。

2. 调研内容

调研文件由两大部分组成，第一部分是校长的基本信息，包括校长的性别、所在学校性质、学段以及项目化学习实验校类型等。第二部分是校长实施项目化学习的现状，主要包括校长对项目化学习的价值的认识，学校实施项目化学习面临的主要障碍，校长对实施项目化学习的信念以及学校推进项目化学习的主要举措等。

3. 调研对象与方法

本次调研采用匿名的网络方式，于2021年8—12月对浦东新区项目化学习实验校校长展开问卷调查。被调查者在手机端或电脑端均可完成调研问卷。共39名义务教育学校校长(以有效问卷为准)参与了本次调研。其中男校长占25.64%，女校长占74.36%；小学校长占58.97%，初中校长占41.03%(含九年一贯制学校)。2021年10月底完成调研数据的统计分析与报告撰写工作。

(三) 调研结果与分析

1. 校长对实施项目化学习的价值的认识

相关研究表明，开展项目化学习对儿童学习、教师观念和行为的改变以及学校的转型和发展都具有积极作用①。在实施项目化学习的五项价值中，限定校长最多选三项，结果显示选择最多的前三项分别是(见图2-1)：促进学校教与学方式变革，激发学校办学活力(97.44%)；转变教师的知识观、课程观、学生观(87.18%)；促进学校朝向未来的学校发展和转型(74.36%)。其他选项，项目化学习包容不同风格和类型的学生，有助于促进教育公平，有约36%的校长选择，促进学校与家庭和社区的联系只有5%的校长选择。

---

① 夏雪梅.项目化学习的设计：学习素养视角下的国际与本土实践[M].北京：教育科学出版社，2018：20—30.

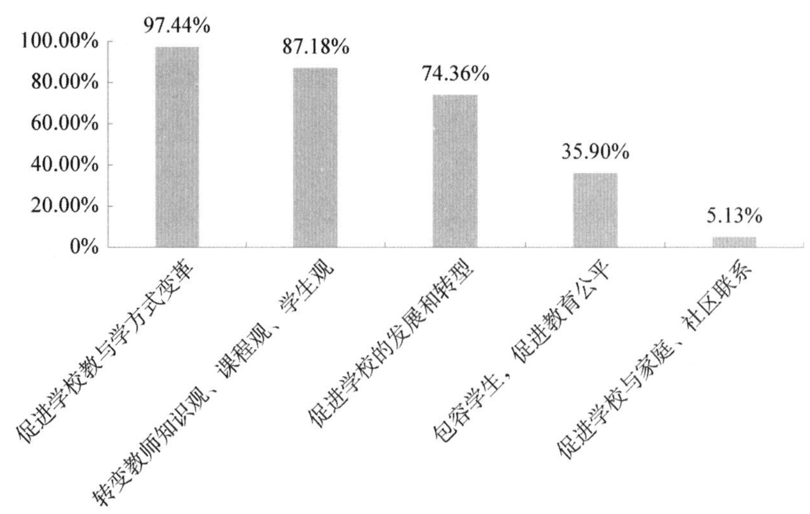

图 2-1　校长对项目化学习的价值的认识

《上海市义务教育项目化学习三年行动计划(2020—2022 年)》提出，“以项目化学习的实践和研究为着力点，以活动项目、学科项目、跨学科项目为载体，促进义务教育学校教与学方式变革和教师专业发展，激发学校办学活力”。从调研结果看，校长对项目化学习的价值的认识与上海市教委文件中对项目化学习的定位相吻合。

从学段看(见图 2-2)：小学校长认为对项目化学习的价值主要体现为能促进学校教与学方式的变革和转变教师的知识观、课程观和学生观；初中校长对促进学校教与学方式的变革，转变教师的知识观、课程观和学生观以及促进学校朝向未来的学校发展和转型三项价值都非常认可。另外，对小学、初中学段校长对项目化学习的价值的认识的五个选项做差异检验(独立样本 t 检验)，没有表现出显著性差异($p>0.05$)。

2. 学校实施项目化学习面临的主要障碍

校长们认为实施项目化学习面临的主要障碍排在前四项的分别是(见图 2-3)：教师缺少相应的项目化学习设计和实施能力；分科为主的学科课程结构的限制；现行的考试制度不匹配；学生要学的知识和技能太多，时空

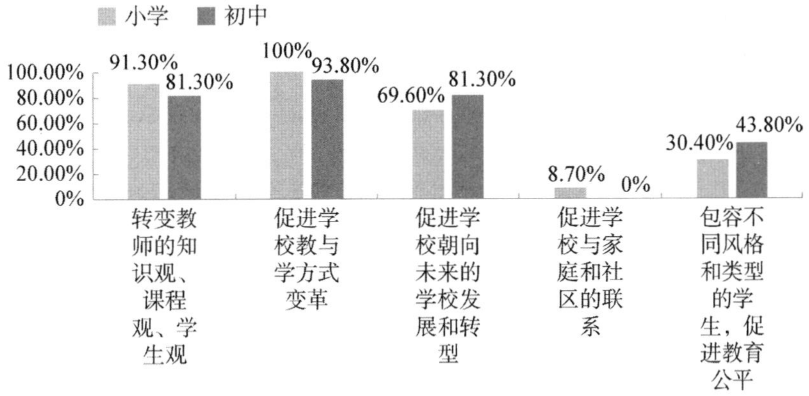

图 2-2　不同学段校长对项目化学习的价值的认识比较

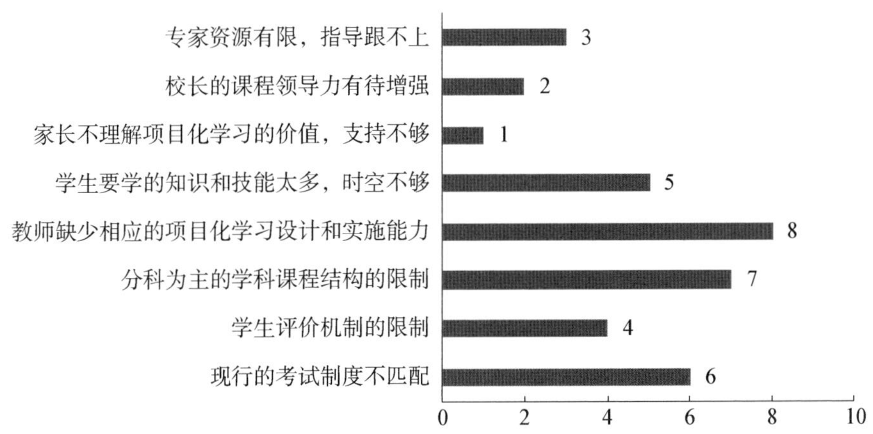

图 2-3　校长认为实施项目化学习面临的主要障碍

不够。部分校长还提出了其他可能遇到的障碍，如学生评价机制的限制；专家资源有限，指导跟不上；校长的课程领导力有待增强；家长不理解项目化学习的价值，支持不够等。

由图 2-3 可见，教师缺少相应的项目化学习设计能力和分科为主的学科课程结构成为实施项目化学习的两个最大的障碍。因此，如何有效提升教师的项目化学习设计和实施能力，如何将项目化学习与现实的学校课程结构相整合，是市、区两级项目化学习三年行动计划在学校有效落地的重要工作。

3. 校长对学校实施项目化学习的信念和实践

(1) 校长对实施项目化学习持有的信念

有95.65%的中小学校长都对项目化学习持有强烈的信念,认为实施项目化学习能或比较能促进教与学的变革,能促进学生创造性、问题解决、批判性思维、沟通与合作等跨学科素养的提升和发展,能促进学生对学科关键概念/能力的学习,还能促进不同学科教师之间的沟通和合作(见图2-4)。

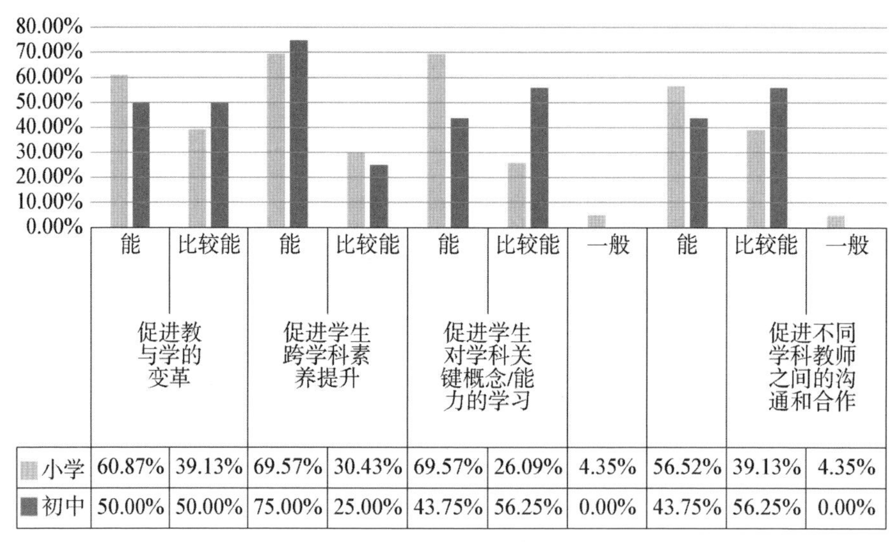

	能	比较能	能	比较能	能	比较能	一般	能	比较能	一般
小学	60.87%	39.13%	69.57%	30.43%	69.57%	26.09%	4.35%	56.52%	39.13%	4.35%
初中	50.00%	50.00%	75.00%	25.00%	43.75%	56.25%	0.00%	43.75%	56.25%	0.00%

图2-4 校长对实施项目化学习的信念

这是一个非常重要和积极的信号。它首先说明上海市教委在课改的现阶段提出项目化学习三年行动计划是非常及时的、有必要的。此外,以往学校的课程改革往往容易雷声大、雨点小,停留在文本和概念的口号上。项目化学习是一种学与教的变革,确实会改变学与教的真实行为,突破了纸上谈兵落不了课堂的困境。在经历了诸多的课改之后,校长也非常期待项目化学习能为学校的课程变革增加真正的实施元素。① 有了这样的积极认识和

① 夏雪梅.项目化学习的设计:学习素养视角下的国际与本土实践[M].北京:教育科学出版社,2018:27.

强烈的信念，校长在实施项目化学习的实践中，会更加积极主动，课程教学改革的阻力会相对较小。

(2) 校长实施项目化学习的实践

在《上海市义务教育项目化学习三年行动计划(2020—2022 年)》文件颁布一年以来，校长们已经或准备采取的措施主要有(见图 2-5)：加强教师培训，使教师具备相应的技能(92.31%)；从校本课程、综合实践活动入手研发项目式课程(76.92%)；依托课程标准和教材进行项目化学习的学与教的变革(74.36%)等。

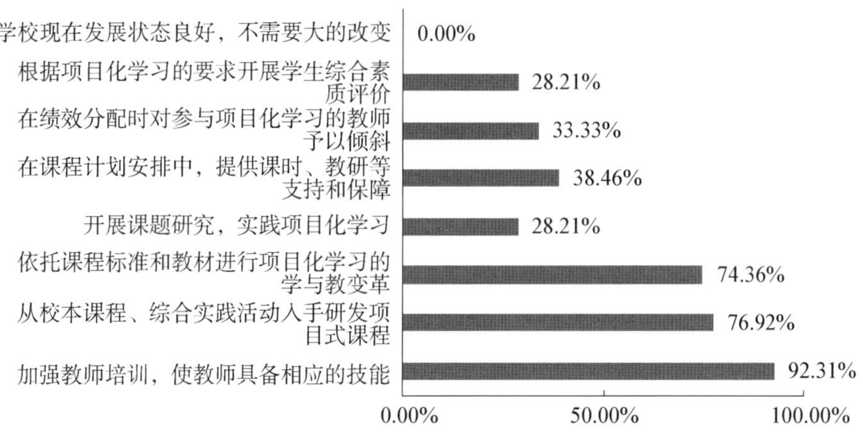

图 2-5　校长实施项目化学习采取的措施

就当前中国的教育基本情况而言，学校对实施项目化学习有两种主要的定位。一种是作为学科学与教方式的项目化学习。在中共中央、国务院 2019 年印发的《关于深化教育改革全面提高义务教育质量的意见》中，项目化学习被作为教学方式呈现，“强化课堂主阵地作用，切实提高课堂教学智力”，“探索基于学科的课程综合化教学，开展研究型、项目化、合作式学习”。这一定位的核心，不是额外增加项目化学习课程，而是依托课程标准和教材进行项目化学习的学与教的变革。

另一种是作为学校开发的课程样态的项目化学习，在国家课程方案中，将其放在综合实践活动课程或校本课程中,开展项目探索。相比作为学科教与学方式的定位,第二种定位“从校本课程、综合实践活动入手研发项目课程的风险较低,容易出成果,也容易做,往往会成为学校的优先选择”①。本次调查也证实了该结论,有76.92%的校长选择了该项实施举措(见图2-6)。

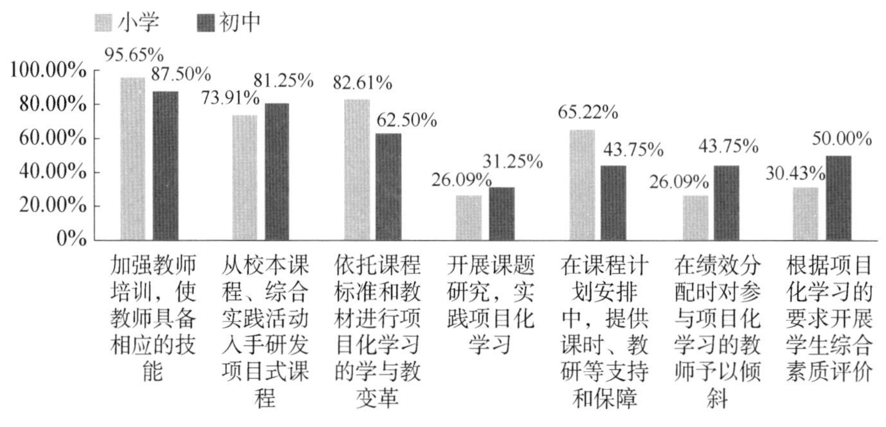

图2-6 校长实施项目化学习的措施比较

从学段看,除了加强教师培训等三项主要举措外,小学校长采取的实施措施还包括在学校课程计划安排中,为项目化学习实施提供课时、教研等方面的支持和保障(65.22%)。初中校长采取的实施措施还包括根据项目化学习的要求开展学生综合素质评价(50.00%)。这也体现出一定的学段特点。另外,对小学、初中学段校长对实施项目化学习的措施的七个选项做差异检验(独立样本t检验),没有表现出显著性差异($p>0.05$)。

(四)主要结论

1. 大部分校长对实施项目化学习的价值的认识到位。超过74.36%的校长认为项目化学习能促进学校教与学方式变革,激发学校办学活力,能转

① 夏雪梅.项目化学习的实施:学习素养视角下的中国建构[M].北京:教育科学出版社,2020:78.

变教师的知识观、课程观、学生观，能促进学校朝向未来的学校发展和转型。小学和初中学段校长对项目化学习的价值的认识没有表现出显著性差异。

2. 校长们认为目前实施项目化学习遇到的主要障碍是教师缺少相应的项目化学习设计和实施能力，分科为主的学科课程结构的限制，现行的考试制度不匹配。

3. 超过95%的校长对项目化学习持有强烈的信念，认为实施项目化学习能促进教与学的变革，能促进学生跨学科素养和学科关键概念/能力的提升，还能促进不同学科教师之间的沟通和合作。

4. 超过74.36%的校长已经采取和拟采取加强教师培训，从校本课程、综合实践活动入手研发项目式课程，依托课程标准和教材进行项目化学习的学与教的变革等措施推进项目化学习。这些举措符合政策要求和理论支持。小学、初中校长采取的举措体现出一定的学段特点，但没有表现出显著性差异。

（五）几点建议

1. 需要加强教师学习和培训，转变教师教学态度和信念

大部分校长都非常认可项目化学习的价值，并且对实施项目化学习的积极意义持有强烈的信念，但在实施过程中碰到的首要问题是教师缺乏项目化学习设计和实施的能力。国外相关研究表明，即便从理论上讲，我们对PBL的应用有清晰定位，然而对于践行PBL的一线教师而言，其面临的更大挑战在于，“他们不仅需要在PBL中转换角色，还需要转变已经持有的教学态度和信念”。[①] 为此，PBL真正走进中小学的课堂发挥其应有价值，还需教师层面的理念先行，相应的教师培训应及时跟进。也就是说，要想保证高质量的项目化教学，必须保证充足的教师数量及较高的教师素养。此外，

---

① 何声清.国外项目学习对数学学习的影响研究述评[J].外国中小学教育，2017(6)：63—67，40.

项目化学习从设计到实施需要很多的"水磨功夫",需要让学校的空间、时间表、资源设置、教研等都随之进行相应的变革。①

2. 进一步明确项目化学习在学校课程教学中的定位

校长们认为分科为主的学科课程结构的限制和现有的考试制度是实施项目化学习的主要障碍。项目化学习尽管形式新颖,但在迎合项目连贯性时常常破坏了原有的知识体系。更现实的问题是,项目化学习不一定适应当前我国义务教育阶段各类高利害学业测试。② 在当前分科教学的形式下,需要明确项目化学习在教学中的正确定位,比如,项目化学习是穿插在传统分科教学中还是单独设立项目化学习周?如何在严密的学科教学体系中纳入项目化学习设计的要素,提升知识的层级,真正促进学生对学科知识的深度理解和迁移?这些问题直接关系到项目化学习的流畅性和连续性,进而影响到学习效果,也关系到项目化学习在学校的顺利推进和有效落地。

3. 建立项目化学习教研和评价管理制度

项目化学习指向教与学方式的变革,它打破了传统教学中的知识传递机制与身份角色定位,将教师置于一种新的挑战之中。③ 要迎接这一挑战,需要多方协同和应对,如市、区级层面的支持,专家入校指导培训以及外出观摩学习等。在日常的教学中,更需要学校能够在具体的项目化学习情境中,组建项目化学习教研团队,以集体教研的方式提高教师设计和实施项目化学习的能力和素养。相比传统的正式学习,学校教研组制度中教师之间的协商和交流已经成为教师专业发展的重要途径。基于项目化学习的特点和要求,在教研中,要努力构建"对话性的社群",通过开辟一个对话的空间,

---

① 夏雪梅.项目化学习的实施:学习素养视角下的中国建构[M].北京:教育科学出版社,2020:76.

② 何声清.国外项目学习对数学学习的影响研究述评[J].外国中小学教育,2017(6):63—67,40.

③ 叶碧欣,桑国元,王新宇.项目化学习中的教师素养:基于混合调查的框架构建[J].上海教育科研,2021(10):23—29.

实现教师之间的相互学习和反思。[①]

此外，还要通过评价制度等提高教师参与项目化学习的积极性和持续性。如在教师考核体系中加入项目化学习设计与实施的指标，在绩效分配制度上，对积极参与项目化学习实践并取得创新突破的教师给予倾斜，以此激发教师项目化学习探索实践的积极性和创造性。

二、教师实施项目化学习的现状调研分析

高质量的项目化学习需要高水平的教师，要以高水平的教师素养作为基石。斯坦福大学教育学教授琳达・达林哈蒙德（Linda Darling-Hammond）曾说，“学校任何变革的成功都有赖于高水平的教师”。在义务教育项目化学习实践和探索中，教师对项目化学习的认知、信念以及组织行为等，直接影响着项目化学习的实践质量。

（一）问题的提出

随着新课程方案的颁布，项目化学习已经成为深化课程教学改革，提高教育教学质量的重要路径之一。《义务教育课程方案（2022 年版）》“深化教学改革”中指出“推进综合学习”，“探索大单元教学，积极开展主题化、项目式学习等综合教学活动”。

在实施《上海市义务教育项目化学习三年行动计划（2020—2022 年）》的基础上，为进一步实施项目化学习、推动义务教育育人方式改革、全面提高义务教育质量，2023 年 8 月，上海市教育委员会发布《上海市教育委员会关于实施项目化学习推动义务教育育人方式改革的指导意见》，指出“2023 年，全面启动实施项目化学习”，“2026 年，义务教育学校常态化实施项目化学习，教师教学理念、教学行为和学生学习方式发生积极变化，基本形成教与学的新样态”。

---

① 魏戈. 教师实践性知识的生成[M]. 北京：教育科学出版社，2020：138—139.

区级层面,2021 年 3 月浦东新区教育局发布《浦东新区义务教育项目化学习三年行动计划(2021—2023 年)》,到 2022 年 9 月,第一轮和第二轮共评出 103 所区级项目化学习实验校①试点开展教与学的探索。

在实践层面,随着项目化学习的试验和推广,一线的中小学教师也逐渐认识到开展项目化学习的必要性和其在教学改革中的积极作用,在教学中努力探索和实践项目化学习。

项目化学习本质上指向教与学方式的变革,它打破了传统教学中的知识传递机制与身份角色定位,将教师置于一种全新的挑战之中。② 习惯了传统知识传授教学的教师能否适应项目化学习的开展,是否具备开展项目化学习的核心素养? 本研究以浦东新区项目化实验校教师为调研对象,通过调查试图了解教师对项目化学习的认识及实施现状,明确问题并进而探讨如何更好地提升教师实施项目化学习的素养,如何为教师高质量实施项目化学习提供支持和保障。

(二) 调研设计

1. 问卷调查

(1) 调研工具及信效度

在问卷编制之前,对项目化学习的相关政策文件和公开发表的文献进行了分析。问卷的编制大致经历了文献梳理、问题编写、试测修改、确定问卷等四个阶段,最终形成《浦东新区义务教育项目化学习教师调查问卷》(见附件 2)。

由于本研究的调查问卷非结构一致的量表问卷,问卷中的选择题主要由分类变量选择题构成,通常不采用量化的信效度检测,故本研究主要采用专家评阅法验证问卷的内容效度,采用试测和重验信度验证调查问卷的信度。为保证问卷的可靠性和有效性,在编制问卷前,查阅了大量文献并与种

---

① 截至 2023 年 5 月,浦东新区共开展三轮评审,评出 148 所区级项目化学习实验校。

② 叶碧欣,桑国元,王新宇.项目化学习中的教师素养:基于混合调查的框架构建[J].上海教育科研,2021(10):23—29.

子教师非正式交流，搜集问题和问题选项。问卷初稿完成后，分别邀请区项目化实验校 3 名校长、5 名学校项目化实施负责人审阅问卷，对问卷题目、结构、内容等提出修改建议。问卷修改后开展试测，邀请多名实验校种子教师进行作答，并反馈修改意见，最终形成问卷定稿。

（2）调研内容

问卷调研由两大部分组成，第一部分是教师的基本信息，包括教师的学历、教龄、任教学段、是否为种子教师等。第二部分是教师实施项目化学习的现状，主要调研内容包括教师对项目化学习的认知，开展项目化学习的态度和意愿、行为等，具体内容见表 2－1。

表 2－1　调查问卷内容维度

<table>
<tr><th>维度</th><th>一级指标</th><th>二级指标</th></tr>
<tr><td rowspan="2">认知</td><td rowspan="2">项目化学习的认知</td><td>对项目化学习的了解程度</td></tr>
<tr><td>对项目化学习价值的认知</td></tr>
<tr><td rowspan="4">态度</td><td rowspan="4">开展项目化学习的态度和意愿</td><td>信念</td></tr>
<tr><td>情感</td></tr>
<tr><td>行为意向</td></tr>
<tr><td>遇到的障碍</td></tr>
<tr><td rowspan="7">行为</td><td rowspan="4">项目化学习的设计</td><td>迫切关注的问题</td></tr>
<tr><td>内容选择</td></tr>
<tr><td>驱动性问题的设计</td></tr>
<tr><td>遇到的难题</td></tr>
<tr><td rowspan="3">项目化学习的实施</td><td>实施中遇到的难题</td></tr>
<tr><td>学生学习中遇到的困难</td></tr>
<tr><td>教师支持</td></tr>
</table>

(续　表)

<table>
<tr><th>维度</th><th>一级指标</th><th>二级指标</th></tr>
<tr><td rowspan="3">行为</td><td rowspan="3">项目化学习的评价</td><td>对评价难度的感知</td></tr>
<tr><td>评价遇到的难题</td></tr>
<tr><td>对学生学习效果的评价</td></tr>
</table>

(3) 调研对象与方法

本次调研采用匿名的网络方式,于2022年9—12月对浦东新区103所义务教育项目化学习实验校教师展开问卷调查。每所学校选取5—6名有项目化学习实践经验的教师填写问卷。被调查者在手机端或电脑端均可完成调研问卷。共532名教师(以有效问卷为准)参与了本次调查,样本特征见表2-2。

表2-2　问卷调查教师基本信息(N=532)

<table>
<tr><th>变量</th><th>选项</th><th>人数</th><th>百分比(%)</th><th>变量</th><th>选项</th><th>人数</th><th>百分比(%)</th></tr>
<tr><td rowspan="3">学历</td><td>专科</td><td>7</td><td>1.32%</td><td rowspan="7">教龄</td><td>1—5年</td><td>188</td><td>35.34%</td></tr>
<tr><td>本科</td><td>429</td><td>80.64%</td><td>6—10年</td><td>157</td><td>29.51%</td></tr>
<tr><td>研究生</td><td>96</td><td>18.04%</td><td>11—15年</td><td>68</td><td>12.78%</td></tr>
<tr><td rowspan="2">年段</td><td>小学</td><td>328</td><td>61.65%</td><td>16—20年</td><td>35</td><td>6.58%</td></tr>
<tr><td>初中</td><td>204</td><td>38.35%</td><td rowspan="3">20年以上</td><td rowspan="3">84</td><td rowspan="3">15.79%</td></tr>
<tr><td rowspan="2">属性</td><td>种子教师</td><td>218</td><td>40.98%</td></tr>
<tr><td>非种子教师</td><td>314</td><td>59.02%</td></tr>
</table>

2. 访谈调查

为深入了解种子教师实施项目化学习的一些深层次认识和想法,除了大样本的问卷调查之外,本研究还配合使用了访谈调研。通过目的性抽样,邀请了3位种子教师作为访谈对象(见表2-3),就项目化学习设计、实施和学习效果中的一些问题开展了访谈（见表 2－4），并收集了教师撰写的项目方案和案例。

表 2－3　访谈对象基本信息

姓名	学校性质	执教年级	学科	（已完成）项目名称
WSF	公立	1 年级	语文	《喜欢苏轼的 N 种理由》《古诗推广计划》《轻叩现代诗的大门》
WZY	公立	5 年级	语文	我是校园小导游
JHYQ	公立	4 年级	自然	班级收纳师之“雨具安放”

表 2－4　教师访谈主要内容

维度	内　　容
项目化学习的理念	项目化学习与传统课堂教学有什么不同？
项目化学习的设计和实施	在设计的过程中，您认为哪一部分的设计是最核心的？为什么？
	在进行项目化学习的设计时，您认为最难的是什么？最想得到哪方面的帮助？
	实施过程中，您认为自己做得好的有哪些？
项目化学习的效果	您认为开展项目化学习的效果如何，是否达成了您的预期？
	您认为哪些学生更容易在项目化学习中受益？具体表现在什么方面？

（三）调研结果与分析

1. 教师对项目化学习的认知

在认知层面，我们关注的是教师对项目化学习的了解程度及对项目化学习价值的认识。

(1) 教师对项目化学习的了解程度

调查结果显示,55.08%的教师认为比较了解和非常了解项目化学习。这说明自2020年市级项目化学习三年行动计划颁发后,项目化学习已初见效果,但不容乐观的是,即使在项目化学习实验校,仍然有45%左右的教师表示对项目化学习不太了解。这也说明,要进一步落实新课程方案中提出的"项目式学习",还需要加大项目化学习的宣传、培训、研究和实践力度,让更多的教师能认识并在课堂中实践。

另外,对不同学历、不同任教学段和不同教龄的教师对项目化学习的了解程度进行差异检验,结果没有表现出显著性差异($p>0.05$)。只有种子教师和非种子教师对项目化学习了解程度在0.01水平上呈现显著性差异($F=9.891$,$p=0.002$),种子教师的平均值(3.70)高于非种子教师(3.49)。

(2) 教师对项目化学习价值的认识

国外的研究和经验证明,"21世纪越来越多的老师和学校承认项目化学习的价值"。[①] 本次调查,在"我认为项目化学习主要具有以下价值"的9个选项中,限定教师最多选4项,结果显示选择最多的前四项分别是(见图2-7):提高学生的学习动力和参与性(81.77%);培养学生的批判性思维等21世纪技能(79.32%);深化学生的知识理解和迁移(78.57%);让学习变得相关和有意义,帮助学生了解学校如何与外界联系(61.84%)。选择人数比例均超过60%。

从认知神经科学、实证研究等多元视角的观点看,好的项目化学习会促进学生大脑发育,让学生学习更专注、更具有主动性和投入性,同时会让学生对关键概念的理解更为透彻、持久,更容易在新情境中进行概念迁移。[②] 从调

---

① [美]萨拉·哈勒曼,约翰·拉尔默,约翰·R. 梅根多勒. PBL项目学习:小学篇[M]. 张毅,胡静,译. 北京:光明日报出版社,2019:14.

② 夏雪梅. 项目化学习的设计:学习素养视角下的国际与本土实践[M]. 北京:教育科学出版社,2018:20.

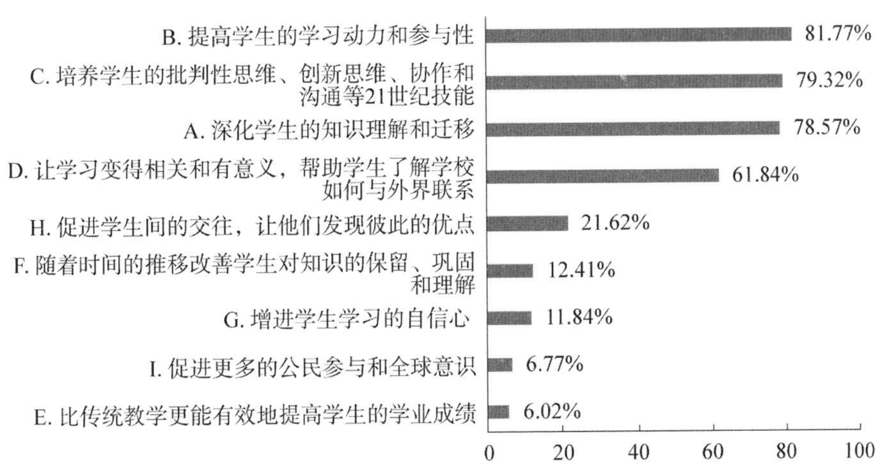

图 2-7　教师对项目化学习的价值的认识

研结果看，教师对项目化学习的价值的认识与相关研究结论对项目化学习的定位基本吻合。

此外，我们也发现，对于“比传统教学更能有效地提高学业成绩”这一价值认识，绝大部分教师持保留意见，只有 6.02%选择了该选项。值得注意的是，国外研究人员发现，“项目化学习比传统教学更有效地提高学业成绩”①，这一结论从本次调查结果看还不被绝大多数教师认识和了解，其主要原因可能在于项目化学习目前在上海还处于试点探索阶段，缺乏相关的学业成绩等证据来支持该结论，教师大多还处于“观望”状态。诚如研究人员所指出的“PBL 需要更多的研究，因为它很难被确定——这在很大程度上取决于它的定义、学校的特殊情况以及课堂实施的质量”。② 在今后的研究中需要加强项目化学习的实证研究，提供更多、更全面的权威信息和数据，以拓展和深化教师对项目化学习的认知。这会更有利于提升项目化学

① [美]萨拉·哈勒曼，约翰·拉尔默，约翰·R. 梅根多勒. PBL 项目学习：小学篇[M]. 张毅，胡静，译. 北京：光明日报出版社，2019：14.

② 同上。

习的课堂实施质量。

2. 教师开展项目化学习的态度

心理学家迈尔斯(Myers)提出,态度是在人们的信念、情感和行为意象中表现出来的,对人或事物的积极或消极的评价性反应。[①] 持有积极态度,会对人或事物做出正面的评价反应,并表现出积极的行为倾向,持有消极态度则反之。教师认可项目化学习的价值,对其持有积极的态度,才能转变传统观念、学习新方法,大胆在教学中实践。可以说,态度在很大程度上决定了项目化学习能否真正从政策文本走进课堂。

(1) 教师对项目化学习的信念

围绕教师对项目化学习的信念,本次调查设计了两个维度。维度1:我认为项目化学习难以获得成效。有31.39%的教师表示非常不符合,34.96%的教师表示比较不符合。维度2:我认为项目化学习无法提高学生的学业成绩。有31.95%的教师表示非常不符合,37.41%的教师表示比较不符合。也就是说,有约三分之二的教师对实施项目化学习的效果比较有信心,认为项目化学习可以获得成效,可以提高学生的学业成绩。

另外,对不同学历、不同教龄、种子教师和非种子教师在"项目化学习难以获得成效"和"项目化学习无法提高学生的学业成绩"两个变量上的差异进行检验,结果没有表现出显著性差异($p>0.05$)。不同任教学段对于"项目化学习无法提高学生的学业成绩"呈现出显著性(见表2-5),具体对比差异可知,小学的平均值(3.99),明显高于初中的平均值(3.78)。也就是说,在项目化学习可以提高学生的学业成绩方面,小学教师比初中教师信念更坚定,其原因主要在于:与小学相比,初中有中考这一高利害考试,而且在上海目前还缺乏项目化学习提高学生学业成绩方面的权威数据的情况下,初中教师在态度方面会显得比较谨慎。

---

① 杨宜音,张曙光.社会心理学[M].北京:首都经济贸易大学出版社,2008:8.

表 2-5　不同学段教师对项目化学习态度的方差分析结果

维度	您任教学段(平均值±标准差)		F	p
	小学(n=328)	初中(n=204)		
我认为项目化学习难以获得成效	3.85±1.12	3.76±1.04	0.877	0.350
我认为项目化学习无法提高学生的学业成绩	3.99±0.98	3.78±0.99	5.820	0.016*

* $p<0.05$　** $p<0.01$

(2) 教师对项目化学习的情感

对教师而言,项目化学习"是一种新的学习方式","那些真正投入尝试的教师对项目化学习有更积极的态度"。① 本次调查结果显示,76.88%的教师表示,开展项目化学习让自己觉得"充实",83.83%的教师表示学习项目化学习的相关理论和知识让自己觉得"充实"(见图 2-8)。这也说明,与传统教学相比,项目化学习的独特性在于:"是教师和学生共同探索未知的过程","探索未知的过程会避免重复教学带来的烦琐、平庸感"。② 不管是理论学习,还是课堂实践,都给教师的职业生活带来了新奇感,让教师职业焕发了"生命活力"。

(3) 教师对项目化学习的行为倾向

问卷调查中,超过 83.46%的教师表示,会积极主动学习项目化学习相关的课程、书籍、文献;有 86.85%的教师表示,会积极主动参加项目化学习的相关培训和交流活动;有 86.66%的教师表示,在今后的教学中会主动寻找机会开展项目化学习。

另外,对不同学历、不同年段、不同教龄教师在这三个变量上的差异进

① 夏雪梅.项目化学习设计:学习素养视角下的国际与本土实践[M].北京:教育科学出版社,2018:23.

② 同上。

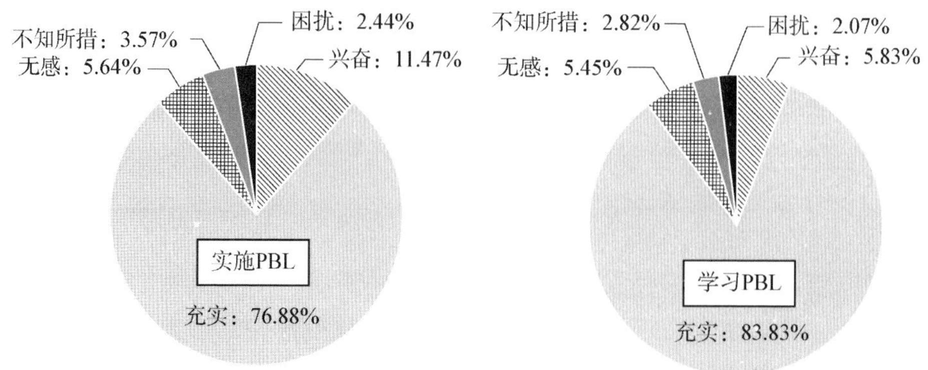

图 2－8　教师对项目化学习的情感

行检验,结果没有表现出显著性差异($p>0.05$)。这说明大部分教师对项目化学习都表示出了积极的行为倾向,这说明近三年市、区两级推进项目化学习的各项举措效果明显,实验校已经形成了良好的学习、实践文化氛围,这对推进项目化学习是非常有力的。而且,种子教师和非种子教师在这三个变量上均存在显著性差异($p<0.01$),具体见表 2－6。这也充分说明,前期对种子教师的培养有成效,种子教师已经在项目化学习的实践中发挥着带头和引领作用。

表 2－6　教师对项目化学习的行为倾向 t 检验分析结果

	您是否为项目化学习种子教师（平均值±标准差）		t	p
	种子教师（$n=218$）	非种子教师（$n=314$）		
我会积极主动学习项目化学习相关的课程、书籍、文献	4.25±0.72	4.02±0.71	3.573	$<0.001^{**}$
我会积极主动参加项目化学习的相关培训和交流活动	4.37±0.65	4.09±0.70	4.704	$<0.001^{**}$
在今后的教学中,我会主动寻找机会开展项目化学习	4.33±0.69	4.10±0.69	3.863	$<0.001^{**}$

$^{*}p<0.05$　$^{**}p<0.01$

(4) 教师开展项目化学习遇到的障碍

虽然教师有开展项目化学习的积极态度和行为倾向，但实践中也发现，很多教师会表现出不主动、畏难、退缩，甚至害怕，背后的原因到底是什么呢？本次调查结果显示，73.68%的教师表示是学校课时安排紧张，46.05%的教师表示是项目课程资源开发不足，41.54%的教师表示缺乏相关培训和专业指导，39.29%的教师表示自己设计项目案例的能力有限等(见图2-9)。

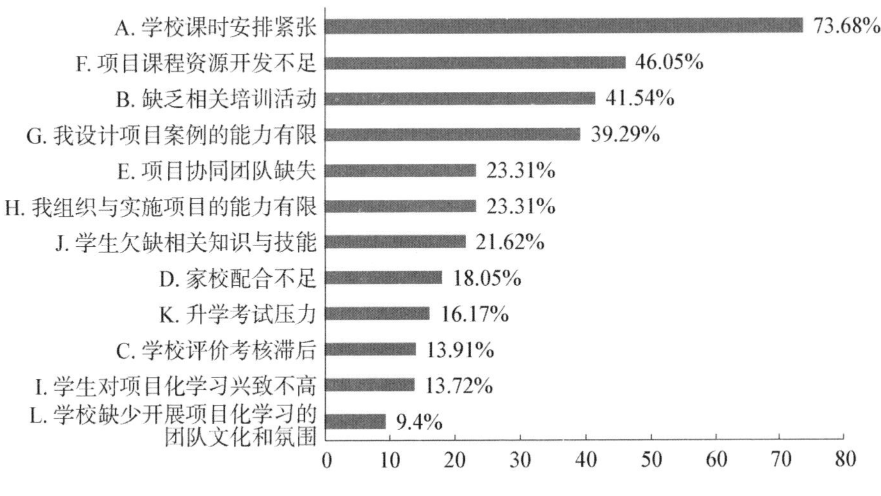

图2-9　教师开展项目化学习遇到的主要障碍

3. 项目化学习的设计

(1) 项目化学习设计中教师迫切关注的问题

项目化学习设计是一种指向概念性知识的深度理解的学习设计。[①] 调查结果显示，90.79%的教师表示，在项目化学习设计中，迫切关注的问题是"如何将项目化学习与学科教学深度融合"，且不同学历呈现出0.05水平显

① 夏雪梅.从设计教学法到项目化学习：百年变迁重蹈覆辙还是涅槃重生？[J].中国教育学刊，2019(4)：57—62.

著性差异($F=3.828$，$p=0.022$)，平均值对比结果为研究生学历的教师(4.49)显著高于本科(4.34)，高于专科(3.86)，具体见表 2－7。

表 2－7　不同学历的教师“迫切关注的问题”方差分析结果

	您的学历(平均值±标准差)			F	p
	专科($n=7$)	本科($n=429$)	研究生($n=96$)		
在项目化学习设计中，我迫切关注的问题是如何将项目化学习与学科教学深度融合	3.86±0.90	4.34±0.68	4.49±0.65	3.828	0.022*

$^{*}p<0.05$　$^{**}p<0.01$

此外，调查结果还显示，对这一“迫切关注的问题”，不同教龄的教师间也存在显著性差异($F=2.409$，$p=0.048$)，具体表现为教龄 16—20 年教师均值最高，高于 11—15 年教师，高于 5 年以下教师，高于 6—10 年教师，高于 20 年以上教师(具体见图 2－10)。

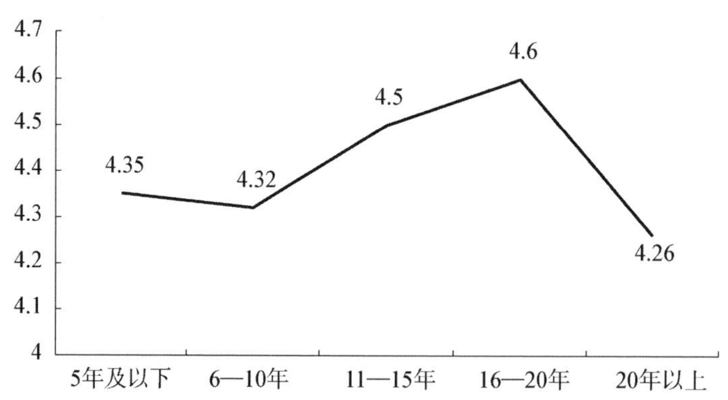

图 2－10　不同教龄教师在“如何将项目化学习与学科教学深度融合”得分均值比较

在选择项目内容时，教师优先考虑的内容分别是:学科核心知识(综合得分 2.74)、学生兴趣需求(综合得分 2.69)、学生知识能力基础(综合得分 2.4)、与真实世界的关联度(综合得分 2.16)。说明在开展项目化学习时，教师都非常重视自己的学科知识，希望能基于学科核心知识设计项目。但项目化学习蕴含着学科融合与跨学科学习的思想，在分科教学的现实背景下，如何让“学习有生活价值”，设计跨学科、超学科项目是教师面临的严峻挑战。

（2）项目化设计中遇到的难题

“驱动性问题是将比较抽象的、深奥的本质问题或学科问题，转化为特定年龄的学生感兴趣的问题。”[①]在项目化学习设计中，驱动性问题是设计的核心，是贯穿整个项目化学习全过程的主线。“它关系着是否着眼于真实情境中的真实问题，也关系着学生是否有兴趣，能否被‘驱动’着主动学习，更链接着学科大概念和子问题的分解、子任务的分步落实等各个方面，可谓‘牵一发而动全身’。”（WSF－20230301－IV）[②]

调查结果显示，83.65%的教师在选择项目主题并设计驱动性问题方面存在困难，不同学历、不同学段、不同教龄、种子教师和非种子教师之间不存在显著性差异（$p>0.05$）。

“最难的是项目化学习主题的确定。好的主题，能将教材单元中涉及的大概念的深度学习和真实生活情境中的问题很好地结合起来，但是寻找合适的主题，需要教师对学科教材和学科课程标准以及学业质量标准有非常深入的研究，并对周边包括学校、社区乃至社会有一定的洞察能力，才有可能碰撞出好的主题。”（WZY－20230301－IV）

“最难的就是驱动性问题的设计。好的驱动性问题的设计充满创意，本身就充满吸引力，教师有动力，学生有兴趣，子问题的分解也随之逻辑清晰，水到渠成；反之，则会举步维艰，感觉在原地打转。因此很多教师在设计驱动性问题时颇费周折。”（WSF－20230301－IV）

---

① 夏雪梅.项目化学习设计：学习素养视角下的国际与本土实践[M].北京：教育科学出版社，2018：56.

② 编码所代表的含义：姓名-日期-资料类型，IV是访谈的英文缩写。

也就是说,对于绝大多数实践项目化学习的教师来说,用什么样的主题或问题来驱动学生投入学习都是一个比较大的难题和挑战。

4. 项目化学习的实施

(1) 教师实施中遇到的难题

调查结果显示,教师在项目化学习实施中遇到的困难主要表现在三个方面(见图 2-11):

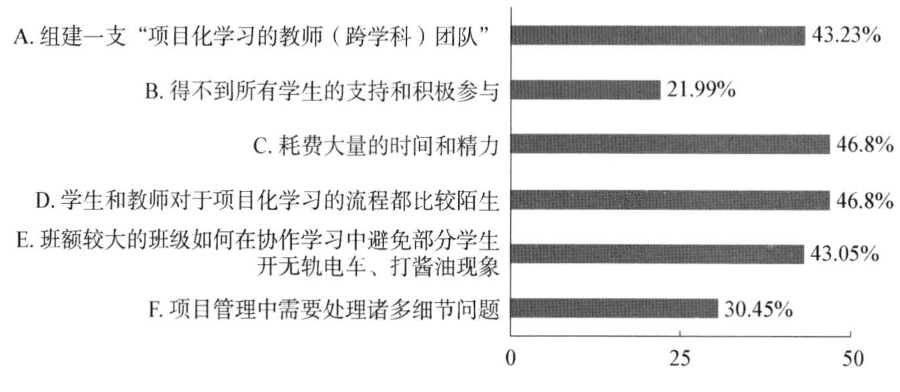

图 2-11　教师在项目化学习实施中遇到的主要困难

一是效率不高。问卷调查中,有 46.8%的教师表示项目化学习需要耗费大量的时间和精力,主要由于在目前探索阶段,学生和教师对于项目化学习的流程比较陌生,在项目实施和管理中需要处理很多细节问题。

二是缺少(跨)学科团队协作。调查中有 43.23%的教师表示项目实施中要组建一支项目化学习的教师团队是个难题。不论是活动项目、学科项目,还是跨学科项目,都需要组建一支可以合作的教研团队,但学科限制、文化差异、性格差异等造成教师之间协作困难。

三是如何避免部分学生在大班额合作学习中“开无轨电车、打酱油”。43.05%的教师表示项目实施中存在这一问题。项目化学习的一个核心要素是合作探究,但笔者近三年多次走进项目化学习的课堂实践发现,由于“班级探究、协作、创造的文化与心智”[1]没有培育起来，教师就急于开展项目化学习，造成很多学生在项目学习中滥竽充数、“开无轨电车”，最终导致整个项目学习质量低下。正所谓“磨刀不费砍柴工”，要提高项目化学习的实施质量，必须慢下来，先培育探究、协作和创造的班级文化与心智。

(2) 探究实践中学生遇到的学习困难

在项目探究实践中，学生会具体遇到哪些学习困难？这也是本研究关注的一个问题。调查结果显示，68.05%的教师表示，项目探究中学生遇到的困难主要是“难以坚持，无法持续地投入到长期的探究过程中”；61.09%的教师表示，学生“缺少必要的背景知识和技能来理解和开展探究过程”；44.17%的教师表示，“学生缺少必要的社交技能，无法在小组内和小组间进行有效的合作”。

(3) 项目实施中的教师支持

在项目化学习中，教师要支持学生围绕真实性问题展开探究并形成成果，培养学生的自主和合作探究能力。这样的定位和目标就决定了教师在项目化学习中的支持不同于传统教学。[2] 针对学生探究中遇到的上述问题，教师具体是如何给学生提供支持的呢？

调查显示，教师通常的做法是提供学习支架，帮助学生建构需要的知识和能力。其中，47.93%的教师表示，会根据项目实施中学生的真实表现，提供适切的学习支架；38.16%的教师表示在教学前或教学中，帮助学生构建相关的知识与能力等，以确保学生能比较顺利地完成项目任务。项目化学习中的教师支持至少涵盖三种类型：“促进探究、评估知识习得和深化概念

① 夏雪梅，等. 项目化学习工具：66 个工具的实践手册[M]. 北京：教育科学出版社，2022：210—236.

② 夏雪梅. 项目化学习中“教师如何支持学生”的指标建构研究[J]. 华东师范大学学报(教育科学版)，2023(8)：90—102.

理解。”①从调研结果看,目前教师对学生的支持更多是知识和技能的获得,缺少对“促进探究”“深化概念”和“塑造文化”等方面的有效支持。

5. 项目化学习的评价

项目化学习评价的主要目的是利用评价引导学生的探究和反思,并促进项目学习的质量提升和学习成果的迭代升级等。

(1) 对评价难度的感知和评价中遇到的难题

调查结果显示,37.78%的教师表示开展项目化学习评价比较难和非常难。68.23%的教师认为评价的难点主要在于教师的过程性反馈如何有效指导和推动学生学习,48.87%的教师认为是如何设计出符合项目目标的评价指标和方式,46.8%的教师认为是如何对不同层次的学生进行评价,45.3%的教师认为是如何基于多种评价和反馈进行反思与改进(见图 2-12)。

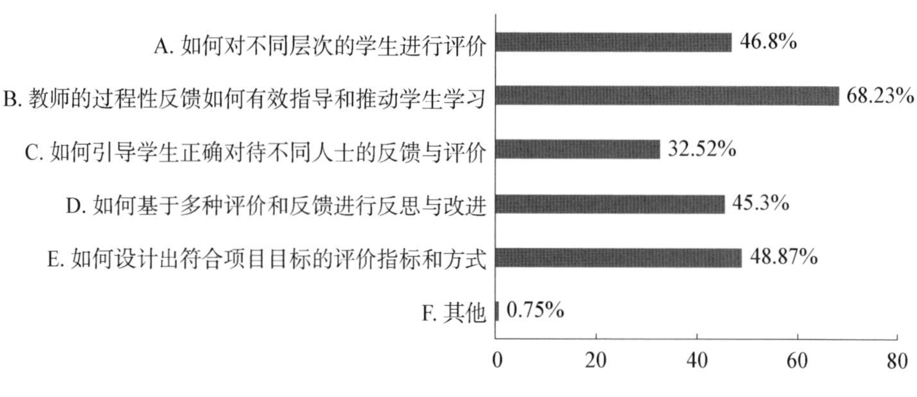

图 2-12 教师在项目化学习评价中遇到困难

(2) 教师对项目化学习效果的评价

2006—2010 年期间,多位研究者考察了项目化学习对不同类型儿童的

① 夏雪梅.项目化学习中“教师如何支持学生”的指标建构研究[J].华东师范大学学报(教育科学版),2023(8):90—102.

实证研究效果，发现对学业中等或不良的儿童，项目化学习更加有效。[①] 原因主要是项目化学习对真实世界的关注会让那些对学业原本不感兴趣的儿童增加学习热情，主动投入学习。

本次调查结果显示，56.2%的教师表示，学业高水平学生对项目化的热情会更高，更愿意主动投入，具体见图 2－13。

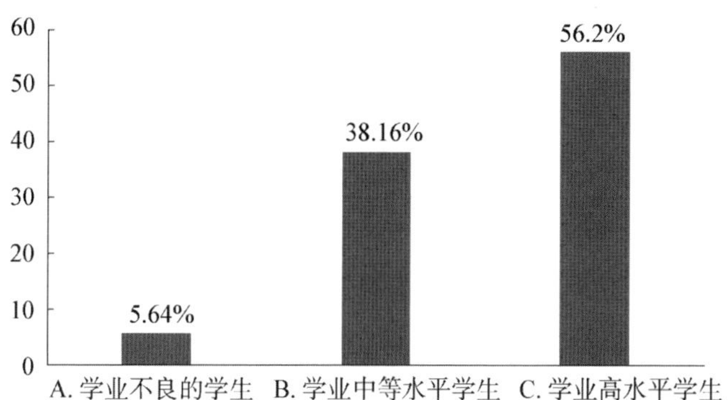

图 2－13　不同学业水平学生对项目化学习的热情和投入程度

这一结果与国外研究不一致，原因可能在于：一方面，国内项目化学习实践时间不长，收集的证据还不够充分；另一方面，可能是很多教师设计的项目化学习方案质量不够高，脱离对真实世界和学生兴趣的关注，不能充分调动学生尤其是学业中等或不良学生的兴趣，而高水平学生延续传统课堂学习的状态继续保持领跑。

为此，本研究针对问题“您认为哪些学生更容易在项目化学习中受益？具体表现在什么方面？”做了非正式访谈，3 名种子教师呈现了更多的信息。

第一，能力不同的孩子都可以受益。每一个孩子都可以在项目化学习中获得不同程度的锻炼。组织能力强的学生，可以负责统筹整个项目；较为内向，但是比较严谨的孩子可以负责数据采集。大家各司其职，同时也可以

① 夏雪梅.在学科中进行项目化学习：学生视角[J].全球教育展望，2019(2)：83—94.

交换工作,这样不同方面的能力都可以得到锻炼,也可以挖掘潜力。例如,“班级收纳师之‘雨具安放’”项目中,有一个学生,他很内向,小组里面的孩子就非常意外地一起商量,想要让他去负责采访班主任,了解班级里面日常收纳的情况,以及老师认为可收纳的空间有哪些。没想到小朋友做得很好,采访的过程虽然害羞,但是很顺利地完成了。从这个项目开始,这个孩子明显变得开朗了很多,愿意去主动沟通了。(JHYQ - 20230228 - IV)

第二,思维活跃、外向、学科能力强的学生更受益。平时思维活跃、不喜按部就班的学生,以及学科知识学习能力特别突出的学生更容易受益。前者,他们在解决问题的过程中,容易不受拘束地提出创意;后者,他们因为学科知识的学习游刃有余,因而能够更好地理解和消化以项目化学习方式深度学习学科知识的要求,更好地运用学科知识解决真实问题。(WZY - 20230301 - IV)

第三,有创造性的学生更受益。有独立思考力、不拘一格的孩子更容易在项目化学习中受益。他们有独立的想法、不受束缚,反而更能激发高阶思维,触发创新能力,更能脱颖而出。(WSF - 20230301 - IV)

由教师的实践经验可见,项目化学习对不同类型的学生的促进成效是有差异的。外向的学生,倾向于发现式、创造性的学习方式的学生会更加容易被激发高阶思维和创新力;对中等及以下的学生,这种益处可能表现在可以增加他们的学习自信心,促进学生间的沟通和表达等。

(四) 调查结论

1. 认知层面

(1) 教师对项目化学习的了解程度还不够深。只有 55.08%的教师表示对项目化学习比较了解和非常了解,种子教师对项目化学习了解程度显著高于非种子教师。

(2) 教师对项目化学习的价值的认知不够全面。教师对项目化学习的价值的认知主要集中在提高学习动力、培养 21 世纪技能、促进知识理解和迁移上；对项目化学习比传统教学能更有效地提高学业成绩，可以促进更多的公民参与和全球意识等方面价值的认知非常缺乏。

2. 态度层面

超过66%的教师对实施项目化学习成效的信念比较坚定；在项目化学习能提高学生的学业成绩的成效的态度上，小学教师与初中教师有显著性差异，小学教师的态度比初中教师更积极。

超过76%的教师对项目化学习的情感比较积极；超过83%的教师对项目化学习表示出积极的行为倾向，种子教师和非种子教师有显著性差异，种子教师的行为倾向比非种子教师更积极。

3. 行为层面

（1）项目设计中90.79%教师迫切关注的问题是“如何将项目化学习与学科教学深度融合”，83.65%的教师在设计中遇到的难题是“如何选取项目主题并设计驱动性问题让学生积极参与”。

（2）项目实施中遇到的三大难题分别是效率不高，缺少团队协作和部分学生“开无轨电车、打酱油”。学生遇到的学习困难主要是难以坚持，无法持续投入；缺少必要的背景知识和技能；无法进行有效的合作等。项目实施中的“教师支持”主要是提供学习支架，帮助学生构建相关的知识与能力等，缺少对“促进探究”“深化概念”和“塑造文化”等方面的有效支持。

（3）项目评价方面，37.78%的教师表示开展项目学习评价比较难，难点主要是教师的过程性反馈如何有效指导和推动学生学习，如何设计出符合项目目标的评价指标和方式等；56.2%的教师表示，学业高水平学生对项目化的热情会更高，更愿意主动投入。

（五）对策建议

1. 教师自身要持续学习，提升对项目化学习的认知和理解

截至调研结束时，上海市《义务教育项目化学习三年行动计划（2022—2023）》实施已经两年时间，市、区级层面，学校层面已开展了多种形式的教

师学习和培训活动,但调查结果显示实验校教师对项目化学习的认知还不够深、不够全面。这就说明,除了参加统一的教师培训外,要真正提升对项目化学习的理解和领悟,教师自身必须更加积极主动,充分利用各种资源和渠道,学习项目化理论和优秀实践案例,不断提升自身开展项目化学习的素养。

2. 要通过项目式学习的教师培养模式,丰富教师的项目化学习体验

新课程改革坚持素养导向、强化学科实践、推进因材施教等,让越来越多的学校和教师认识到了项目化学习的意义。调查显示,大部分教师对项目化学习有积极的情感和行为倾向,这为实践项目化学习提供了有利条件。但在项目设计中绝大部分教师最迫切关注的问题和难题是"如何将项目化学习与学科教学深度融合""如何选取项目主题并设计驱动性问题让学生积极参与"。这两大难题的有效解决,仅仅靠政府层面组织的集体培训,容易导致"理论实践两张皮",仅仅依靠教师自己的探索学习,容易导致低水平的经验重复,都不能很好地解决教师遇到的难题。当前急需转变观念,创新教师学习的模式。

在项目式学习的教师培训中,种子教师、学科专家、项目设计指导专家等可以共同商定驱动性问题,并和教师一起经历项目化学习的完整过程,这既有利于增强培训的针对性和教师学习中的自我导向性,也使得培训和课堂教学可以无缝衔接。而且项目化学习生成的"产品",也可以帮助教师在工作场域中将理论与实践更好地联系在一起。

3. 通过循证实践,提升教师的项目化学习设计、实施和评价能力

教师在开展项目化学习中的一些问题,如不会设计驱动性问题、效率不高、缺乏跨学科团队协作、无法提供有效的教师支持等,在项目化探索阶段是必然的,这些问题的解决不可能一蹴而就,正如前文所讲需要教师自身持续学习、需要创新教师培训模式,但更需要"循证实践"——在项目式教学的

具体场景发现问题、解决问题。①

4. 学校和管理者要为教师开展项目化学习创造条件

尽管项目化学习聚焦于教师为学生提供高质量学习体验的种种细节，但学校和学区领导者的工作也不应该被忽视，他们为教师与学生共同完成伟大的项目创造了必要条件。② 本次调查结果显示，教师开展项目化学习遇到的障碍主要是学校课时紧张、项目课程资源开发不足、学校缺乏团队协作文化等。学校、教育领导者可以从如下几个方面着手：

（1）努力营造一种学习、探究、协作、创新的学校文化

在学校实践项目化学习，意味着要“塑造不断变革和进取的组织心态”。③ 当前，一些学校项目化学习流于形式，问题不在于项目化学习本身，而是学校根本没有建立起开展项目化学习的文化氛围，这样的学校进行任何变革都很难取得成效。实践中可以从两个方面着手：一是领导者要敢于打消教师在做教学创新和冒险后的后顾之忧，同样，在项目化学习课堂，教师也要如此；此外，学校领导和教师要以身作则，针对工作、教学、班级管理中出现的问题，尝试遵循探究的流程来解决，这样学校就会形成一种开放、协作、创新的文化氛围。

（2）学校课程结构的重新设计和平衡

针对课时紧张，教师时间和精力不足等问题，学校需要对课程结构、课表做出适当的调整，这样教师就有更多的个人和协作时间来设计项目、开展跨学科教研等。比如，上海市徐汇区康健外国语实验小学的“4＋1”课程结构模式（每周4天学科课程，1天综合主题项目活动），有的学校科学、艺术

① 袁丽，胡艺曦，王照萱，等. 论循证课例研究的实践：教师教育的新取向[J]. 教师教育研究，2020(4)：17—23，44.

② 苏西·博思，约翰·拉尔默. 项目式教学：为学生创造沉浸式学习体验[M]. 周华杰，等译. 北京：中国人民大学出版社，2020：6—7.

③ 夏雪梅. 项目化学习设计：学习素养视角下的国际与本土实践[M]. 北京：教育科学出版社，2018：29.

课程的“长课＋短课”设计等。学校项目化学习从设计到实施需要很多的“水磨功夫”,需要让学校的空间、时间表、资源设置、教研等都随之进行相应的变革。①

(3) 重视项目的迭代,关注对“持续改进的承诺”

教师只有不断实践,才能学会实现高质量 PBL 的方法。实践也表明,不论是种子教师还是非种子教师,经过多次实践,设计和实施项目化学习的质量,对项目化学习的认识和理解相比第一次实施 PBL 都有了显著的提高。但笔者发现,目前存在的最大问题是,一些学校一味求快、求多、求新,造成一种学校之间、教师之间“攀比”的心理,而项目化设计中的核心要素“核心知识”“反馈修改”和“反思迭代”等已经流于形式。在目前课时紧张、资源有限、教师能力不足的情况下,要提高项目质量,就需要学校重视项目的修改和迭代,让教师有时间、有能力关注项目的持续改进。正如种子教师所说:“目前的项目化学习,很多学校很多教师都是‘求新’,其实有些好的项目应该推广成为普适性的项目,让更多的教师方便使用,就像我们的教材一样,定期开展,让更多的孩子受益于项目化学习。”(WSF－20230301－IV)

---

① 夏雪梅.项目化学习的实施:学习素养视角下的中国建构[M].北京:教育科学出版社,2020:76.

第三章

区域专业支持路径与策略

教育科研引领实践创新的价值并不在于最后的成果，关键在于过程，是如何探索和解决问题的，中间经过了怎样的波折，产生了怎样的解决问题的方法，而这种解决问题的方法是否有用，在不同的情境中产生了怎样的变化，实践者只有经过了这些过程和行动中的思考才能理解这样做的目的和意义，进而产生自主的行动。

——夏雪梅

2022年"双新"的颁发意味着义务教育进入素养时代。项目化学习作为一种以学生学习为中心、以培养学生核心素养为导向的教学模式，被认为是有效落实"双新"的重要载体，能有效促进教与学方式的变革，构建学生适应和面向未来的能力。[①] 教师作为项目化学习推进的关键实施者和执行者，其项目化学习的素养水平直接影响到项目化学习在课堂的落实情况和学生的学习效果等。如何培养和提高教师实施项目化学习的素养是区域项目化学习推进中面临的重要课题和难题。教育科研是区域教师专业发展的助推器和引擎，在区域推进项目化学习中，教育科研如何发挥引领和支持作用？有哪些经验和做法？本研究以浦东新区小学项目化学习实验校为例，结合具体案例阐述教育科研助力教师实践项目化学习的路径与策略。

区域推进项目化学习的科研支持路径与策略如图3-1所示。

一、理论学习：了解项目化学习，引发认知冲突

（一）项目初期，开展科研专家"引领"的专著共读

根据本研究前期的调研结果，浦东义务教育阶段学校教师对项目化学习的相关认知还不够深，设计和实施项目化学习的素养还有待提升。在教师实施项目化学习之前，除了教师自发的学习之外，课题研究项目组给实验学校教师推荐了共读书目，主要有夏雪梅博士的《项目化学习设计：学习素养视角下的国际与本土实践》和《项目化学习的实施：学习素养视角下的中

① 夏雪梅.项目化学习：连接儿童学习的当下与未来[J].人民教育，2017(23)：58—61.

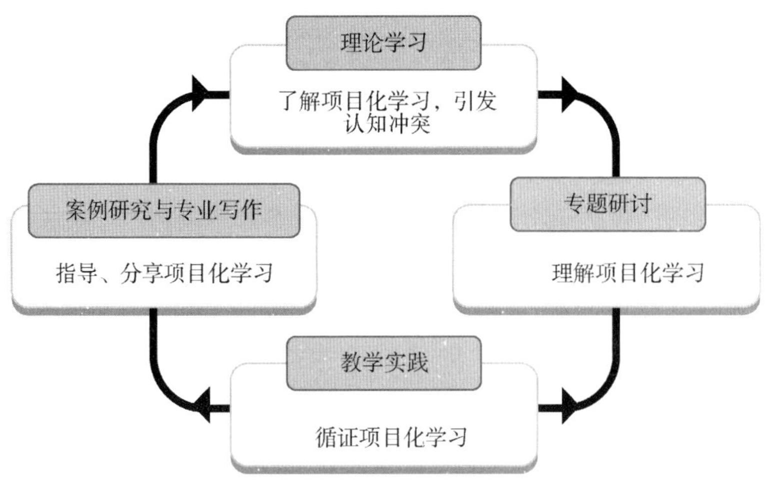

图 3-1　区域推进项目化学习的科研支持路径与策略

国建构》,并从知网上下载了夏博士的项目化学习核心文献供教师们阅读和学习,如《指向创造性问题解决的项目化学习:一个中国建构的框架》《学习素养视角下的项目化学习:问题、设计与呈现》《国家课程的项目化学习:高质量的分类探索》等等。一些区级项目化学习实验校都组建了共读小组,在科研专家的引领下开展共读共学。如浦东新区的浦明师范学校附属小学,于 2020 年 7 月组建了"悦享朝华"项目化学习读书小组,开展理论阅读和分享交流。

"悦享朝华"小组成员 80% 为具有 1—5 年教龄的青年教师,执教学科涵盖所有基础型学科。"悦"通"阅","享"即分享,"朝华"指早晨开的花朵,寓意项目化学习是新领域。学校邀请到浦东教育发展研究院的科研员郑新华博士作为读书小组的领读专家。"悦享朝华"项目化学习读书小组充分利用两个月的暑假时间,每周由郑博士或者读书小组的领读教师带领组员共读夏雪梅博士撰写的《项目化学习设计:学习素养视角下的国际与本土实践》一书中的第二章"项目化学习的设计",参与教师在领读后充分发表自己的阅读思考,最后由导读专家郑博士进行提炼总结(见表 3-1)。

表 3-1　“悦享朝华”项目化学习共读小组暑期安排

领读内容	领读形式 (领读者＋自主阅读)	领读时间	领读助理
前言＋整本书解读	郑新华	6 月 29 日—7 月 3 日	郁超咏 汪森然
一、核心知识：什么样的知识适合进行项目化学习	刘云云、王子茜	7 月 4 日—7 月 10 日	
二、驱动性问题：用什么样的问题驱动学生主动投入思考	朱韵清、谢奕婷	7 月 11 日—7 月 17 日	
三、高阶认知：用怎样的认知策略来带动学习	陆春华、段荟泽	7 月 18 日—7 月 24 日	
四、学习实践：怎样让学生经历有意义的学习实践	王晓雅、潘婷	7 月 25 日—7 月 31 日	
五、公开成果：怎样的成果才是有价值的	自主阅读	7 月 3 日—7 月 31 日	
六、全程评价：怎样促进学生个人和团体共同进步	自主阅读	7 月 3 日—7 月 31 日	

两个月共读“夏书”直接给教师们带来了认知的冲击，让教师们认识了项目化学习。所有项目化学习小组的教师从最基本的概念界定到核心知识的确立，从驱动性问题的由来到教学评价的贯穿，从学习成果的形成到高阶思维的养成，都有了认知的冲击和改变，从以下教师们撰写的反思日志中可以窥见一斑。

孙老师（数学教师，教龄 2 年）：半路进入“悦享朝华”读书小组，发现通过读书，找到了大学的自己。通过深入阅读，发现项目化学习的方式是理想中的学习方式，能让学生更加体会到生动和成就感。

陆老师（语文教师，教龄 25 年）：当初接触 PBL 的初衷是因为觉得自己在专业方面仿佛进入了瓶颈，虽然自己很希望能够找到突破口，但也无从下手。那时候正好听说学校里有这样的学习小组，所以就加入了。在和组内老师共读的活动中，还是接触到了以往没接触到的东西，而自己也在共读和学习案例的过程中，接触到许多以往没有接触过的外延的内容，从而更新了自身的理念和知识。而对于新进教师来说，他们没有传统教育方法的束缚，在接触 PBL 的过程中，既能够学习到专业技能，也可以接触到最新的教育理念和方法，这样的机会还是很难得的。

周老师（语文教师，教龄 6 年）：项目化学习是对传统教学方式的颠覆，课堂中学生不再是被动式接受者，而是主动获取知识，运用知识，学生呈现出来的活力，让我觉得教育变得更有趣。

张老师（英语教师，教龄 16 年）：“悦享朝华”共读小组以暑期共读的形式开启项目化学习之旅。让我感触最深的是，通过分享各自对文本的个性化解读以及完成实践性作业，不同学科的老师们在讨论中结合执教学科特点和自身教学实例进行反思。促使我在传统教学中有意识地尝试渗透项目化学习的一些理念，引导学生主动学习、深度思考。

（二）项目实施中，开展聚焦疑难问题的专题性共读＋科研专题讲座

在项目化实施中，有了前期的学习后，教师对项目化学习的要素和流程都有了比较清晰的认识，但在具体实施过程中，仍然会碰到诸多问题，比如，如何设计一个好的驱动性问题？教师如何更好地支持学生的探究和学习？如何建立项目化学习的课堂文化？等等。课题研究项目组会推荐实验校教师围绕疑难问题进行专题性共读、学习和交流。

比如，浦东新区明珠临港小学成立了青年教师“滴水行动”教师工作坊，结合项目实施过程遇到的疑难问题“如何设计驱动性问题”，工作坊教师共读了夏雪梅博士专著中“驱动性问题：用什么样的问题驱动学生主动投入思考”这一章节、《素养视角下中美数学项目驱动性问题设计的比较研究》专题文章等，有能力和有兴趣的教师可以阅读刘徽博士专著《大概念教学：素养导向的单元整体设计》一书中“真实问题情境的设计”这一章节。在教师们

学习过程中，课题研究项目负责人浦东教育发展研究院科研员杨海燕老师，利用腾讯会议给工作坊的全体教师开展了“项目化学习中驱动性问题的设计与优化”专题培训。在专家引领、专题学习和实践优化中，青年教师对驱动性问题概念的理解和如何设计一个好的驱动性问题有了更清晰的认识。比如：

缪老师（数学教师，教龄2年）：作为一名青年教师，杨老师的讲座给了我一些启发。项目化学习是带领学生在一段时间内对与学科或跨学科有关的驱动性问题进行深入持续的探索，培养学生创造性地解决新问题的一个过程。由此看来，驱动性问题的设计是重中之重，除了要吸引学生，也需要具有挑战性，能够契合学习目标，需要设计教师进行深度的琢磨和研讨。杨老师也为我们带来了几个策略，聚焦核心概念、加入情境、加入高阶认知、个性化设计等。做项目化学习，得动起来，实践起来，再反过来研究反思，再学习，再实践，这是一个边做边学习的过程。收获了杨老师带给我们的分享，我相信项目化学习，我们都在路上。

李老师（体育教师，教龄2年）：项目化学习是以学习为基点，培养学生技能的重要方式。驱动性问题的设计是核心、主线，好的驱动性问题能够将问题贯穿起来，而一个好的驱动性问题需要具备高阶思维、能契合学习目标并具有一定挑战性。找到了驱动性问题还不够，还需要通过多种途径进行优化与完善。

顾老师（英语教师，教龄4年）：项目化学习对我而言是一个经常能听到却又很新鲜的话题。杨老师为我们从项目化学习的概念到如何优化设计项目化学习中的驱动性问题提供了很好的解释和思路。杨老师还通过一些贴近我们日常的项目化例子让我对驱动性问题这一较为抽象的概念有了更具象化的认识。这一次的讲座我着实收获了颇为宝贵的内容，在今后的工作中，我将尝试着来将自己的学科与项目化学习进行融合。

闵老师（语文教师，教龄14年）：杨老师的讲座给教师们在驱动问题设计方面提供了许多创意支架和优化方案。结合真实案例,深入浅出地讲述如何设计驱动性问题,从是否对学生有吸引力,是否具有挑战性,是否契合学生学习目标这三方面监测问题是不是好的驱动性问题。我一直觉得项目化设计很有难度,驱动性问题较难把握,但今天的讲座犹如为我揭开了一点点果皮,让我浅尝到一丝果味的甘甜,使我有兴趣也有信心去深入探索如何让 PBL 在教学中发挥更大的作用。

在专题性的共读和专题讲座学习中,教师们的观念也发生了变化,认为"项目化学习就是生活应有的样子,作为教师,我们要做项目化学习的忠实拥护者,更要做创新和实践者。在实践中学习,在研究中发展,内化于心、外化于行,在新教改风向标的引领下,将'项目化学习'嵌入日常教学,使学习真实发生。"

两所实验校教师的体会和感悟从一个角度证明了科研对教育实践和教师专业发展的引领和支持。这正是教育科研的价值所在——引领教师的实践创新。[①] 在这个过程中,科研员郑博士和杨老师扮演了非常重要的"引领者"(facilitator)的角色和功能。

二、专题研讨:理解项目化学习

哲学家约翰·巴斯摩尔(John Passmore)指出,理解的方式多种多样,这些方式互相重叠又无法简化,相应地,也有许多不同的教"理解"的方法。[②]

在课题研究过程中,不同类型的项目化学习实验校,不同教龄、种子教师和非种子教师等遇到的问题林林总总,既有共性问题,也有个性问题。课

① 夏雪梅.教育科研如何引领实践创新:以项目化学习在上海的推进为例[J].上海教育科研,2022(11):11—15.

② 格兰特·威金斯,杰伊·麦克泰格.追求理解的教学设计[M].2版.闫寒冰,译.上海:华东师范大学出版社,2017:92.

题组综合实验校的不同情况、不同需求，深入学校和课堂，调研教师面临的认知困惑和实践障碍，指导课题组实验校和教师聚焦实施过程中遇到的关键问题开展专题研讨会。比如，就项目化学习实施中的某一具体问题组织教师开展形式多样的线上研讨、现场观摩、课堂观察、案例研究等，通过专家与教师的对话、引导和指导，深化教师对项目化学习的理解。在丰富的学习实践中，教师既能获得项目化学习理论和知识，也能够转化和应用所学，在自己的课堂教学中探索项目化学习。以下是课题组组织的专题研讨会汇总表(见表 3－2)。

表 3－2　聚焦关键问题的专题研讨会汇总表

时间	主题	形式
2021 年 6 月	基于项目孵化的专业支持路径与案例分析	现场研讨
2021 年 10 月	学校项目化学习实施路径的探索	现场研讨
2021 年 12 月	项目化学习中高阶认知策略的有效运用	现场研讨 观课议课
2022 年 4 月	“遇见”线上教学“看见”项目化学习——线上学习背景下项目化学习的转型与深化	线上研讨
2022 年 6 月	低年级学科项目的设计与优化——以《时间小主人》数学学科项目为例	线上研讨
2022 年 8 月	学科项目化设计与实施的困惑与设想	圆桌论坛
2022 年 10 月	区域推进项目化学习的专业支持策略	现场研讨
2023 年 3 月	项目化学习中学习支架的设计与使用——以小学语文学科为例	观课议课
2023 年 4 月	项目化学习中驱动性问题的设计——以小学数学为例	观课议课

(续 表)

时间	主题	形式
2023 年 6 月	项目化学习研究成果的萃取与表达	现场研讨
2023 年 9 月	项目化学习案例研究与撰写辅导	案例研究工作坊
2023 年 11 月	项目化学习工具的有效使用	现场展示+课堂观摩
2023 年 11 月	长周期项目化学习的实施路径与策略	现场展示+课堂观摩
2024 年 1 月	项目化学习阶段研究成果交流	会议交流

课题组组织的这些研讨会,聚焦项目化学习的核心要素、操作要点和教学策略,直面学校和教师在推进过程中遇到的真实问题和困惑难点。有些是从教师和学生角度出发,探索学科项目化学习不同环节、要素、支持的设计和优化;有些是从学校管理的角度出发,探讨实施有效措施和保障;有些是从区域教育出发,探索区域推进项目化学习的专业支持路径和有效策略;有些是从研究成果角度出发,关注成果的总结、提炼、表达和呈现;等等。这些研究和实践对推动和丰富教师理解和实践项目化学习发挥了较好的支持作用。

【案例】"学科项目化设计与实施"难题破解专题研讨

形式:圆桌论坛

时间:2022 年 8 月 28 日

地点:浦东新区顾路小学

发言人:凌刚(体育学科)、梁桑桑(音乐学科)、蔡舒雯(美术学科)、蔡晓芸(英语学科)

评论与延伸:杨海燕(科研员)

【项目 1】"云艺术展"问题链的设计

我们学科的项目化课题是"云艺术展",本项目源自小学美术沪教版二至五年级《感受民间艺术》单元,学生通过体验民间艺术,学习制作工艺品,提高审美观念和学习兴趣，将民间艺术进行传承的基础上更好地理解美术、展现美术、创作美术。

“文章不厌百回改，反复推敲佳句来。”文章如此，好的项目化学习设计更是如此。我校美术项目组成员们不满足于头脑风暴好不容易得来的项目设计，在专家的指导下，在小组的反复讨论中，不断地对项目设计进行精雕细琢，不断地研读新课标，研读教材。经过美术项目组的集体探究后，顾小“云艺术展”渐露雏形，该项目紧紧围绕驱动性问题“如何策划并举办一场学生自己作品的线上云艺术展，感受学生作品中所蕴含的多样化民间艺术之美？”设计了一连串问题链：

子问题1：什么是多样化的民间艺术？

（1）什么是民间艺术？

（2）书本上有哪些民间艺术？

（3）已经学过的民间艺术有哪些？（3—5年级）

子问题2：如何运用身边各种工具和材料完成学生自己的民间艺术作品？

（1）民间艺术工艺品需要用到什么材料？

（2）民间艺术作品的材料可以用身边什么材料代替？

子问题3：如何进行云艺术展？

（1）艺术展的起源和涵义是什么？

（2）如何更好地呈现多样化的民间艺术作品？

场地、工具的制约以及突发的疫情停课使得我们的“云艺术展”不得不推迟制作、展览的时间，但是，美术项目组的老师们却跃跃欲试。在“艺术展”的驱动下，我们期待与孩子们一起感受知识的力量、感受民间艺术的美，提升感知美、创造美的能力，期待在顾小开启一场特殊的、属于顾小孩子们的民间艺术展！

【评论与延伸1】驱动性问题如何设计与优化?

从蔡老师的分享中看出,为了完善这个项目,团队教师付出了很多,研读教材和课标,反复商讨,非常感谢老师们为教改付出的这份真情和热情。蔡老师的汇报主要围绕项目的驱动性问题和子问题展开,这也充分说明驱动性问题在项目化学习中的重要性。

一个好的驱动性问题,一方面能够通过有趣的、与学生亲和的方式驱动学生投入项目化学习,也就是说要“有趣”,能让学生产生兴趣;另一方面,一个好的驱动性问题要能够引发学生的高阶思维,也就是“挑战性”。驱动性问题“如何策划并举办一场学生自己作品的线上云艺术展?”在趣味性和挑战性方面都处理得比较好。建议还可以再明确一下问题情境,也就是说,我们还需要明确是在什么背景、什么条件下才需要举办这场云艺术展的,增强项目的真实性和学生参与项目的代入感。

第二点,子问题如何设计?围绕驱动性问题,项目组设计了三个子问题:什么是多样化的民间艺术?如何运用身边的工具和材料完成自己的作品?如何进行云艺术展?整体看这三个子问题都是围绕驱动性问题展开,具有一定的逻辑性。这是比较好的地方。但子问题设计包括子问题下面的小问题设计还需要精细化。

比如子问题一:什么是多样化的民间艺术?下面设计了三个小问题分别是:1.什么是民间艺术?2.书本上有哪些民间艺术?3.已经学过的民间艺术有哪些?我们现在需要思考,这三个小问题完成了是否就能回答“什么是多样化的民间艺术”。肯定不是,这里就涉及从知识的信息收集到知识的分类、比较等认知学习策略的升级问题,也就是说,学生除了知道什么是民间艺术、课本上有哪些民间艺术外,还需要通过访谈、参观、观看视频等多种方式了解常见的民间艺术大概有哪些,怎么分类,然后再聚焦——“我”最想了解或感兴趣的民间艺术是什么?为什么?它的起源、特征、表现方式有哪些?它的过去、现在、未来是怎样的?学生只有对这些自己要重点关注和探索的内容心中有数了，才能为接下来制作、展览、宣传好自己的作品做好准备。

【项目 2】“风筝放飞”项目需要解决的问题与困惑

上学期，由于突如其来的疫情，我们风筝项目由线下转为线上开展。当时，在杨老师的指导下，我们把驱动问题调整为“如何举办一场线上风筝展览会”。虽然我们围绕问题进行了一定的尝试，但是由于学生居家学习、材料的缺乏、场地的限制等因素，项目停留在初步的模型阶段。

新学期我们将继续把这个子课题实施下去，同时想把“线上展览”改为“线下放飞”。前期在和学生们的交流中，我们发现以下几个问题需要解决：

1. 不同的风筝有不同寓意，小朋友们如何通过设计、构图、上色等来准确表现自己风筝的含义，这就需要美术老师的指导。

2. 风筝是我们传统民间手工艺，它的放飞很大程度上受到制作工艺及外界环境的影响，例如风筝的形状、风向、风力等条件，这就需要劳技和自然老师的支持。

3. 在放飞风筝的时候，学生需要具备一定的手臂力量，以及奔跑、敏捷、协调等能力，体育教师需要在日常体育课中注意相关的能力培养。

针对以上问题，在实施过程中，我们的困惑是：这些跨学科的技术支持，是引导学生自己找相应的学科老师去解决，还是由我们项目组的老师联系相关学科老师予以指导？如何把握学生在项目实施过程中的“主体性”这个度？

【评论与延伸 2】如何处理项目化学习的实施结构问题？

刚才凌老师简要介绍了“风筝放飞”这个项目的驱动性问题——如何举办一场线上风筝展览会？以及新学期项目实施主要计划及调整，并提出了开展项目过程中的一些自己的想法和困惑。这些都非常好，说明老师们行动起来了，在实践、在思考。关于“风筝放飞”项目我谈三点想法：

一是项目团队的教师要在项目化的学习情境中，选择合适的项目实施方式,与学生共同经历项目挑战。在这个项目实施过程中,受疫情影响,项目进度和成果展出方式等需要做出调整,这对项目实施团队的老师们来说就是一次挑战,需要大家智慧地去解决。

第二点是关于驱动性问题的设计与优化。我们最初提出的驱动性问题是“如何举办一场线上风筝展览会?”,目前调整为“如何举办一场线下风筝展览会?”,这样的驱动性问题还需要进一步的优化。一个好的驱动性问题从结构上来讲,包括“问题情境和问题”两项内容。目前的驱动性问题设计,只有问题,缺少真实性问题情境的设计。也就是说,学生要在什么背景、什么条件和资源限制下,以什么样的角色,完成什么样的任务,任务的要求和标准等,目前都还不是很清晰。这项工作非常重要,需要明确下来。

第三个问题是项目实施过程中,学生的主体性如何体现?凌老师谈到这些跨学科的技术支持,是引导学生自己找相应的学科老师去解决,还是由项目组的老师联系相关学科老师予以指导?我觉得这两种方式没有哪个更好,只能说哪个目前更适合。根据学生的情况,以及项目实施的不同阶段,这些方式都可以尝试。这背后其实涉及项目化学习的实施结构问题。与传统的讲授式教学不同,项目化学习更适合采用 LH,即低结构探索—高结构指导的教学顺序,学习者先参与相对开放的低结构探索活动,然后再接受教师结构性的教学指导,同时,教师在不同阶段设计支持学生探索的“学习支架”或“脚手架”。

【项目 3】“A charity sale 爱心义卖”项目设计的设想

对于本次项目化学习,我组教师们翻阅书籍,研读教材,进行了一系列头脑风暴。牛津英语沪教版四年级 4AM3U3 In the shop 这一单元中,学生需要运用“How much...”句型正确询问物品价格并回答。根据这一单元内容,我组教师们联想到了我校每年都会开展爱心义卖活动,因此我们将本单元内容与爱心义卖相结合,将育人价值融入学科学习中,以“A charity sale 爱心义卖”为项目主题，以“How do we hold a charity sale successfully? 如何成功举办爱心义卖活动?”为驱动性问题在四年级学生中开展本次项目。

学生要成功举办爱心义卖，则需要从活动前、活动中以及活动后三方面入手。活动前学生需要制作店铺海报，统计收集物品，安排组内人员；活动中则要准备好相应交流交际语言内容，了解购物礼仪，进行购物交流；活动后则需要统计剩余物品和收入款项。过程中教师要引导学生用英语交流，用英语思考，同时在活动过程中也出现了美术以及数学学科的身影，融入跨学科理念。

在英语项目化学习中，学生将以小组活动方式呈现，通过课堂学习、课外查找、合作探究等途径习得相关语言知识，通过购物买卖过程运用、强化语言知识，形成“人与社会”主题语境下的“购物”话题。同时在过程中学生逐步形成解决问题的能力，并锻炼组织、管理、合作以及交际能力，培养乐于奉献的精神，最终成功开展一次与众不同的英语爱心义卖活动。

【评论与延伸 3】如何把活动升级为学科项目?

刚才蔡老师在汇报中讲到“随着学校语文、体育等学科项目化的推进与落实，本学期英语学科也将开展项目化学习”，说明有越来越多的教师陆续加入我们项目化实践的团队中。这点非常好。开展项目化学习除了有政府相关政策的支持、专家的指导、家长的支持等条件外，其实在学校落地的过程中，学校的文化和研究氛围对项目化的实施非常重要。这是学校推动项目化学习的底色和基础。

关于“爱心义卖”项目我谈几点想法。好的方面——这个项目的产生非常好，尝试把英语学科内容与学校的义捐义卖活动相结合。这样的项目贴近学生的生活和经验，能够激发学生的兴趣。需要进一步完善的方面：

一是既然是学科项目，就要研读英语课标，思考这个项目指向的关键概念和能力是什么,需要梳理和明确。不能仅仅把正确询问价格并回答作为重要目标。

二是从目前汇报的内容看,爱心义卖项目,包括驱动性问题——如何成功举办爱心义卖活动?应该更像是活动项目,更多涉及的学科是数学、语文、美术、信息技术等。需要思考:如果要设计成一个英语学科项目是否合适?怎么设计?问题情境怎么创设?驱动性问题怎么提?要让学生感觉到真实性。也就是说,我们要创设一个真实情境,比如说,“给外国小学生展示或宣传我们学校的义捐义卖活动”,成果是让学生制作一段英文宣传视频或一本英文宣传手册,学生需要写脚本、配音、学习制作技术等。既要完成一个任务宣传学校的义捐义卖活动,又要根据服务对象外国小学生的年龄特征、兴趣爱好、接受程度等设计和宣传这次活动。融入更多真实性元素,不仅能提升学生的学习兴趣,还有助于发展其解决现实世界问题的专家素养。这对学生的挑战会比较大。

【项目4】“音乐无处不在”项目初步构思

众所周知,音乐是声音的艺术,是听觉的艺术。音乐它来源于生活,又高于生活。在我们的艺术舞台上,自制乐器的成功案例有很多,例如英国的“破铜烂铁”、韩国的“炫打厨房”、“中国达人秀”的蔬菜乐器,这些都是创造性思维的杰出成果。在我们生活中,例如水桶、拖把、文具盒、铅笔,钥匙、座子、橡皮筋、水杯等,其实也都能成为简易的自制乐器,音乐就在我们的生活中,就看我们如何去发现。设计“音乐无处不在”这个课题就是围绕着“音乐是怎么来的”这个本质问题,利用驱动性问题,引发学生探索如何将随处可听的声响变成音乐。学生在项目过程中,需要具备并了解的知识和能力有:在音乐学科上需要了解音阶和音乐基础乐理,在自然学科上需要了解声音是一种振动产生的声波,以及材料特性影响音色。学生们将会在“利用你身边的东西发出声音”和“利用你身边的东西发出有规律的声响”这两个活动中获得实践性的认证。

项目预设的年级为三、四年级。特别是四年级学生，该年级的自然课中也有对声音与振动的探索，在探索用身边材料制作音阶器的时候，需要科学技术的支撑，这将会是一次跨学科的合作，也是艺术与科技的碰撞。

项目预设的呈现方式有两种：一种是个人成果展示——利用身边的材料创作一个能够演奏音阶（五声或自然音阶）的作品；第二种是团队成果展示——结合每个小组的作品，利用身边的材料，举办一个小型“音乐无处不在”音乐会。

【评论与延伸4】从模仿开始，如何进行改造和创造？

听了梁老师的汇报，我有三点感受。一是我们顾路小学的教师善于学习，能够从其他比较成熟的项目中借鉴有益的内容。在实践项目化学习的初始阶段，教师可以从模仿开始，然后再进行改造和创造。

二是“音乐无处不在”这是一个非常好的学科项目，学科的特色非常鲜明。学科项目就是要聚集学科关键概念和能力——“音乐是怎么来的?”，用项目化学习的方式呈现学科与生活、学科与人际的关联。

三是项目成果设计非常明确，有针对性。一方面项目成果直接指向驱动性问题的解决——如何将随处可听的声响变成音乐？另一方面，个人成果和团队成果都有设计。个人成果是利用身边的材料创作一个能够演奏音阶的作品。团队成果是利用身边的材料，举办一个小型“音乐无处不在”音乐会。成果设计这部分非常好，值得其他的项目学习和借鉴。接下来，项目怎么实施，还需要制订出详细的实施方案。准备—入项—知识与能力建构—合作探究—形成与修订成果—出项与复盘。在实施的过程中，学情不同，课堂文化不同，可用的学习资源不一样，探究和学习实践的空间就很大，这就是教师可以发挥和创造的地方，也是体现学校和教师教学风格和特色的空间。

“理解”这个词有多种不同的意思，根据经验，我们认为理解不是单方面的成就,而是多面的,并通过不同类型的证据表现出来。① 同样地,我们认为,在实践和探索中,教师对项目化学习的理解也不是单方面的,教师对项目化学习的理解也是通过实践中的各种证据表现出来的。以上的四个学科项目就是比较好的证据。

三、教学实践:循证项目化学习

为了转化和应用教师理论学习和专题学习的成果,我们课题组设计和组织了主题为“项目化学习中高阶认知策略的有效运用”课例研究活动。尝试在课例研究中寻找和检验项目化学习中“有助于教师教和学的证据”,特别是其中对“学生证据”的关注,②期望这些证据能有利于教师在下一次遇见类似教学问题时更好地决策和实践,更期待教师能在项目化的反复实践中创造性地生成新证据。这样在证据的迭代之下,教师的教学将逐渐呈现一个循环上升的态势。

(一)研究背景

高阶思维是一种以高层次认知水平为主的综合性能力,通常指学生在一定的时间内运用一定的思维能力等解决可预测的和不可预测的现实问题,尤其表现为学生调用已学习的知识和技能解决实际问题的能力,在学习过程中通常表现为完成学习任务,实现思维的迁移和持续发展。

高阶思维是项目化学习的一个关键要素,项目化学习中有没有运用到高阶思维直接决定了学生学习的质量和水平。在日常实践和课堂观摩中我们发现,项目化学习实验校的教师有培养学生高阶思维的意识,在项目化方案设计中教师都会提到相关的高阶思维表现,如问题解决、创见、决策、实验、调研、系统分析等;但在项目实施中,这些高阶思维不知不觉就“走样了”

---

① 格兰特·威金斯,杰伊·麦克泰格.追求理解的教学设计[M].2版.闫寒冰,译.上海:华东师范大学出版社,2017:92.

② 宋萑,毛思玉,徐珊珊.循证教学理念与源流[J].湖北教育,2023(1):22—24.

"变形了",往往被降低为低阶思维,甚至"丢失了"。

以上问题,究其原因主要是两个方面:一是教师培养学生高阶思维的意识还不够强,课堂上不愿意用更多的时间和精力培养学生的高阶思维;二是教师缺乏培养学生高阶思维的有效教学策略,除了传统的讲授法之外,很多教师不知道如何使用有效的工具和方法来培养学生的高阶思维。

针对上述问题,本研究以小学四年级活动项目"我的游戏我做主"为例,聚集项目实施过程中的一堂实践课,在呈现教学过程关键学习环节的基础上,尝试提炼、归纳培养学生高阶思维的有效策略。

(二) 研究过程

1. 第一次教学:预设的高阶思维形同虚设

在第一次的教学设计中,教师预设了课堂中重点培养的四种高阶思维,主要是调研、系统分析、决策和问题解决。

表 3-3 "我的游戏我做主"预设目标中的高阶思维及任务要求

高阶认知	具体任务要求
驱动性问题:每天放学后的课后服务时间,许多同学做完作业显得无所事事,你们能否设计一款恰当的游戏让同学们度过一个安全、有趣、温馨又有意义的课后服务时间呢?	
调研	通过调查问卷的方式系统收集四年级学生开展游戏的情况和喜好,利用条形统计图等形式进行呈现。
系统分析	结合学生个人需求和校园实际情况,对问卷数据进行合理的系统分析,初步体会各个因素对游戏设计的影响以及各个因素之间的交互作用。
决策	结合调查问卷的数据分析结果,初步确定游戏设计的时长、地点、形式、类型等因素,为后续确定游戏方案做准备。
问题解决	经历数据调研、系统分析、合理决策的探究过程,为解决生活中的实际问题提供路径。

在课堂教学约35分钟的时间里,教师主要设计了9个环节的学习活动,活动和课堂实际用时如下:

1. 项目前期活动回顾【3分20秒】;

2. 头脑风暴小组讨论"如何整理前期调查问卷的数据"【2分36秒】;

3. 全班交流——调查问卷中的数据如何进行整理【5分04秒】;

4. 学生分组尝试整理问卷第一题数据【4分钟】;

5. 交流整理数据的方法,教师总结方法【5分01秒】;

6. 再次分组尝试把问卷第一题的数据统计出来【3分41秒】;

7. 交流本次整理数据的感受【1分17秒】;

8. 教师汇总第一题的数据在EXCEL表格里【4分30秒】;

9. 学生分组用同样方法整理第二题数据【5分钟】。

可以看出,课堂中实际执行的任务主要是让学生尝试、讨论和交流整理数据的方法,用的认知策略主要是信息收集、组织、分类和分析。从课堂上的师生话语看,主要是围绕数据如何分类整理展开。如教师询问学生:"刚才大家根据问题的选项分类放置问卷,具体到每个选项有多少人你们是怎么整理出来的呢?"

教师:具体情况是怎样呢?多少人选A,多少人选B,你是怎么整理的呢?×××。

学生1:先把A的放在一堆,B的放在一堆,C的只有一份和A的两组放在一个地方。

教师:嗯,好。那么根据选项来分类是有的同学用到的方法。那么,具体每个选项多少人你们是怎么统计的?

学生2:我们也是根据统计整理的。我们第一题A有8张,B有4张;第二题,B有11张,A有6张(继续往下说)。

教师:(打断学生,其他学生笑出声来!)哦,我要你们整理第一题,那你们第一题是怎么整理出来的?

学生3：我们先把问卷都分工一下，×××是管选A的，如果选A就放到×××那里。最后大家再看看有多少张。

教师：嗯，那也是按照选项来分类的。还有不同的方法吗？

（接下来学生主要说的几乎都是按照选项来分类，依然没有答到教师想要的结果。）

教师：我们以前统计学了什么方法？有什么更好的整理数据的方法，我们在一、二年级就学过。

学生：（站起来没有说清楚。）

教师：能不能用我们以前学的“画正字”的方法来统计啊？

全班：哦！哦！哦！（恍然大悟）

本节课比较好的地方是小组学习和交流时间都比较充分，学生的想法、思维很充分地暴露出来，教师也非常关注学生的心理感受。比如在第二次尝试用新的方法整理第一题数据后，教师提问这次整理数据有什么感受？

教师：通过刚才我们的分工，谁来说说这次整理数据有什么感受？

学生1：方便了！

教师：怎么方便了？说具体。

学生1：变快了。

教师：变快了。是不是？通过合理分工，我们发现小组讨论的效率提高了，对吗？你们具体是怎么分工的呢？谁来说说看？

学生2：×××是负责唱票，×××是计票，×××是负责检查的。

教师：（重复学生）好的，还有×××同学是负责检查。

课后，执教教师、项目团队和我们两位科研员（郑新华博士和杨海燕老师）经过1个多小时的讨论，认为教学前预设的高阶思维很多，但都没有很好地落实，课堂中数据的整理用到的还是低阶的思维，要在这个基础上，提高学习的思维含量。解决对策是一堂课主要聚焦一个高阶思维来深入研究，改进课重点聚焦“系统分析”这个高阶认知策略，主要结合问卷调查的统计结果,具体讨论和分析各因素对游戏设计的影响以及各因素间的相互关系。

2. 第二次教学:学生尝试系统分析思维方法

本次课学习要求是结合学生个人需求和校园实际情况,对问卷数据进行合理的系统分析,初步体会各个因素对游戏设计的影响以及各个因素之间的交互作用。

关键活动一:回顾设计游戏需要考虑的因素(整理信息、巩固信息)

在前期的问卷设计中,师生已经讨论确定了游戏设计需要考虑的四个因素"时长、类型、地点和形式"等;第二次教学一开始教师组织学生回忆和再现这些信息。出示过驱动问题后,教师提问学生项目前期做了哪些工作。

教师:针对这个问题,我们做了哪些前期工作?

学生1:我们考虑到游戏设计需要哪几个因素。

教师:嗯,很好,那游戏设计需要哪几个因素?

学生1:类型!

教师:游戏的类型。(黑板贴上"类型")

学生1:有场地。

教师:游戏的场地。(黑板贴上"地点")还有吗?换位同学。

学生2:还有游戏的时长和同学们的喜好。

教师:还有游戏的时长和同学们的喜好。(黑板贴上"时长")还有吗?

学生3:游戏的形式和游戏的安全性。

教师:哦,游戏的形式和游戏是否安全。我们考虑了这么多因素。(黑板贴上"形式"和"安全")

"游戏设计要考虑的因素"课堂板书如图3-2所示。

关键活动二:系统思考游戏设计四因素间的相互关系,对系统内关系的改变进行推理,并提出证据(提出证据、系统分析)

但实际设计游戏时,学生们综合考量这四个要素吗?是否会关注到这

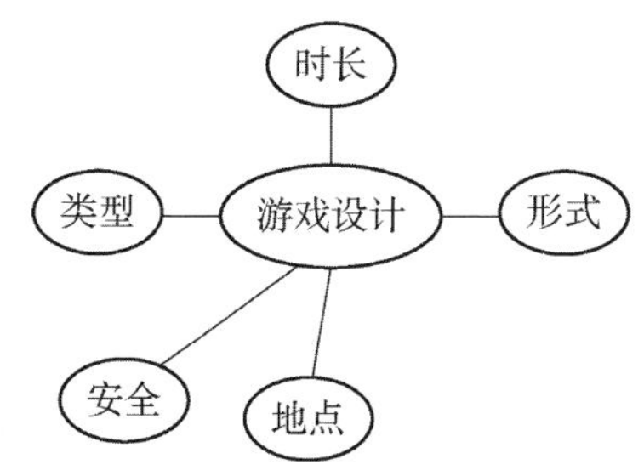

图3-2　"游戏设计要考虑的因素"课堂板书

些要素之间的相互影响和相互作用呢？为了解决这一问题，课堂教学设计了两个问题，在第二次教学中师生重点就这两个问题展开了深度互动和对话。

问题一：我们小组想设计一个怎样的游戏？

学生1：我选择的要素是，在游玩时长的统计中，因为选择"<30分钟"的和选择"30—60分钟"的人数差不多，我想把它们结合一下，选一个中间数40分钟。我们时长选择40分钟就和室内室外有联系了，最好选择室外，因为室内我们只能在课间的时候玩，每个课间只有10分钟，所以我们选择室外，室外时间更多一点。类型我们选择设计协作游戏，因为所有同学都喜欢玩协作游戏这一类型。体育和益智类游戏，我想把它们结合一下，因为体育类和益智类选择人数都很多，我们想设计一个体育和益智相结合的游戏，比如在解谜游戏中给他出一道题，设置开合跳等体育项目，或者再给一条线索让他去破解。

教师：说得太好啦！你不仅结合了数据，还考虑了在校游玩时长和地点的联系，太棒啦！还有不同想法的吗？

学生2：时长我们选择30—60分钟，包含了40分钟，和前面的×××同学想法是一样的(顺便看了×××一眼)。地点我们选择了室内，室外有可能因为天气原因出不去，还有现在有新冠疫情，室外有可能被感染(其他同学爆发笑声)。室内也是有空地方的，可以做一些小型运动。接下来是协作游戏，选择的人太多了，所以我们也是协作游戏。接下来类型我们选择的是益智类，这跟我们选择室内是有关系的，体育类虽然也可以在室内，但只能做一些小型的运动，我们想法是把体育类和益智类都用在室内。

学生3：我们选择体育类游戏，体育类选择的人虽然不多，但我们不一定要满足选的人多的，我们也可以满足选择的人比较少的。

"游戏设计"各因素及相互关系如图3-3所示。

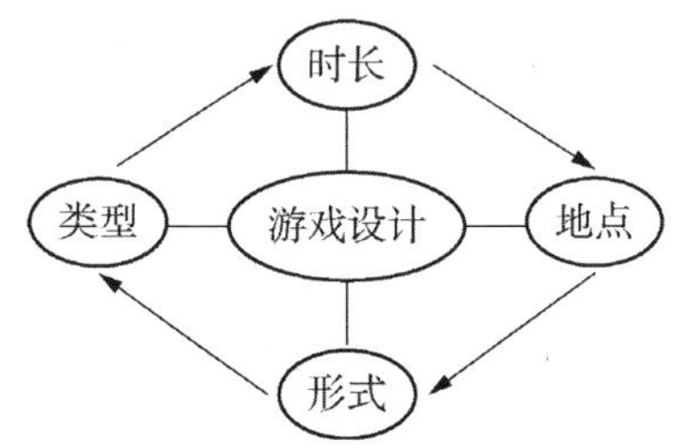

图3-3 "游戏设计"各因素及相互关系

问题二：这些因素是怎样影响游戏的设计？

教师：你能不能综合分析这些因素，看看设计游戏时这些因素有什么联系呢？看了这些统计图你能得到什么信息？请同学们说说看，刚才大家的观点对你有启发吗？

学生：他们刚才的观点对我们有一点点启示，我们最主要选择的是30—60分钟，因为问卷上面写的是"四年级学生在校游玩时长"，并不像下面写的是"最喜欢的游玩时长"，所以如果我们题目改为"四年级喜欢的游玩时长"的话，我觉得选项可能会颠倒，选30分钟的人会变少，因为我们学生当然是想玩得多一点，我觉得时长也不能太多，我们要选择30—60分钟。如果可以的话，我们会选择大于60分钟。

教师：你考虑到了学生的喜好，但要考虑到我们的实际，我们的学生时间非常有限。

教师：还有其他想法吗？

学生：时长我们跟前面是一样的，选择30—60分钟；地点我们选择室外，因为有的同学不太喜欢玩游戏，放在室内会影响到别人。

学生：类型我们选择体育游戏，因为放在室外如果还继续玩益智类游戏就不太合适，而且玩体育游戏还可以增强大家的体质。

关键活动三：基于个人的想法，学生之间产生了多轮的合作推理与互动，对游戏设计的认识不断得到深化（提出证据、分析错误）

对于如何设计游戏，课堂中学生之间有“实质性的对话”，①学生与教师或同伴参与到关于学科知识的拓展性的对话交流中，建立起一个关于某一观点或主题的改进型的或达成共识的理解。教师用Excel表呈现了问卷第一题游戏时长的条形统计图结果，提问统计图对学生的启发。

教师：第一题的统计结果对你游戏设计有什么启发吗？

学生：我觉得我们要设计游戏一定要小于30分钟。

教师：为什么呢？

学生：因为统计图上面显示，选择小于30分钟这部分的人最多。

教师：很好，你可以满足大部分人的需求。

（另一位同学举手，教师示意起来回答）

学生：但是呢，我觉得选择30—60分钟的人也是很多的，所以我们要尽量满足小于30分钟和30—60分钟这两部分人的需求，那么我们就找一个中间数，40，我们游戏时间设计40分钟。

（其他学生大笑）

教师：要满足这两部分人的需求，这是你的思考。很好！

（出示全部4道题目的统计图结果）

最后，教师邀请学生分享了本节课的学习体会。有学生表示，知道了可以用不同的方法来统计，可以画“正”字、打钩、分工；有学生表示，学到了大

---

① 夏雪梅.以学习为中心的课堂观察[M].北京：教育科学出版社，2012：243.

家一起分工这种团队合作的精神和意识;还有学生认为,每个小组都有设计游戏的不同的想法,所以想到一个方法就是将所有小组的想法结合在一起完成一个游戏。

(三)研究达成的共识:高阶思维培养的有效策略

1. 教师要有意识地在教学目标的设计和教学活动实施中培养学生的高阶思维。为了解决课后服务时间"无所事事"的问题,在教学目标预设时教师设计了多个高阶思维培养目标,在第二次教学实践中,教师能聚焦系统分析这个高阶思维目标展开教学,为保障学生的学习效果奠定了基础。

2. 精心设计高阶学习的问题。教师教学问题的设计(包括口头和书面问题)是教学能够培养学生高阶思维的最有效手段。[①] 开放性的、挑战性的、没有现成答案的、具有穿透力的、需要学生运用他们的聪明才智才能够回答的问题,这类问题很多就是发展学生的高阶思维技能的好问题。

如何设计出一款既受同学们欢迎又合适的课后游戏?围绕这个问题,本次教学教师主要设计了三个挑战性问题:(1)游戏设计要考虑哪些因素?(2)我们小组想设计一个什么样的游戏?(3)这些因素如何影响游戏的设计?三个问题都具有开放性、挑战性的特征,都围绕驱动性问题展开,而且环环相扣,具有内在逻辑性。实践也证明,这三个问题很好地激发和驱动了学生的探究和高阶思维的发展。

3. 给学生充分的讨论和交流时间,并通过有效的话语策略激发学生的高阶思维。不管是第一次教学还是改进课教学中,每个提问后,教师都给与学生3分钟以上的小组讨论时间,再请小组派代表交流,保障了学生思考的时间。在学生交流时,教师的回应策略比较多样,不是传统的评价学生好或不好(I—R—E话语结构),而是通过"重复或归纳""补充或点评""追问或征

① 沈之菲.提升学生创新素养的高阶思维教学[J].上海教育科研,2011(9):35—38.

询”[1]等多种课堂话语策略来激发学生之间补充、完善和修正自己或同伴的观念和看法。

(四) 声音

教育科研如何引领实践创新，就是要“用可见的成长激发教师主动投入”。[2] 如果教育科研的开展只是在文本层面，是难以引领实践创新的。教育科研所带来的实践最集中体现在学生的学习和课堂教学的变化上，要让所有的参与者知道，他所做的事情对学生的学习产生了真实的影响，同时也让学生看到自己的成长。

【声音1】“走近、走进、沉浸”——不一样的活动体验

蓝天、白云，手捧咖啡。对此次学习之旅的期待一扫遥远路途的枯燥与乏味。在安宁的时光中静心思考与学习，于我是一种幸福。温馨、和谐，予人欣喜。初入会场，扑面而来的是一份亲切。贴心的会场布置使我感到归属感。抬头望去，主屏是与PBL相遇、相知的故事，以及学校开展项目化学习的前世今生。

进入高阶认知策略运用的课堂实践与课例研讨，你会发现，与以往观摩活动不一样的是，杨海燕老师开启了主持模式。通过她的文献研究，她发现项目化学习质量有着三个元素：项目设计、教师支持、学生学习。而在项目设计中，诸多元素中有着一个重要的要素：澄清高阶认知策略。她又结合夏博士书中的马扎诺学习维度框架进行解读。此时，我也切身体会到科研碰到PBL，会使我打开不一样的观察视角，有了想再读此书的愿景，再用研究视角去体会那些图表、文字背后的含义。

杨老师指出此次“我的游戏我做主”课例研讨过程，需要我们与会老师

① 秦乐琦. 归纳式回音的话语策略及其意义建构[J]. 全球教育展望，2023(5)：25—38.

② 夏雪梅. 教育科研如何引领实践创新：以项目化学习在上海的推进为例[J]. 上海教育科研，2022(11)：11—15.

做一个课堂观察者,以“项目学习、学生学习、教师支持”等5个问题作为关注点。期待的同时,还有些紧张,但想着,没关系的,这么大型的活动,发言者一定是“安排”,我只要安心听课就行(后续有惊喜)。

上课的学生们已进入会场,我以自身作为支架,开始录像模式,想着千万别错过,记录是很好的方式,回去还可以好好学习。就这样,我一面录像,一面分享,想着自己学习的同时,也有这样的责任意识,共享资源,我的小伙伴们等着呢!(教师转变为学习者)

“我的游戏我做主”这节课分为三个环节。首先是前期项目回顾,从发现问题,到如何开展调查(包括设计、优化问卷,发放、填写问卷,回收、整理问卷),一起进行前期项目开展情况的回顾。其次是阶段问题解决(整理数据、系统分析数据),在这一环节中,教师带学生回顾统计方法。接着就是小组合作尝试统计问卷,进行数据汇总,以小组合作的方式进行二次验证过程,方法交流。在系统分析数据中,学生们不仅分析单个因素数据背后的含义,还在小组内一起分析多个因素之间的关联,进而分享想设计的游戏。在这里,学生的高阶认知思维得以体现,初步进行决策,为后续确定游戏方案做准备。

这么一节非常完整的项目课堂实践,对于我们而言,是很难看到的。内心满足之余,产生了“在项目化学习过程中,我能做什么”的思考。

杨老师走到台前,对课进行了简单点评,而我当时正沉浸在学到这么多干货的欣喜中。突然间,耳边响地起了自己的名字,原来,是杨老师叫到了我!那时,我只用直白的语言表述着我听课时的粗浅的、直接的感受(前面说的惊喜)。

为什么我没有预见,没有准备,没有那么好的能力?正当懊恼时,听到发言者都会有一份“大礼包”,意外惊喜的到来,让我意识到自己现在就是一个学习者,说得不好没关系的(我释然了)。

郑新华博士是我最喜欢的研究者之一,每每听他讲话,有一种“听君一席话，胜读十年书”的感受。

郑博士从“系统分析”四字解读入手，不仅有文献研读，还有图表的解读。他指出系统分析是高阶认知策略中很重要的一个元素，这一元素在这节课中是如何呈现出来的，教师提供哪些支持，如何引导学生感受这一高阶认知策略等。他以研究者的视角观察 PBL 课堂实践，既能客观地解读学生的行为、思维，又能精准地把脉项目设计中的策略是否有效。他讲到项目设计要提供学习支架，还要关注学生学习的可能性。

还可以这么看 PBL 啊！课题研究碰撞 PBL，迸出不一样的火花的同时，呈现出多么和谐的一幕。于我们而言，也可以用研究者视角、科研的方法进行 PBL 深度学习与探索。

回去的路上，我和小伙伴相视一笑。此次学习之旅，我们不仅见证了科研与 PBL 的融合，还看到了这么一节完整的项目化学习课堂教学，心中被美好填满的感觉，奇妙而期待！

项目化学习是什么呢？我们达成了共识。这一学习的方式提供给学生自由的呼吸，让他们可以做主，只是做主之前，要先有能力，这就需要学习，而这样的学习方式正好兼而有之！

上海市浦东新区明珠临港小学　赵海宇

【声音 2】让学生做学习的主人

来到六师附小，印象最深刻的是孩子们一张张灿烂的笑脸。不管是二年级还是三、四年级，学生们脸上的笑容已经清楚地告诉我们，在项目化学习中，他们就是学习的主人，他们已经沉浸在项目化活动当中。

“我的游戏我做主”这堂课，从教案的设计中能够发现王老师主要用到了调研、系统分析、决策、问题解决这些高阶认知策略。王老师根据课后服务这个真实情景，完全调动了学生们设计游戏的兴趣。从整堂课来看，教师仅仅起到了串联课堂的作用。数据收集、读取、分析都是由学生们协作完成，他们以一个设计者的角度，系统地分析游戏的时间、地点、形式、类型等核心因素。令人惊喜的是在反馈环节,学生还提出了天气、安全等影响因素,能够将各个因素对游戏设计的影响以及各个因素之间的交互作用考虑进去,系统分析在这样的活动中自然地渗透到每个小组的讨论中。因为本人也是一名数学教师,所以对于这一节课感悟更深刻一些。本节课中的学科知识大部分来源于数学这一门学科,所以本节课很像一节数学课,但又有很大区别,我们的数学课堂是在"教知识",而今天的课堂是在"用知识"。本节课是不以学科知识的获取为主要目标,而是让学生综合运用以往所学的知识系统地分析、创造性地解决问题。给予学生足够的时间与空间,让核心素养在这样的课堂中自然生长。

上海市浦东新区临港外国语小学　徐冬孝

四、案例研究与专业写作:分享项目化学习成果

英国著名的课程论专家斯滕豪斯说过,研究是一种"共同体活动","私下地研究在我们看来简直称不上研究。部分原因在于未公开发表的研究得不到公众批判的滋养,部分原因在于我们将研究视为一种共同体活动,而未发表的研究对他人几乎没有用处"。[①] 这里的"公开发表"形式多样,关键是要体现"公开的性质",参加市、区级组织的各种学术研讨会、经验交流会、现场会上做的案例交流是一种非常常见的公开形式。

这样大范围的公开交流,一是可以分享教师优秀的研究成果和经验,便于学习、借鉴和共同提高;二是通过交流可以接受"公众评价",[②]听取他人的反映和评价,有助于弥补研究的缺失,提高研究的质量。最后,对于不会专业写作或畏惧写作的教师来讲,来自同伴的现身说法显得更接"地气",可以为他们接下来的项目案例构思与写作提供方法、思路和有效的支持。为

① 刘良华.校本行动研究[M].成都:四川教育出版社,2002:23.

② 张肇丰.从实践到文本:中小学教师科研写作方法导论[M].上海:华东师范大学出版社,2011:7.

此，我们组织了面向项目化学习实验校教师的“案例研究与专业写作”辅导会。课题负责人杨海燕老师对整个活动进行了详细的设计，包括制定活动方案，筛选学习材料，选择学习环境等。

（一）ME 学习阶段——自主学习案例

1. 选择研讨案例

我们在中国知网上搜集项目化学习材料，从学校实践、教师实践和学生成长三个维度选择典型案例。最终确定如下三篇共同学习的案例。案例1：学校行动与经验案例——《深度统整与持续优化：项目化学习的系统设计与实施》①。案例2：教师实践与智慧案例——《指向数学核心素养培育的项目化学习支架设计》②。案例3：学生成长与发展案例——《比“干净”更重要——基于创造性解决问题的劳动教育》③。

2. 明确案例学习要求

会前组建微信群，并请参与研讨的教师提前扫码入群，下载案例并按要求做好学习准备。具体要求如下：

（1）打印——提前打印好案例1、案例2、案例3，会议当天带到现场。

（2）阅读——仔细阅读三篇案例，重点关注学习案例的标题、结构以及内容组织等。

（3）优化——思考这三篇案例哪些地方写得比较好，哪些地方还可以优化和完善。并写下你的想法，每篇案例500字左右，10月8日早上10:00之前发送到指定邮箱，并把你的想法打印带到会议现场。

（4）行动——基于三篇案例对自己的启发，思考接下来“我”要写什

① 张军瑾．深度统整与持续优化：项目化学习的系统设计与实施[J]．中小学管理，2020(8)：20—22．

② 高探．指向数学核心素养培育的项目化学习支架设计[J]．现代教学，2023(Z3)：96—97．

③ 季丹辰：《比“干净”更重要——基于创造性解决问题的劳动教育》，荣获2022年黄浦杯“长三角”城市群征文二等奖。

么主题的案例,如果构思。请写下你的初步想法,200 字左右,10 月 8 日早上 10:00 之前发送到指定邮箱,并打印带到会议现场。

3. 搜集、汇总整理教师个人学习反馈

所有参与研讨的教师都按照学习要求提交了三篇案例的个人学习成果,教师的这些体会和反思很好地反映了教师个人对项目化学习的理解和学科视野,成果内容触及项目化学习案例撰写的核心内容和要素,更反映了教师在实践中的很多疑问和困惑。从中我们可以清晰地看出什么样的案例才是教师们喜欢的"菜"!什么样的专业支持和指导才是受教师们欢迎的"菜"!舍恩曾经描述了一种状态,他说:"在专业实践中,有干爽坚实的高地,那里可以有效使用研究产生的理论与技术;不过,也存在着一片湿软的低地,那里的情境是令人困扰的混乱。……高地上的问题不论多么吸引科技人员的兴趣,通常对社会或当事人相对是不太重要的,然而低洼湿地中的问题,却更为人们所关切。"①这些对我们科研员指导教师实施项目化学习、提炼实践成果都非常有启发和借鉴。经我们汇总提炼后,主要的成果如下:

【"案例 1"学习反馈精华精要】

观点 1:学校视角的思考和架构,建议补充实践操作内容

从案例来看,这是一篇更上位、宏观的文章,所以才有了以学校视角的思考和架构。阅读之后,我认为该篇文章的框架是很清晰的,作者的观点提炼得比较准确。在文章中,作者以数学学科为抓手,用了以小见大的写法,使读者更喜欢阅读,并且以图形的形式呈现具体的证据,足见其智慧。

除了这些思考外,还有一些不成熟的看法。1. 这篇文章还是以教师的口吻进行表述,缺少儿童视角和呈现;2. 教师层面的操作内容少之又少,对

① 夏雪梅. 教育科研如何引领实践创新:以项目化学习在上海的推进为例[J]. 上海教育科研,2022(11):11—15.

文章的支撑不足;3. 文章中虽然用了数据说话,也有了理论与数据的支撑,但数据融合文字的表述却不够丰满。

上海市浦东新区明珠临港小学　赵海宇

观点 2:结构严谨,希望看到更多的过程性的内容和资料

本篇文章结构清晰,内容深刻,学术味浓,呈现了项目化学习的系统设计与实施。论文分为三个部分,分别是设计提炼,建立项目化学习的教学架构;深度统整,学科教学的项目化改造;回溯反思,探寻项目化学习的持续优化。简单来说,是从"设计—实施—优化"三个方面展开。这三个标题使其内涵阐释更加清楚,论文品质得以提升。

再看下一级标题,"教学架构"包括了发现问题、建立联系、聚焦研究、成果呈现、创意评价五个步骤,符合研究的一般路径;"深度统整"包括了数学学科核心概念及项目化改造;"持续优化"包含了教学时间的处理、教学方法的优选及教学质量的保证,符合项目优化的内容。因此,本人认为本篇案例作者对项目化学习了解深刻,才有了如此严谨的结构。

从内容而言,第一部分五个步骤阐释清楚,将理论与项目很好地结合,使我既了解了本项目的情况,又习得了项目架构的基本框架。第二、三部分,由于与项目结合不多,所以在阅读时会产生困惑。如,数学核心概念如何与项目进行勾连?教师需要前置教学内容时,如何选择教学方法?该项目的学习质量怎样进行评价与保障?作为读者,我是非常想学习其中的过程,这也是这篇文章可以优化的地方。

上海市第六师范学校附属小学　刘彬彬

观点 3:项目整体线索过程清晰,是否能在案例撰写中更突出个体认知

本文聚焦学生发展核心素养,探索基于项目化学习的教学统整。学校通过设计提炼,形成了包括发现问题、建立联系、聚焦研究、成果呈现、创意评价等五个步骤的项目化学习教学架构;通过梳理数学学科的核心概念,以"用数学改变学校"为主题,实现项目化学习的序列化、结构化。为实现项目化学习的持续优化,学校在实践中应关注教学时间的处理、教学方法的优选和学习质量的保障。在项目化学习过程和案例撰写中,作者能利用图表、对比实验数据成果等方式直观地向读者呈现清晰的项目过程。与此同时,除去发现、研究、分析、判断、反思,作者还进行了反思回溯优化改进项目化活动,不止步于为了反思而反思,而是经历了"实践—失败—分析—反思—再实践—再优化"的过程,能让项目化学习更有质量。但项目化学习除了是一个团队合作的项目之外,每个人在这一项目中付出的努力是不可忽视的,注重群体认知的同时,是否能在案例撰写中更突出个体认知,细化到每个学生的分工?

上海市浦东新区泥城小学　夏莹玉

观点4:顶层设计有创新性,但学生参与项目的真实经历呈现不够

作者为我们介绍了在项目化学习推进的大背景下,学校统整实施了关于数学学科的项目化案例。基于项目化学习的特点,确立了"发现问题、建立联系、聚焦研究、成果呈现、创意评价"的教学构架。做法有层次性、创新性和指导性。但在事实论证时,缺乏项目化学习的活动主体——学生——在实施过程中的真实经历,缺少对学生相关数据、事实的列举、描述与引用。成功不可能是一蹴而就的,如果在学生试错的过程中,项目执行者对学生出现的问题进行及时收集反馈,对项目的设计与实施不断进行优化,这样文章才能统出大成,优出大计。

上海市浦东新区明珠临港小学　王俊杰

【"案例2"学习体会精华摘要】

观点1:呈现项目化中使用的工具,却没有进行本土化、本地化的生成

相较于案例1,案例2让我感觉亲切很多,我们教师在写案例时大多是站在这个视角进行描述的。本文不同于案例1站在学校的视角,它的选点比较小,选点小就意味着它的篇幅能更好地展示它需要描述的内容。作者也做到了在篇幅上有详有略,条理清晰,结构完整。

本文和案例1有一个相似点就是更多地站在教师视角来进行描述，对驱动性问题的产生的描述，会让我有一种这个问题是教师自己预设好的，学生可能更多是在教师的引导下完成了驱动性问题的构建这样的想法。

其次，对于KWH表、信息工具等的描述，我觉得本文中更多的是聚齐了很多可以在项目化中使用的工具，却没有进行本土化、本地化的生成，如果教师可以将这些工具针对本校学生、本校情况进行针对化的改进，效果应该会更好。

上海市浦东新区世博家园实验小学　刘晓震

观点2：文章的标题还可以优化，支架的设计与实施需要具体展开

论文的标题是概括全文的核心内容，必须要紧扣论文的中心思想，要让读者一眼就看出论文主要论述的是什么。概述中提到本篇项目化相关案例是以"如何估测校园的面积"为例，我认为可以在论文的题目中加上这一小标题，既能够准确反映论文的主要内容，又能够让读者更有指向性，愿意通过此标题去分析文章所表达的中心意思。

题目及关键词中的"学习支架"令我对本论文十分感兴趣，文章在项目化学习支架的设计与实施中可以具体展开来讲述。例如在第二部分的第四点——借用信息技术支架，助推项目化活动的开展中可以详细展开来讲述，结合本案例将项目中的学习支架展现在本文中，可以将"九宫格反思与迁移"的表格进行对换，或是直接插入信息技术支架这一部分中。

上海市浦东新区顾路小学　闫格

观点3：文中提供了多样的学习支架，建议多渗透一些如何利用支架培育数学核心素养的措施

整个案例教师提供了多种多样的学习支架，通过阅读文章，我们了解到在搭建支架的过程中，激发了学生的设计思维和创新思维，促使学生渐渐学会用数学眼光看待真实生活问题，用数学思维思考遇到的困难，用数学语言表达对数学概念的认识。

文章的标题是"指向数学核心素养培育的项目化学习支架设计",通过查阅,我了解到小学数学核心素养指:会用数学的眼光观察世界、会用数学的思维思考世界、会用数学的语言表达世界。阅读全文后发现作者可以对文章做进一步的优化,比如在文章开头部分可以加入对数学核心素养的介绍,在文中多渗透一些如何利用支架培育数学核心素养的措施,如第二部分的小标题是否可以改成"借助……(支架),学会……(素养)"。

上海市浦东新区福山唐城外国语小学　臧芳

观点 4:要重点凸显使用学习支架时要解决的学习困难是什么

【优点】结构清晰,按照项目学学习设计思路阐述项目化学习支架的设计与实施。每个小标题都以"载体+目标"的形式展开,即通过学习支架完成项目化学习开展过程中的一个环节。

【优化】在文章第一部分先简要阐述何为数学核心素养,何为学习支架,为什么要在项目化学习中搭建学习支架。我认为一定是学生在学习中碰到难点需要教师提供相应的学习支架来提供帮助,帮助学生克服学习的难点。

另外,在学习支架的具体阐述中,采用"理论+实践"的方式较为合适,如在KWH表的表达上,先简短介绍何为KWH表,再阐述在实践中的运用更为合适。运用"九宫格反思与迁移"中,应该具体阐述如何设计九宫格反思表中的问题,为学生多维度思考提供相应的帮助。此外,在每一个支架的设计意图和实践阐述之后加上支架的作用,就更能体现学习支架设计是否指向数学核心素养培育。

上海市浦东新区唐镇小学　陆燕华

【"案例3"学习体会精华摘要】

观点 1:启发我们将学生的思考和做法作为一个连续的过程进行记录,会更加完整地反映教师的思考和学生的成长

这是一篇讲述学生成长与发展的案例。从创造性解决问题来看,教师遇到了最头疼的问题"如何保持教室的干净?"。以"图书馆的管理"为切入视角和故事,讲述了晨会课上教师和学生共同探讨"图书角杂乱"的问题,从提出关键问题"我们如何更好地管理图书角?"到"班级需要图书管理员吗?",从"整理图书角用什么方法更合适?"到"怎样分工可以更轻松地管理图书角?",直到由面临问题引出的"怎样公平地进行分工合作?"。基于数学分类思想,聚焦问题解决,寻找方法途径,提升规则意识和实践、分析、反思能力,形成了问题解决的一般模型。"观察现象、发现问题"这一启动阶段需要教师引导发现;"讨论原因,研究办法"着重儿童积极讨论,分析原因,提出方案;"实践操作,展示成果"注重验证猜想和可行性;"评价反馈,分析效果"注重评价方案合理性。

从中可以看出,标题突出了由真实世界引发的问题所带来的教师和学生的思考,从教师所提炼的一般模型中我了解到了创造性问题解决的过程。我更想了解案例的其他部分如何阐述创造性解决问题的劳动教育。

这篇案例启发了我将学生的思考和做法作为一个连续的过程进行记录,会更加完整地反映教师的思考和学生的成长。

上海市第六师范学校附属小学 杨婕

观点 2:用儿童的视角讲述故事

这三篇案例,最让我欢喜的就是季老师这篇《比"干净"更重要——基于创造性解决问题的劳动教育》,标题就很明确地表达了自己的主张。季老师是用叙事的写法,以儿童视角阐述了三个教育故事"图书角的管理、一面会说话的墙、受人喜欢的黑板"。如果只是叙述整个故事,就无法支撑自己的教育主张,季老师用到了理论视角,对故事进行分析,对孩子们的表达进行剖析,"基于问题、分析问题、解决问题"足以道出她文章的主线。是一篇很好的文章。

上海市浦东新区明珠临港小学 赵海宇

观点3:文章也可以采用项目化学习案例的方式来撰写

案例3文章的结构采用的是先介绍案例,然后总结提炼做法,最后引出聚焦问题解决的教育方式的实施路径,达到了理论与实践的结合。图书角的管理亦属于项目化学习。在此项目化案例中,驱动性问题即"我们如何更好地管理图书角?"通过师生讨论,基于聚焦问题解决的教育方式,分解驱动性问题,得出三个子问题:

子问题1:公共图书馆是如何管理图书的?

子问题2:图书管理员应如何整理书架?

子问题3:怎么公平地分工合作?

因此,本篇文章亦可以采用项目化学习的案例进行撰写。

上海市浦东新区福山唐城外国语小学　臧芳

观点4:没有按照项目化学习问题设计、学习目标、任务设计、学习支架、成果展示要素撰写,这是否属于项目化学习案例的一种?

【优点】案例3非常"接地气",读起来更像是一篇班主任教育随笔。文章由作者在班主任工作中的疑惑引入,谈及将自己的困惑抛给学生,师生一起讨论并在实践中探寻"最佳方案"。学生潜移默化地将学科教学中习得的"数学分类"的思想方法迁移运用在了真实情景的问题解决中。且在班级管理中又达成了劳动教育的目的。

【疑惑】文章集中在最后三个自然段阐述理论性的观点,是否可以与前文结合起来?理论与实践相结合的表达是否更具学术性?正如前文所说,本文与以往看到的项目化学习案例略有不同,没有按照项目化学习问题设计、学习目标、任务设计、学习支架、成果展示等进行撰写,我的疑惑是这也属于项目化学习的一种?

上海市浦东新区崂山小学　周佳颖

观点5:真实情境,能帮助我解决真实带班过程中遇到的类似问题

这个案例与前两个案例的不同之处在于,这不是一个学科项目化活动,而是更贴近学生日常生活的活动项目化。

作为班主任，我能深刻体会到案例中讲述的事情。很多学生在刚入学时都没养成很好的行为习惯，在家里垃圾是随手一放的，会有人来扔到垃圾桶里，甚至有些学生是直接丢在地上的，等着阿姨来打扫。但学校不是家里，老师也不是他们的父母，因此在孩子们心中深植劳动的种子，让他们懂得物力维艰的道理，就显得尤为重要了。

案例中的老师，就想到了通过提出驱动性问题来解决图书角杂乱的问题。在学生们的热烈讨论中，图书角的维护方案也应运而生。每个孩子正是有了亲身参与，共同实践，才会意识到教室是每个人每天生活、学习的地方，是集体共同的家，需要所有同学共同守护，而不是仅靠值日生。只有让他们亲历情境、亲手操作、亲身体验，真正挥洒劳动的汗水，才能收获劳动的快乐、理解劳动的意义。

文章看似是一篇劳动教育的案例，但在德育的同时，引导着学生思考、共同建设班集体是智育，通过劳动鼓励学生积极参与对美的构思与创造是美育，提升学生创造能力和审美能力。总而言之，在内容上，这篇案例还是很贴合真实情境，能帮助我解决真实带班过程中遇到的类似问题。

上海市浦东新区昌邑小学　李情懿

观点 6：倾向于描述性的文字表达是否也可以作为项目化案例的撰写方法呢？

案例 3 季老师这一篇以讲故事的方式将过程娓娓道来，读来十分有趣。季老师通过“观察现象，发现问题”“讨论原因，研究办法”“实践操作，展示成果”“评价反馈，分析效果”四个板块与项目化学习的入项、启动、实施、成果与反思遥相呼应，似是一个贴合一年级小朋友的活动类项目化学习，也像是一个主题式的活动。项目化学习在真实情境下的驱动性问题是开启项目化学习的钥匙，而由驱动性问题层层递进的问题链则串起了整个项目。也是在问题链的引导下，学生更有方向性地去逐个解决问题，直到最后解决驱动性问题。在叙述上季老师更倾向于故事讲述,更倾向于描述性的文字表达是否也可以作为项目化案例的撰写方法呢?

上海市浦东新区顾路小学　赵韵

观点7:展现了教师聚焦问题解决的灵动的教育方式和教学机智

本篇案例鲜活,选取了习以为常的班级管理小故事,语言生动,娓娓道来,展现了一位老师聚焦问题解决的灵动的教育方式。

这篇论文与前两篇不同,将更多笔墨呈现在案例描述上,从发现问题到研究办法,从实践操作到展示效果,巧妙地解决了班级图书角凌乱的问题,其中不仅运用了数学学科的分类知识,更是劳动教育的良好示范。教师在整个过程中起到引领作用,而学生才是问题解决的主体,不断发现问题,开动脑筋,合作共赢,优化迭代,最终解决问题,让人不禁拍手叫好!

案例描述后,用一张图呈现了聚焦问题解决的教育方式。图中有步骤,有解释,清晰明了,再加上图下的段落阐释,读者一定明白了何为"聚焦问题解决的教育方式",以及其基本路径及优势。

上海市第六师范学校附属小学　刘彬彬

(二) WE学习阶段——现场案例研究

1. 优秀案例分享与研讨

案例《失败为阶,导向创见:项目化学习新探索》①由浦东新区福山证大外国语小学项目化学习种子教师王淑芬老师撰写,该案例荣获2023年"长三角"城市群黄浦杯征文二等奖,浦东新区一等奖。我们把这篇案例选定为范例,是给其他教师的案例研究和写作提供学习支架。

王老师在交流中主要围绕如何拟定题目、如何构建行文的框架、如何组织内容、如何进一步修改完善等四个方面,并与其他获奖案例进行对比分

---

① 该文荣获2023年黄浦杯"长三角"城市群征文二等奖,案例内容详见:李军.珍贵的失败 坚韧的创新[M].上海:上海社会科学院出版社,2024:14—27.

析，详细介绍了这篇案例从产生到产出到获奖再到反思优化的完整过程。正如王老师所讲："给大家介绍我创作这篇论文的心路历程，这是一次复盘的过程，是反思、是提升、更是迁移！更何况，一篇二等奖的文章，非常需要进一步打磨，因此，今天我只是抛砖引玉，希望在研讨的过程中，我们能互相启发、共同进步。"即使已经获得了征文二等奖，王老师依然主动自我更新，反思文章的不足，希望能进一步优化和迭代。"一个案例可以从不同角度去提炼，从而形成完全不同的论文，而且在形成不同论文的基础上，可能你会不断超越自己。但是，在一个案例中去提炼和修改实在太难了，这也许是很多老师都不愿意做迭代的原因，因为迭代意味着突破，而突破真的很难。参赛路上心态很重要，一样参赛了，就要坚持到底！"

王老师的案例交流和反思对现场的教师们触动非常大，在分组研讨和大组交流中，教师们交流深入、热烈，体会良多。

明珠临港小学赵老师说道：原来写作可以如此有趣，王老师以自己的文章《失败为阶，导向创见：项目化学习新探索》为例，从主题的选取、文章框架的搭建、内容的选材等方面，用风趣的语言、趣味化的表达，深入浅出地讲述了如何写出好文章。她总结出 4 句真句——1. 是否切题；2. 是否符合逻辑；3. 是否有创见；4. 是否解决当下的真实问题，让我受益匪浅。王老师又着重指出，好的文章实际上是在解决问题，但切记不要重复他人的观点。

世博家园实验小学刘老师表示：活动之初，我就为之振奋，通过王淑芬老师的分享，我第一次察觉到原来一篇论文的题目还有这么多学问，可以设置悬疑，可以引发冲突，可以构建逻辑。如何通过一个标题就能抓住读者的眼球，确实是我之前从未深思过的领域。

福山唐城外国语小学藏老师感慨道：在分享环节，我被老师们严谨的学习态度和渊博的知识储备所吸引。在学习的过程中，老师们始终保持着对学术的执着和对细节的处理。王老师在分享时，站在更高的角度重新审视自己的案例，用批判性的思维去重新看待自己的作品，不轻易放过任何疑问,不断深入研究,这份追求学术的执着和习惯让我深感触动。

明珠临港小学王老师讲道:我惊叹于王淑芬老师优秀的案例分享。她以自己“黄浦杯”获奖论文为例,从题目、框架、内容和修改四个方面进行了讲解,为我们提供了宝贵的写作思路。尤其在框架方面,是否有创新之处?能否解决当下的真实问题?这让我意识到在写论文时需要时刻关注是否有新颖的观点和优质的内容。

从教师们的分享中看出,优秀案例的文章的构思、框架搭建、标题拟定、内容的创新以及作者写作的严谨态度等等,都给教师们留下了深刻印象。基于案例的撰写人王老师的交流、现场分组研讨以及科研员杨海燕老师的引导大家对“优秀案例”的标准达成如下共识:

(1)要从问题出发:有一条提出问题—分析问题—解决问题的主线。王老师的案例直面当下教师们在设计和实施项目化学习中的关键问题——往往带着传统教学中的惯性,用心的设计帮助学生避开了本该遇到的失败;以布置任务为导向的项目管理,忽略了学生的学习过程;成果展示并不真实地呈现学生的创见。分析其原因主要是——教师并未做好与学生共同面对“失败”的心理建设;也并未静下心来,关注“学”的过程;更没有转换观念,正确对待学生“原生态”的成果。解决问题的策略是——基于“学生视角”的研究和实践能帮助我们解决以上问题。

(2)有一个新的观念或理论视角做支撑。王老师的案例不是简单的实践经验总结,而是将权威文献“学生视角”①作为分析框架。文中提出了当前国际上的项目化学习研究中有关学生的四种研究视角(见图3-4)。

(3)要有把新观念或理论转化为课堂教学行动的真实践。案例中有支持学生面对失败、克服困难的多次实践,有反思的实践,更有研究共同体的合作实践,包括教师、学生、家长以及专家等。

---

① 夏雪梅.在学科中进行项目化学习:学生视角[J].全球教育展望,2019(2):83—94.

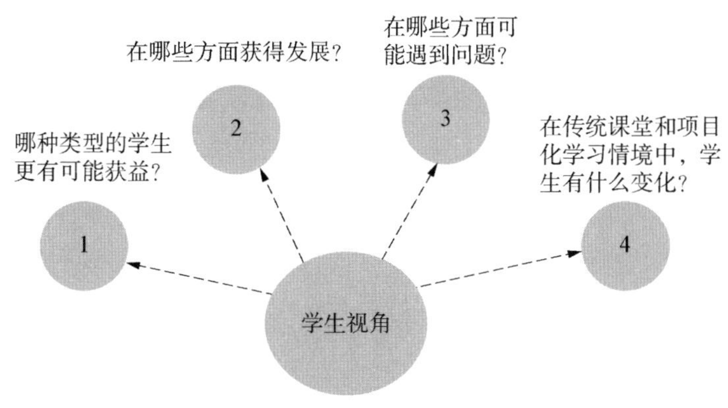

图 3-4　项目化学习中的“学生视角”

（4）能解决实际问题。在案例中，讲清楚了问题与现状后，后面重点都在讲怎么解决问题。而整篇文章用鲜活的案例对上面提到的四个问题进行了一一解答。这既是基于当前的文献研究，也有在此基础上的实践创新。

（5）要有儿童声音和视角。一篇文章的好与坏，决定的因素有很多，包括：问题准不准、观点新不新、策略行不行、成效好不好等。这些都是教师们写作时所要考量的。当然除此之外，文章的立意也很关键，是否体现儿童视角，是否有儿童的声音和表现，不能仅仅是教师的视角，以及教师那些主导性的表达和话语。

（6）不重复他人观点，有自己的创新。撰写过程中，通过查阅文献，王老师发现问题墙的运用铺天盖地，所以案例中直接摒弃了大家常用的做法，而是聚焦与众不同之处——收集问题解决的问题墙，把论述的重点放在问题墙的有效运用上：收集问题的解决；对问题进行评估；讨论问题的解决，激发创见；归档保存，观察学生的发展。这些本案例的创新之处，也是围绕着题眼“导”进行详细论述，让每一步做法为一线教师提供实实在在的参考。

（7）能对教学实践进行有效提炼，形成教师的“实践性知识”。案例结尾王老师提出了三条有效经验：“搁置”问题——让学生经历有效失败；“搁置”——给主动思考以时间;“搁置”——引导学生主动发现问题。当然还可以进一步思考,提炼的经验能否解决自己教学中的问题?是否真的促进了不同类型学生的学习?这些还需要进一步的实践检验。这样就能形成教师的“个人理论”。

2. 案例研究与分组研讨、展示交流

本次研讨要求如下:1. 组内交流自己前期自主学习的体会;2. 形成组内讨论的观点,并记录在海报纸上,记录形式多样(10 分钟);3. 组间交流展示(10 分钟)。有了前期的自主学习和现场优秀案例的学习,教师们的经验被充分激活,智慧迸发,对三篇案例的讨论显得更加投入、深刻。对案例 1、案例 2、案例 3 值得学习借鉴的地方,研讨交流达成如下的共识:

(1) 主题鲜明。三篇案例的主题分别是“创造性解决问题”“项目化学习的系统设计”“项目化学习支架设计”,三个主题指向明确,直指项目化学习设计和实施中教师关注的核心问题。案例的主题就反映出学校和教师实践创新的程度,折射出教师的教育智慧。

(2) 用叙述的语言来呈现教学过程。案例 3 有师生对话、场景描写、动作神态描写等细节性内容,能清晰和真实地呈现教师引导和支持儿童创造性解决问题的教育场景,揭示了教育教学过程的丰富性、复杂性和深刻性。

(3) 有理论视角。“学习支架”“项目化学习的设计”“问题解决”这三个核心概念就是三篇案例的理论视角,有丰富的理论成果可以借鉴和应用。案例 3 用“问题解决”这一概念分析事件,串联故事,把故事放在一个比较抽象的、内在逻辑比较严密的结构里。

(4) 从事件的处理过程中提炼出具有普遍意义的教育方法。“聚焦问题解决的教育方式”,而不是讲大道理、不是灌输、不是命令、不是布置任务……

案例 3 是教师们喜欢的“菜”,大家更多的是汲取营养。对于如何修改和完善案例 1 和案例 2,教师们也提出了具体的建议(见图 3 - 5、图 3 - 6)。

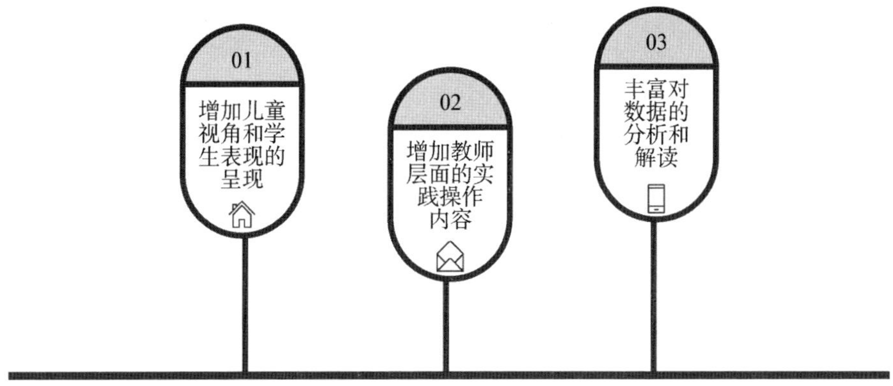

图 3-5　案例 1 优化建议

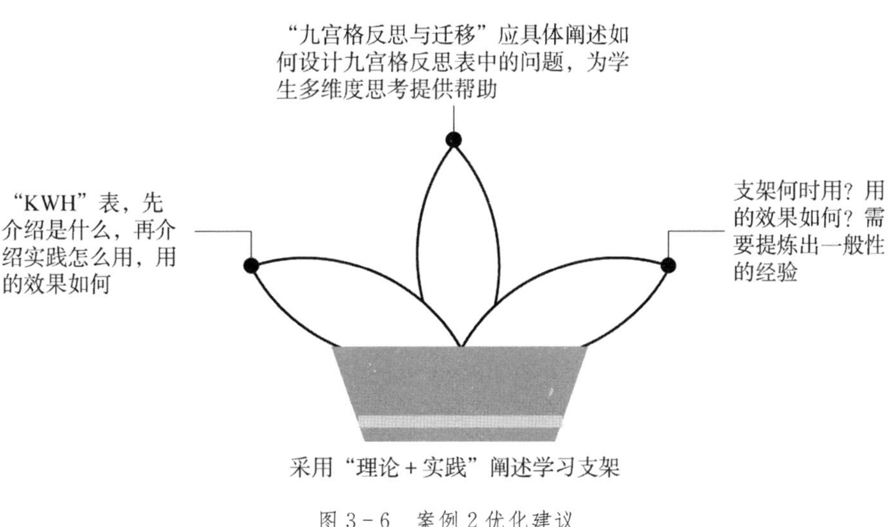

图 3-6　案例 2 优化建议

（三）US 学习阶段——凝练项目化学习案例撰写主题分类与写作要求

依据前期的研究成果和实践经验，结合现场的学习交流，我们提炼出三类适合学校和教师撰写的项目化学习案例：第一类，学校行动与经验案例；第二类，教师实践与智慧案例；第三类，学生成长与发展案例。撰写主要要求如下。

要求一：有主题。比如案例 3 的创造性问题解决的劳动教育。其他如：

项目化学习中如何提高学生的参与度等,运用项目化学习优化校本课程建设,运用项目化学习提升教师专业素养。

要求二:有核心概念或理论视角。案例 2 的学习支架设计,福山证大的优秀案例——项目化学习中的"学生视角";案例 3 的"问题解决"。

要求三:有清晰的实施步骤或策略。比如案例 1 的发现问题—建立联系—聚焦研究—成果呈现—创意评价。

要求四:围绕一个项目案例展开。如案例 1 以"在学校场景中怎样用合适的音量说话"为例探索项目化学习的系统设计与实施,案例 2 以"如何估测校园的面积"为例阐述项目化学习支架的设计。

主题分类与写作要求如图 3-7 所示。

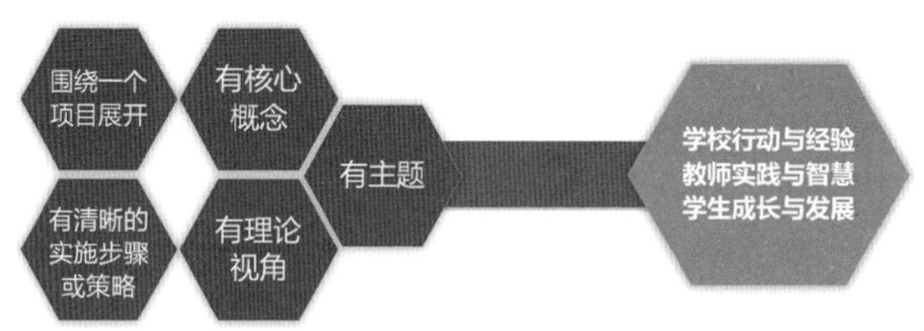

图 3-7 项目化学习案例撰写主题分类与写作要求

五、学习反馈与声音:教师的学习体会与实践认同

(一) 学习反馈

为了更好地组织教师的学习和培训活动,我们收集了教师现场学习的反馈评价表,具体数据见表 3-4。从表中的数据可以看出三个方面的信息:一是青年教师求知欲强,愿意参加后续的相关学习活动,学习的积极性高(这从自主学习反馈到现场的讨论交流都可以观察到);二是教师对本次辅导活动的满意度、认可度非常高,认为学习收获很大;三是教师希望获得多样的项目化学习案例撰写的专业指导,比如专家的跟踪式指导、优秀案例的

学习以及与同僚的交流等专业获得是教师认为对自己的案例写作帮助比较大的三种有效方式。

表 3-4　“项目化学习案例研究与撰写”学习效果反馈

序号	问题	百分比(%)
1	我对本次案例研究活动非常满意	100%
2	我认为参加本次案例研究活动收获非常大	94.45%
3	我会继续参加后续的相关培训、交流和写作活动	100%
4	我非常期待后续的相关培训、交流和写作活动	94.45%
5	我希望在项目化案例写作中能获得专业支持	100%
6	您认为怎样的专业指导对教师的案例写作帮助比较大	
6—1	跟踪式指导,从选题到素材收集到最后形成文章都有科研专家指导	94.44%
6—2	交流和学习其他中小学教师的优秀成果	83.33%
6—3	与同事共同阅读相关文献并相互交流	72.22%
6—4	推荐合适的书籍、论文让教师自己阅读	72.22%
6—5	科研写作专家讲座	61.11%
6—6	提供检索文献的方法和渠道	22.22%

(二) 声音

活动结束后,按照我们的学习要求,教师们都按时提交了研修学习反思体会。摘录如下:

1. 体会到了“研”的实践性和“修”的主体能动性

昨天第一次参加了以案例研讨为主题的工作坊式研修。作为一种以沉浸式、个性化、互动性为特色的研修方式,我认为相比讲授式的指导,它能让我们更多地亲身参与体验。案例分享环节,王老师带我们从作者的视角来复盘他自己所写的案例。讨论环节,每位老师都发挥了实践的智慧,大家都自觉、自愿、自主地投入讨论中来。各组从阅读者的视角多维度研读了案例并现场交流,这给予了我们更多思考的支架和空间。点评环节,杨老师等专家又从指导者视角,为我们梳理了怎么才能成就一篇好的案例。这次案例培训让我们体会到了"研"的实践性和"修"的主体能动性。期待下次的学习。

上海市浦东新区竹园小学　鲍蓓蕾

2. 精心的活动设计,高强度输出,恰恰是彼此智慧的碰撞

当杨老师提出"研究共同体"时,我的目光就被吸引,而"没有发表的文字等同于没有研究"这段文字的呈现,又让我肃然起敬。我低头继续看下去,看到活动流程的一刹那,心中无比期待。

三个案例分别进行两轮的圆桌论坛,时间紧、任务重。每个人都高效地输出自己的观点和思考,我们组由我来提炼和归纳,并用卡纸呈现小组成员们的智慧。汇报由同组的杨老师负责。让我感叹的是,杨老师看着温柔的一个人,上台后的气场就孑然不同,她用贴切的话语串联起我们组所有观点和思考,功底可见一斑。当然,其他组的老师们也进行了高质量的分享,我努力思索的同时试图用大脑记下他们说的每一句话,遗憾的是来不及记录,但这并不影响我对如何写作的进一步思考和认知。

每次活动,要说最期待的就是来自杨老师的分享,她总能用最贴近我们一线教师的语言讲述上位更上位的理论以及研究方法。杨老师说,好的文章一定要从问题出发,有一条"提出问题—分析问题—解决问题"的主线,她还特意指出在文章中需要呈现一个新的观念或者新的理论做支撑,并把这个新观念或理论转化为课堂教学行动的真实践,如此,好质量的文章水到渠成了。

活动中,伙伴们高强度输出的过程恰恰是彼此智慧碰撞的过程。在这个过程中,不同的语言表述融合成彼此的共识,我们一致性认为,好文章就

是真实践、真反思、真研究。

除此之外，还要说一下活动的整体设计以及活动前的准备工作。会场的布置温暖、精致；六师附小的刘老师可谓是一位细心的人，安排好每个人座位的同时，还考虑到每个人的需求；主持人杨老师的活动安排紧凑而高效，精炼的表达、简洁明了的PPT，兼融着她独特的气质，与会的伙伴们无太多压力，却很有动力，想要跟随其脚步，与之前行。

上海市浦东新区明珠临港小学　赵海宇

3. 不再是讲座“一言堂”，这次研讨会把隐性的思维变成显性，形成一种多样化的思维模式

第一次参加杨老师组织的研讨会，荣幸之余学到了更多知识，对我来讲是充电、是历练。本次研讨会真切地帮助一线教师解决实际问题，不再是讲座“一言堂”式的聆听，更多的是每个人都能参与其中，成为研究的一分子。以沙龙的形式进行小组合作，有限的时间内开展头脑风暴，在集思广益的同时，取其精华去其糟粕，形成自己的观点。这种研讨会的形式，把隐性的思维变成显性，形成一种多样化的思维模式。或许这种教师的培训模式运用到学生身上，也未尝不可。

上海市浦东新区泥城小学　夏莹玉

4. 研修是教师们集体实践智慧的共享

作为一个一线项目化教师，在平时的教育教学活动中，我更多是担任一个项目的开发者和实践者，或者在学校其他老师的项目出现问题时，帮他们出谋划策。但当要把这些活动、项目撰写成为论文，我着实有些为难。参加研修之前，我就摆正心态，提醒自己要多观看、多聆听、多学习。本次研修活动也确实让我收获良多。

活动中期，让我感触最深的就是教师们集体的实践智慧。小组的氛围很好，大家都能畅所欲言。这个阶段，我能明显地感受到我的视角和大家视角的不同，我更多的是站在一个实践者的角度，比如我在案例1的分析中提

出:文章缺少事实数据来支撑它的成果展示,会让读者有一种知其然不知其所以然的感觉。同时,我也跟随组内王老师、范老师和赵老师,去仔细感受了一番如何看一篇文章的着眼点,如何解构一篇文章的结构,让我收获颇多。

活动最后,杨老师的总结更让我倍感欣喜。组内的讨论是点状的,大家你说一个点,我说一个点,渐渐地组成一个面。而杨老师的讲述是提纲挈领的。从问题出发,有一条提出问题—分析问题—解决问题的主线,有一个新的观念或理论视角做支撑,等等,甚至从后面的撰写要求也能发现撰写文章的整体逻辑。在整理笔记和照片的过程中,我二次阅读,又有了新的感悟。

“纸上得来终觉浅,绝知此事要躬行”,我将以此次研修作为基础,继续主动向各位老师学习,争取将培训的经验在具体的案例、论文撰写实践中内化为个人的能力。

上海市浦东新区世博家园实验小学　刘晓震

第四章

项目化学习实验校行动与经验

学校必须是追求“卓越性”的场所。无论是教师的“教”还是学生的“学”都必须是卓越的。这里所谓的“卓越性”并不是指谁比谁优越,而是无论何等困难的条件下都各尽所能追求最高境界。

——佐藤学

2023 年 9 月，上海市教委颁布《关于实施项目化学习推动义务教育育人方式改革的指导意见》，提出的工作目标是要全面启动实施项目化学习，要把项目化学习融入学校课程实施方案。早在 2020 年上海市教委启动项目化学习三年行动计划时，浦东就先行先试，前后分三批共评出 148 所区级项目化学习实验校。浦东推进项目化学习的政策力度大，学校和教师开展项目化学习的积极性比较高。实验校能基于自己的特色、校情、生源等，选择适当的主题，采取恰当的方式，合理利用专家资源，组织教师有步骤、有计划地推进项目化学习。

经过三年多实践探索、攻坚克难，很多实验校积累了丰硕的项目成果和有效的经验。比如，“如何基于学校特色确定项目主题和实施路径”“项目化学习如何真正启动、实施和优化”“长周期项目化学习如何开展”“学校传统项目如何转型与深化”等。这些实践和经验既是对已有理论和研究的有力回应，更是学校实践创新的成果。这些都是其他学校推进项目化学习中非常关注和重视的问题，实验校的探索和经验会带给我们启示，也能为我们提供借鉴。

一、如何确立恰当的研究主题并实施

恰当的主题设定有利于学生在学习内容和实际生活之间建立联系，从而提高学习内容的实用性和适用性。①

首先，主题的设定应基于学习者的兴趣并使之持续作用。兴趣能够刺

① 王艳芝，曾文静．学校项目学习的影响因素、形式与实施策略[J]．教学与管理，2018(19)：5—8.

激学生积极主动地投入项目学习中去,但是简单的兴趣不能一直产生促进作用。在项目化学习中需要把学生的兴趣与挑战性的学习任务紧密结合起来,来激发和维持其探究兴趣。

其次,主题的设定应围绕学生真实的环境进行并紧密联系学生的主要困惑,如果能与学生正在进行或未来规划的事情切实相关,学生的学习投入就会更多。国外相关研究表明,当项目主题与学习者的毕业论文直接相关,学生会投入更多的时间和精力,具有更强的主动性,同时也能够避免学生的兴趣迅速消失。

最后,项目学习是基于标准的,要能围绕学业内容中的学习标准和重要概念展开。[①] 有了合适的项目主题后,学校如何因地制宜,充分利用专家资源等,为教师实施项目提供有效的专业支持,是推进项目必须要思考的重要问题。

【实践案例 1】

"小小御见师"项目化学习的实施策略[②]

项目化学习是时下教育改革的热点之一。御桥小学采用了"做中学"的模式促进项目化学习实施,即学习与实施同步进行,在推进项目化学习的过程中发现问题、带着问题去学习、学习后继续推进实施,循环往复,让学习明确目标,让实施加快进程。御桥小学以"小小御见师"项目化学习活动为切入点展开,设计 11 号线地铁站特色车站文化。其间,我们利用多种实施的策略推动,使项目化学习顺利实施(见图 4 - 1)。

一、驱动性问题的诞生

(一) 驱动性问题呼之欲出

2020 年 12 月,学校收到了申报项目化学习实验校的通知,当时校长组

---

① 莎拉・哈勒曼,约翰・拉尔默,约翰・R. 梅根多勒. 21 世纪项目学习:项目学习小学篇[M]. 张毅,等译. 北京:光明日报出版社,2019:7—11.

② 本文作者:肖华英、曹玲红、侯琳燕,上海市浦东新区御桥小学。

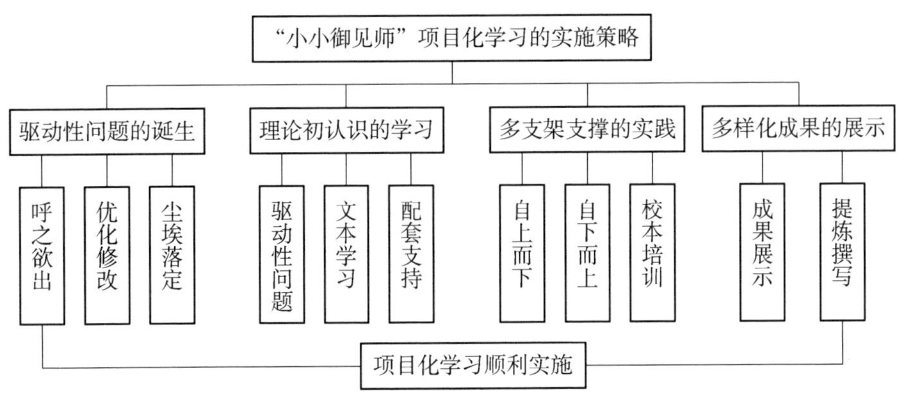

图 4－1　"小小御见师"项目化学习实施策略

织大家讨论，认为十多年来学校始终围绕"生活"开展实践体验式的探究活动，形成了具有御小特征的探究活动模式。结合已有基础，学校推进小组通过讨论，拟延续"生活"探究课程，融入项目化学习要素，将原有探究活动进行迭代升级。推进小组通过文献检索，了解到上海曾在 2017 年 6 月以"地铁文化艺术节"的形式，举办了全国首个地铁公共文化艺术节，展现更丰富的文化内容，为更多的市民乘客打造"可阅读、有温度"的"城市第二空间"。

推进小组的教师们开展了热烈的讨论，列举了很多资源，最后发现学校正好毗邻 11 号线御桥站，很多学生日常出行都会搭乘地铁 11 号线。而 11 号线中有些地铁站文化建设很有特色，比如有米老鼠唐老鸭等童趣元素的迪士尼站、全站仿古风格吊顶以佛教传统色为主色调的龙华站等。穿行在这些地铁站中，不仅可以感受上海交通的多元便捷，还能快速了解这个站点所处区域的特色景点、历史人文等。于是，结合大家的意见，最后以学校附近的御桥地铁站为切入口，希望学生能设计富有"御桥"文化特色的地铁站，并提出了驱动性问题——如何设计有地域特色的御桥地铁站文化？

（二）驱动性问题优化确定

这个驱动性问题到底好不好呢？种子教师侯琳燕老师带着这个驱动性问题，请教了市级种子教师工作坊培训班的班主任刘老师。刘老师倾听了学校的初步设想和驱动性问题后,首先肯定了该项目主题,同时提出了几点建议:驱动性问题缺乏真实情景的塑造;作为一个校级项目,地铁站可以不局限在御桥1个车站。刘老师的建议一下扩展了我们的思路,从理论层面的驱动性问题要求出发给了我们启示。

于是,推进小组的教师们在原有的驱动性问题的基础上,设计了“车站设计师”这一身份,并在学校定期举办的教研沙龙中询问市级项目化学习导师上海市教育科学研究院普教所主任杨金芳教授是否可行。杨教授对这一思考方向表示了肯定,但向推进小组提出,“车站设计师”这一名称缺乏御小特色。小组立刻进行头脑风暴,最终,设计了“御见师”这一全新的身份:“御”桥小学的学生“遇”见项目化学习,可“预”见一个更有创新力的自己(见图4-2)。学生们以“御见师”的身份参加项目,可以进一步激发他们的学习内驱力。

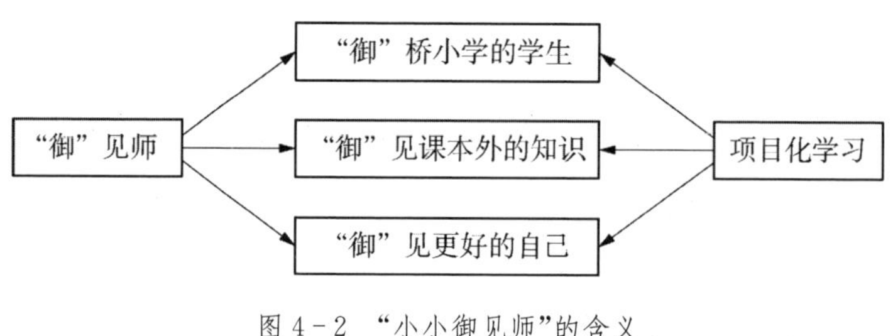

图4-2 “小小御见师”的含义

推进小组还为驱动性问题增加了前置情景:车站设计师们最近很忙碌,但是11号线还有许多车站需要设计。从而让问题的提出更自然更具真实感。在经过反复商讨后,提出了驱动性问题第二版——11号线还有许多车站急需设计特色车站文化,可是车站规划师们最近太忙了,“小小御见师”们,你们能帮助他们,根据不同的车站文化设计专属的特色车站吗?

在项目化学习启动会上,学校邀请了杨金芳教授等专家为该校级项目进行论证。论证会上,专家从各自领域提出相应建议。钟教授提出,各车站文化特色可以开放给学生,由学生自行提炼;不要限制三年级为红色精神、四年级为“四史”学习、五年级为地域变迁，所有站点都开放给每个年级选择，增加学生的自由度。

（三）驱动性问题的尘埃落定

在推进小组反复讨论、市级种子教师工作坊培训、专家团队论证、专家一对一指导等专业支持下，学校最终形成了“我是小小御见师”校级活动项目。学生通过各种途径了解上海11号线沿线某一区域，自主筛选提炼出自己心中该区域的特色主题，并确定该车站的主要设计元素，最终完成充满奇思妙想的11号线地铁站特色车站文化设计。学生在项目过程中对于上海的城市风貌、历史人文等方面都有了更深的理解，不仅激活他们的上海“小主人翁”精神，更涵养他们爱家乡的朴素情怀、坚定他们做家乡未来建设者的决心。

二、理论初认识的学习

（一）文本学习的专业指导

什么是项目化学习？它和学校原有的“合作探究”有什么区别呢？学校有没有底气去做好项目化学习？带着这些问题，学校购置了3本由夏雪梅博士主编的“项目化学习的中国建构”丛书，辅以文献资料搜索等方式，组织教师进行关于“项目化学习初认知”的文本学习。

1. 全校教师普读

为了让全校教师对“项目化学习”有初步的认识，学校开展“全校教师普读”的读书活动，记录摘要，做好读书笔记。各位教师可以摘录在书中读到的一些重要概念、精彩的案例，自己感兴趣的语篇、段落等，积累各种资料，为即将开展的项目化学习做好准备。如刘宁老师通过摘记《项目化学习设计：学习素养视角下的国际与本土实践》，了解到项目化学习促进学习者大脑的发展，知识、能力与态度的整合，奠定学习者心智自由的基础。徐亚莲老师了解到项目化学习植根于课堂，又同时指向课程的结构性、学校的组织性变革,对于未来教育的转型具有深远的意义。

2. 骨干教师精读

如何让我们的读书从书的表象走向项目化学习的本真?学校成立了21人的骨干教师小组,开展“课题教师精读”读书活动,要求教师们带着自己的问题,带着自己的反思精读一本书——要打上符号,加上批注和评论,最后所有教师读完整本书后,写出了自己的认识、感想、体会或启发。

因为是带着要求去读书,所以教师们很快对项目化学习形成了初步认识。学校还在学期总结大会中增设项目化学习成果展示,骨干教师以情景演绎、微论坛等形式,向全校教师展示项目化学习推进阶段性成果和经验,让更多教师感受项目化学习的魅力,激发他们加入项目化学习实践研究的热情。

(二)项目启动的配套支持

1. 构建制度保障

学校在专家的指导下,制定了《御桥小学项目化学习三年行动计划(2021—2023年)》,并将每一项工作细化到负责人、完成时间、完成数量等,形成推进表,让推进工作做到有目标、有要求,便于落到实处。为全力支持项目化学习的有序推进,构建了一系列相关制度保障,如《御桥小学项目化学习全员读书活动方案》《御桥小学项目化学习培训方案》等相关制度。并推出“专业力量支持”“专项经费支持”“绩效奖励支持”“课时课程支持”和“宣传推广支持”等五项保障措施,从制度、经费、奖励、课时和宣传等方面形成一个保障系统。由校长和杨教授审核以上计划和制度。通过这些计划和制度。教师们能找到关于御桥小学项目化学习的“为什么”“做什么”“怎么做”,从而保障未来三年学校有效地、稳步地推进项目化学习。

2. 形成活动项目

学校吸取专家论证会的建议,对原有的设计作修改:第一,由原来的将11号线所有地铁站指定给各班改变为以先到先得的形式由各班认领心仪车站；第二，每个站点从原来的按年级区别改变为都可以从红色精神、“四史”学习、地域变迁三个方面挖掘特色。最终形成了“我是小小御见师”29项校级活动项目——“小小御见师”通过项目化学习，为自己感兴趣的地铁站设计车站文化。

三、多支架支撑的实践

学校以“请进来”和“走出去”两种专家培训方式和校本研修为主要支架，为相关教师提供专业支持。

（一）自上而下的专业支持——系统性讲座

学校定期邀请市级专家来校面向全员进行项目化学习专题讲座。为了让教师们能更全面、更完善地学习，学校与专家提前沟通，避免前后两次专题讲座割裂，使每次主题都能成系列、成体系。从杨教授的“关于 PBL 的阐述”，到夏博士的“项目化学习案例撰写”，通过系统性的培训，教师们从抽象到具体地认识项目化学习，由笼统到细节地构建项目化学习认知。

（二）自下而上的专业支持——解惑式指导

种子教师在参加市、区培训活动时，把汇总的问题有针对性地与培训结合起来，或请教培训活动中的各位专家。如侯老师在设计中产生“怎么提一个好的驱动性问题?”的疑惑，学校组织侯老师及其他相关教师参加杨浦区的一次市级工作坊活动，侯老师以学生的角色沉浸式参与到“驱动性问题提出”的活动中。在理论培训后，侯老师尝试写出了驱动性问题“如何设计好11号线南翔地铁站特色文化?”，在对比了同组其他教师的驱动性问题后，侯老师意识到自己的驱动性问题非常生硬，无法激发学生参与活动的热情。在聆听了专家对优秀驱动性问题的分析后，侯老师意识到：在驱动性问题中可以设置一个场景，并不只是一个简单的问句；问题也不能太过生硬，可以更加童趣化。于是侯老师修改了自己的驱动性问题：“小小御见师”们，你们认为怎么样的地铁站文化设计能帮助游客呢?

在管校长的亲自带领下,学校选拔了一批教师作为学科项目化学习的种子教师,率先根据书籍中的样本,模仿着设计项目方案。但在设计时,遇到了一些仅凭文本学习无法解答的问题。比如张依然老师在设计时困扰于"驱动性问题不驱动,子问题链不合理"两个问题。于是学校把教师在项目化学习进程中碰到的问题及时进行汇总,将困惑反馈给市、区专家团队,请专家来校全员培训,并针对个别化的问题进行一对一的指导解惑。

根据专家的指导,张依然老师将驱动性问题进行了拆解,最终,她设计的"拜托了,冰箱!"在学校一、二年级17个班级700多名学生中进行实践,学生收获满满。学校微信公众号、浦东德育、浦东教育等公众号相继推送,获得了一致好评。

(三)校本研修的专业支持——聚焦式推进

虽然有了理论的支撑,但是教师如何实践操作,还是一个很实际的问题。为避免种子教师在项目实施中一筹莫展,保障项目化活动顺利开展,学校开展校本研修活动,解决怎么做、怎么做得好的问题。

1. 模板仿照式

种子教师们在参加了第一次培训后,非常焦虑。作为"第一个吃螃蟹的人",他们压力重重。项目设计该怎么写?入项活动到底有几种?过程性资料要怎么留痕?项目组长侯老师就给龚雨帆送来了一本《御小项目化学习工作手册》,这是学校进行多次校本研修后进行编撰的、有实用性的项目化学习工具,包括《工具1:项目故事板》《工具5:教师实施准备核查清单》《工具11:项目化学习的课堂规则》《工具12:学生学习实践快速审核表》等。这些小表格、小工具将项目化学习的实施程序化、可视化,大大提高了实操性,让开展项目的尤其是刚入门的教师得以更容易、更快速也更准确地上手。

2. 沙龙研讨式

学校以基于实践的教研方式,探寻项目化学习实施中的心得、困惑、破解方法等。每个项目组以"DREAM"项目化学习实践研修机制开展教研活动。每个月，活动领域和学科领域各项目组种子教师交替开展沙龙教研，交流各项目开展情况，并由负责的推进小组成员和专家团队进行跟踪点评指导。

“项目化学习——活动组”的种子教师们在钟文芳教授的指导下，开展了“指向活动项目化问题的提出”的沙龙教研。首先大家提出学校前期在探究型课程、德育活动中有着较好的基础，但是原有的这些活动在设计时，大多是从教师视角出发，关注活动的内容和形式。为了更好地引导学生主动去发现、去思考、去解决问题，御桥小学将项目化学习元素融入班队活动、综合主题实践活动中，可以迭代设计以“小小御见师”为主题的活动项目，并结合学生年龄特点，分为入门版和进阶版。在设计项目时，不仅增加了思维性和可持续探究性，更将探究的场所从校内拓展到校外。

根据项目开展的点到面以及教师的特点，分层分类开展研修活动，不仅使教师通过理论学习，从思想上更新了教育观念，还通过针对性的专题培训和实践研究，提升了专业素养，在实际教学中做出从教学到教育的真正转变。

四、多样化成果的展示

为更好地总结实施经验，推广项目化学习成效，学校在取得一定阶段性经验和成果后，进行项目化学习的问题设计、实施方式策略以及学校组织管理等方面的交流展示工作。

1. 成果展示式

项目化学习的成果在每学期的期末总结大会上展示，并参加北蔡学区和浦东新区的展示交流。率先尝试的张婷老师和李玉老师以情景演绎的方式，向全校教师展示了项目化学习课堂实录片段。学生们通过观看短视频，初步感受了项目化学习的魅力。在教师的娓娓道来中，学生们快速代入了“小小御见师”身份，提高了活动的积极性。在分享调查环节，每组轮流上台介绍自己现场勘察的结果，其中，教师特别强调了要培养学生的有效交流意识,比如后登台的小组在发言时,和前一组一样的内容可忽略,只提出不同的特色。这一情景演绎展示,让全校教师直观感受到项目化学习更注重提升学生的学习素养和合作交流能力等。通过成效推广展示,更多的教师被吸引加入项目化学习实践的队伍中,一起进行教学方式的变革。

2. 提炼撰写式

为了提炼项目化的经验或成效,学校每学期组织案例征集与评比活动。为了更好地完成案例撰写,学校组建了讨论群,专家刘老师和组长侯老师在群内随时给予教师们相关帮助。通过案例征文撰写,教师们对自己的项目进行了反思。经过精心准备和筛选,多个案例送上级部门进行参评发表。《扎实有序　倍道而进》《小学语文学科项目化学习的实践与思考》两篇文章发表于《当代教育家》等刊物;1 个案例获"上海市义务教育项目化学习三年行动计划"第二批市级项目案例二等奖;2 个案例获"学习素养・项目化学习"全国案例征集与评选三等奖。

"小小御见师"项目化学习的实施策略转变了教师的观念,激发了教师参与项目化学习的积极性,提高了教师实践能力,促进项目化学习的推进,促进学生的学习,促进学生思维能力的发展。

二、如何在学科项目的实施与优化中带动教师专业发展

教师是项目化学习实施的关键。素养时代对教师的育人能力也提出了更高的要求,2022 年教育部等八部门联合印发的《新时代基础教育强师计划》提出"努力造就新时代高素质专业化创新型中小学(含幼儿园、特殊教育)教师队伍"。教师队伍的质量高低在很大程度上决定了能否在教育实践中真正落实学生核心素养的发展。

本研究前期的调研结果显示,在项目设计中,绝大部分教师最迫切关注的问题和难题是"如何将项目化学习与学科教学深度融合""如何选取项目主题并设计驱动性问题让学生积极参与"等,这些问题的解决除了教师自身

持续学习、参加各种政府部门组织的集体培训外，更需要创新教师培训模式——在项目式教学的具体场景发现问题、解决问题。也就是说，需要在教学的实践场景中提升教师的项目化学习设计、实施和评价能力（见图 4－3）。在三年多的实践探索中，浦东新区的项目化学习实验校积累了一些有效的成果和经验。

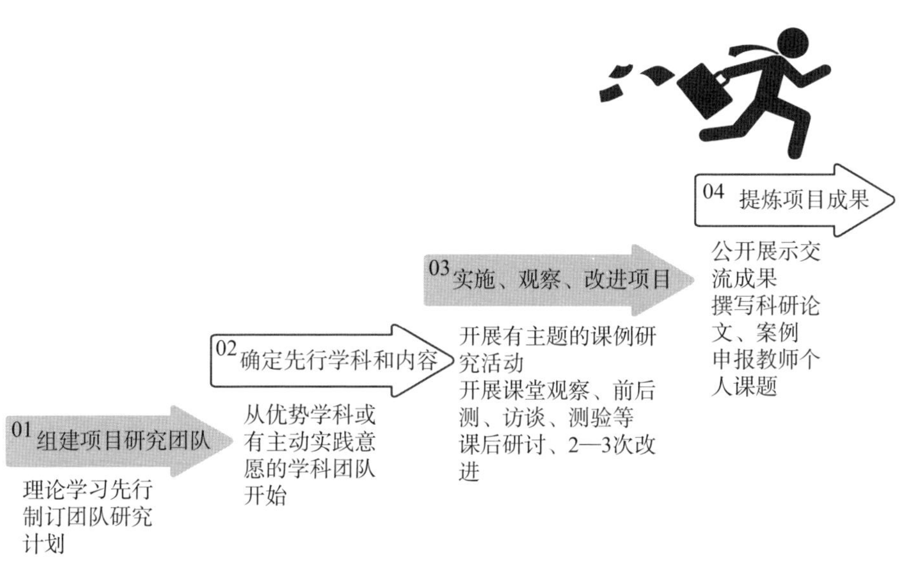

图 4－3　项目化学习实验校推进学科项目的实施路径

【实践案例 2】

学校推进项目化学习的"三化"实施路径①

我校是区域内一所"以文见长"的学校。近些年，随着办学规模的不断扩大，学校形成了"三校区一办学点"的办学规模，教师队伍呈现出年轻化趋势。年轻教师学历高、学习能力强，具有创新意识。学校的项目化学习研究与实践团队以年轻教师为主力军，依托"专家引领、团队研习、实践突破、改进迭代"的方式开展探索与实践，初步形成了项目化学习"三化"的实施路径。

---

① 本文作者：任怡，上海市浦明师范学校附属小学。

一、共读共学,基本概念的"僵化"认知

2020年7月,学校利用暑假时间,组建了"悦享朝华"项目化学习读书小组。我们邀请到郑新华博士担任读书小组的导读专家。

"悦享朝华"项目化学习读书小组每周由引读教师带领组员共读夏雪梅博士撰写的《项目化学习设计:学习素养视角下的国际与本土实践》一书,参与教师在引读后充分发表自己的阅读思考,最后由导读专家进行提炼总结。

两个月的共读"夏书",让所有项目化学习小组的教师从最基本的概念界定,到核心知识的确立,从驱动性问题的由来到教学评价的贯穿,从学习成果的形成到高阶思维的养成,都有了认知的冲击和改变。

2020年10月,在暑期共读的基础上,项目化学习小组教师迫不及待地想要尝试学到的项目化学习理念、路径。语文学科团队的蒋佩老师先行先试,以人教版三年级上册课文《富饶美丽的西沙群岛》《海滨小城》以及《美丽的小兴安岭》三篇写景的课文为载体,以"什么是美?"为驱动性问题开展课堂实践。

第一次的课堂教学实践其实并不成功,前期的学习设计看似具备了项目化学习的核心要素,但实践下来却只是教师教学形式上的改变,没有真正突破传统教学"师问生答"的模式,更不要说学生在真实的情境中进行自主合作探究,从而掌握学科素养和能力,进行迁移、创造。

教学实践后,项目化学习小组的教师认识到,读书活动使得他们对于项目化学习的理解只停留在了文字的表面,注重的只是形式化呈现,对概念的理解是僵化的。但是,教师们在实践中也意识到理论与实践虽存在差异,但这种"僵化"的概念认知却是十分必要的。任何教学的转变一定是基于对新理念的"东施效颦",是反复"学习—实践—再学习—改进"的过程。

二、反复实践,主要环节的"固化"形成

(一)聚焦知识的"固化"

在第一次的教学实践没有达到预期效果后,学校项目化学习小组立刻

展开了剖析。在研讨活动中，教师们再次翻阅夏雪梅博士的《项目化学习设计：学习素养视角下的国际与本土实践》一书，利用“教学片段切片”的方式，比对项目化学习实施的环节和要素。团体合作研磨的过程，是将书籍中学习到的知识进行回顾与检核，对之前阅读中所获的知识进行了强化。这也是依据教学证据进行项目化学习基本知识的“固化”历程。

（二）聚焦策略的“固化”

纵观第一次项目化学习教学实践，项目化学习组研究团队的教师都发现，在学科项目化学习中核心知识的确定直接影响驱动性问题的设计，而驱动性问题是学生进行项目化学习的“中轴”。基于共同认知，第二次项目化教学实践展开。蔡新文老师以五年级说明文单元为例，以学生自主创编的《我们的小百科》作为项目化学习成果展开了项目化教学的尝试。

1. 寻找驱动性问题设计的新步骤

蔡新文老师对本单元的项目化学习驱动性问题的设计经历了三个过程。首先项目化学习研究小组的教师们发现这个单元虽有大量的具体问题，如说明方法有哪些？说明方法的好处（作用）是什么？说明文语言的特点表现在哪里？怎样读懂说明文？但这些问题不够有本质性，很难迁移。于是，教师们决定将这些具体问题聚合起来，设计了超越事实层面、指向思维的驱动性问题：寻找课文《太阳》中你认为有价值的信息。接着，在项目化学习初期，教师们又通过 KHW 量表，及时了解学生学习的难点，通过对量表中问题的分析和归纳，抓住学生感兴趣的真实问题，寻求探索的契机：怎样使自己的表达生动、有趣，有价值体现。最后，教师们将前面经历的两个过程高度凝练，将驱动性问题提升到一个情境之中：学校社团需要招募小百科知识的讲解员，请你创作出图文并茂的、准确直观的小百科绘本读物进行宣讲。使得驱动性问题既有指向性，又有情境性，既有学科核心概念包裹，又能激发学生参与的兴趣。

从本次项目化学习实践来看，驱动性问题并非一成不变的，可以根据教学的实际、学生的需求、单元的核心知识进行更迭,我们总结出的主要路径如图 4-4 所示。

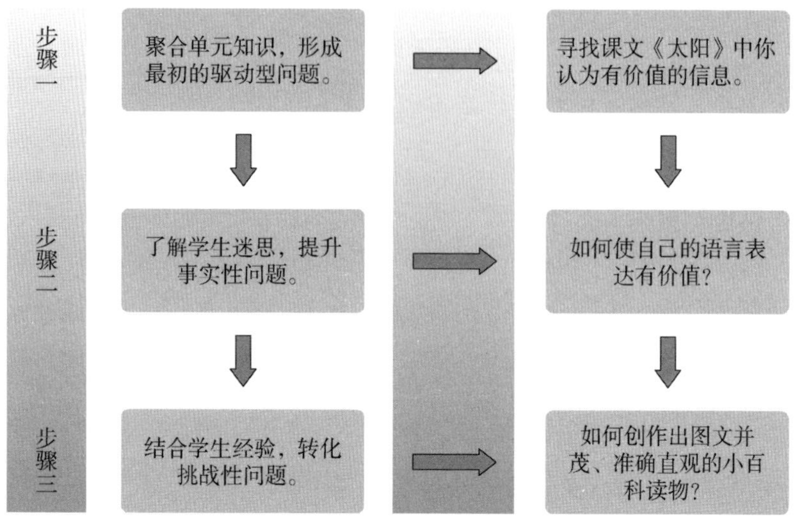

图 4-4 单元项目化学习中驱动性问题设计的路径与步骤

2. 解决驱动性问题设计难点

万事起始难。驱动性问题的设计就是项目化学习中的"起始"。驱动性问题来源于学科概念与课程标准的联系,来源于单元目标,更来源于学生的真实基础与需求。突破驱动型问题设计的难点,最终应该落实在可以触摸到、可以联结学科概念和学生发展的关键点位。

在五年级说明文单元的项目化学习中,学校项目化学习研究团队的教师利用 KWH 量表从学生那儿获得驱动性问题的雏形:寻找有价值的语言。在去除琐碎的细节问题后,将具体问题聚合为事实性问题:如何使语言表达有价值。在了解了学生的迷思后,在核心概念"价值"的驱动下,将事实性问题演变为驱动性问题——创作出图文并茂的、准确直观的小百科绘本读物进行宣讲,引导学生对核心概念"价值"展开持续性的探究。在探究过程中,引导学生关注说明文的内容、结构、语言表达等具有普遍重要性的文本知识。

三、多样反思，实施路径的"优化"升级

从2020年学校成为浦东新区项目化学习首批学科实验校开始，到2021年成功成为浦东新区项目化学习种子校，虽只历经一年多的时间，但是项目化学习的研究和实践却不断"优化"升级，提升了教师的专业化发展，转变了学生的学习方式，丰富了学生评价，真正培养了学生的核心素养和教师的专业素养。

项目化学习研究与实践小组教师注重用科学的研究方法来论证研究，不断反思写作，在区级课题申报中，"基于KWL模式的小学说明文教学策略优化的个案研究"成功立项，同时教师撰写的项目化学习论文《自主阅读的助推器——KWL模式的本土化实施》《基于前测、后测教学模式的探索与实践》《课堂观察范式下增强教师学情判力的实践研究》和《基于课堂观察优化教师提问设计的实践研究》等论文发表、获奖。教师在项目化实践中学会反思，在基于实证的反思中提升教学实践，实现了教师专业发展的优化升级。

学校项目化学习"三化"路径的探索与实施，从基础知识共读的"僵化"认识，到核心环节的"固化"形成，最后在多样反思中，师生都得到了"优化"升级。项目化学习的"学习—实践—再学习—改进"的过程无不呈现出学校对项目化学习实施路径的探索，也折射出教师渴望变革、学校渴望创新，全校师生将以积极而严谨的心态迎接义务教育阶段"双新"带来的挑战。

【实践案例3】

以项目化学习撬动教师跨越式成长①

上海市教委出台了《义务教育项目化学习三年行动计划(2020—2022

---

① 本文作者：蔡红婷，上海市浦东新区明珠临港小学。

年)》,指导学校以提升学生创造性问题解决能力为目标,以三类项目为载体,依托项目化学习活动开展实践研究,促进义务教育学校教与学方式变革。

新版义务教育课程方案及各学科课程标准的正式发布,更是将项目化学习作为培育学生核心素养的重要载体,要求教师深度学习新课标、积极探索,大胆尝试核心素养下的项目化学习常态实践,以此推动学生综合能力的培养与发展。

综合以上文件中的内容,不难看出,项目化学习活动的设计实施及方法运用给教师们带来了更大的挑战。笔者结合学校项目化学习的工作推进与具体开展情况,从搭建平台赋能教师专业成长和开展项目实践积累实践经验角度,阐述如何助力教师深度理解项目化学习,项目化学习的开展与实践如何促进教师专业能力的提升及学生综合能力的培养,积累实践经验、形成经验总结以反思教师个人能力等内容,从而实现教师在小学项目化学习实践探索中的跨越式成长。

一、搭建学习平台,多元培训方式,赋能教师成长

为了助力教师专业成长,学校提供教师们多途径学习平台,鼓励教师主动参与、积极学习、总结收获,真正将专业知识内化于心,并应用于实践。

1. 抓住项目化活动设计的关键要素之专题讲座

定期邀请专家开展专题讲座,主题围绕如“项目化学习中驱动性问题的设计与优化”“如何形成问题链”“如何设计运用活动支架”“项目化学习关键要素:设计与实施”等。

在项目开展的最初阶段,教师们对驱动性问题的设计存在很大困惑,于是学校邀请专家,开展《项目化学习中驱动性问题的设计与优化》专题讲座。在聆听了专家讲座后,教师们深受启发,在各自的团队群中展开了激烈的讨论,分享自己的学习收获。

表 4－1　教师的学习收获例举

	学习体会	设计的驱动性问题
H老师	驱动性问题的设计除了要吸引学生，也需要具有挑战性，能够契合学习目标，需要教师开展深度的思考和研讨，聚焦核心概念，进行加入情境、加入高阶认知、个性化设计等设计策略的学习。	H老师也将自己的所学运用在自己的活动中，她设计的驱动性问题是：我们发现上下学时校门口的阳光总是很刺眼，你们能否帮助校方为遮阳棚找到最适宜的尺寸和位置？
M老师	驱动性问题是贯穿于整个项目化学习的核心与主线，我们可以从是否有吸引力，是否具有挑战性，是否契合学生学习目标这三方面进行检测。项目化设计很有难度，但多次的学习和积累，使我有兴趣也有信心去深入探索。	M老师根据自己开展实践时的具体情况，将驱动性问题调整如下：你真的把手洗干净了吗？

2. 学会项目化活动组织推进的方法之自主研讨

定期开展自主研讨，组织学校项目组、学科（备课）组组长和各项目活动团队负责人进行研讨交流，思维碰撞，合力探寻适合的推进方法。主题围绕如“如何基于现实的学习生活环境选取合适的项目主题”“如何统筹学校项目并有序开展”“如何推进组内活动的安排与实施”等。

我校有幸成为区项目化学习种子实验校，但是如何统筹学校项目、如何有序推进与开展、如何合理安排课时等问题接踵而来。因此，我们组织学校各级负责人进行深入研讨，探讨形成具体的实施措施。如提供项目安排表，内容包括学科、年级、主题、课时、开展时间和主要设计人等，清晰的安排有利于跟进追踪各项目开展的具体情况。

3. 掌握优化项目化活动设计的工具之共读共学

组织领衔教师、种子教师、学科（备课）组组长等开展共读共学活动。如：共读《项目化学习的实施：学习素养视角下的中国建构》和《项目化学习工具:66个工具的实践手册》等专业书籍。除此之外,定期向全体教师提供自主学习材料,包括理论知识、优秀案例、讲座视频和授课视频等。

随着学校项目数量逐渐增多,我们试图精细项目设计,形成典型项目案例,更希望通过持续的学习助力教师们有新意、有创造性地迭代项目实践。在开展“PBL实践学习手册你想领走哪个策略?”经验交流会中,教师们选取自己感兴趣的学习工具开展深入研读和研讨活动。结合以往的实践,教师们或将工具和开展过的项目进行匹配,总结工具的作用;或将工具嵌入原有的项目设计中,谈及工具如何起到优化项目设计的作用。如:潘老师在“书包减肥记”项目中采用了“六顶思考帽”,戴上思考帽的孩子们仿佛变身为一位位真正的“思考者”,从不同角度“审视”着其他小组的汇报,让汇报更聚焦,让问题解决更真实。

正是得益于多次的专题讲座、自主培训和共学活动,教师们不再因驱动性问题的设计、活动支架的设计运用、协调课时安排等问题感到困惑,也在学习中提升了各自的专业能力,赋能成长。

二、融入项目设计,提高教师实践能力,落实学生素养培育

(一)走向课堂新样态的项目设计

1. 项目设计之学科知识融合,落实核心素养培育

新课标中提出育人方式的变革包括项目化学习,教师需在领悟理念、将项目化学习的方式融入日常课堂教学中的同时,提高学生创新意识、沟通表达能力、团队合作能力、问题解决能力等核心素养培育的重视度。因此,为了更好地引导学生理解现实问题,促进学生核心素养的全面发展,教师团队大胆尝试,将项目化学习的方式融入常态课堂中。以下两个案例就是教师在课堂上开展的真实研究:

“探秘时间,遇见成长”项目围绕沪教版三年级第一学期数学第三单元

《时间的初步认识(三)》的学习内容，引导学生在探索和合作交流中构建时间体系，解决“十年后，你在干什么呢？你的生日是星期几？你会对那时的自己说什么?”这一驱动性问题。项目活动中，大量的实践活动引导学生独立思考、与他人合作交流，在发现分析问题、探索解决问题的过程中掌握学科知识，体会数学与生活的联系，获得广泛的数学活动经验，形成应用意识。

“‘疫’起写诗”项目基于部编版语文四年级第二学期第三单元《诗歌，让我们用美丽的眼睛看世界》这一内容，引导学生围绕“如何创作鼓舞人心或者体现美好疫情生活的现代诗?”这一核心问题解决“疫情期间无法面对面交流表达情感与感受”这一现实问题。学生在活动中通过查找资料、阅读现代诗、对比分析等方式总结现代诗的特点，再创作出能够表达自己感情的现代诗，在不断提出问题、分析问题、解决问题的过程中，语文素养得以培养，综合能力得以提高。

这一系列的活动聚焦学生核心素养的培育，教师团队也摸索出了常态课中运用项目化学习方式进而呈现课堂新样态的实施路径。

2. 项目设计之日常生活回应，增添学习生活乐趣

将项目化学习方式运用在教学中，旨在提高学生将所学知识灵活运用在学习生活、社会实践中的能力。因此，项目设计需注重真实情境的创设，增强学生认识真实世界的能力，激发学生探究欲望和创造力，将所学应用于日常，为学习生活增添色彩。

“玩具发明家——有趣的棋类游戏”项目引导学生主动学习和借鉴各类游戏的规则与玩法，自主设计图纸，制定游戏规则，挑选合适材料制作一款棋类游戏，以解决“棋类游戏内容单一、丰富课余生活”这一现实问题。活动开展要求学生合理运用所学，提升其专业认知，培养其创新能力。

“悦读家园之图书馆改造行动”项目引导学生实地考察，从多角度出发，观察和分析校图书馆的空间构造、布局等，运用所具备的知识技能和经验储备解决“学校的图书馆要进行二次改建，学校现征集学生们的金点子，请你

们担任小小设计员,想想该怎么设计与优化我们的图书馆呢?”这一现实问题。活动开展培养学生主人翁意识,鼓励学生创新大胆尝试,培养学生的发散性思维。

从以上两个案例可以看出,项目活动给予学生更大的权利和挑战。教育不应仅限于在课堂上传授知识,应更多关注学生的全面成长与综合发展。从“探秘时间,遇见成长”到“‘疫’起写诗”,从“玩具发明家——有趣的棋类游戏”到“悦读家园之图书馆改造行动”,项目开展实践的过程中,不仅转变了教师教育观念、提升了教师将项目化融入课堂教学的实践能力,更帮助学生在探究过程中认识到学科知识并不是孤立存在的,而是与其他学科知识、与我们的生活密切相关的。

(二)提炼项目要素的“可复制”设计方法

1. 目标制定

项目化学习的活动目标应结合课程标准及学生素养培育的要求,明确学生需要达到的学习结果和发展水平,应将“教师的教学目标”转化为“学生的学习目标”,指向核心概念的理解。目标的制定有助于学生形成学科概念,掌握学科思维,更具体地落实学生核心素养的培育。教师在制定目标时,可先研读、分析教材相关教学内容,梳理学科核心概念和知识,进而制定学生需要掌握的学习目标。如图4-5所示。

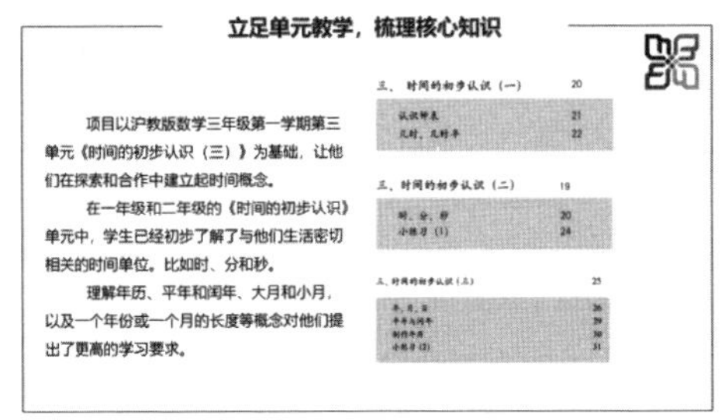

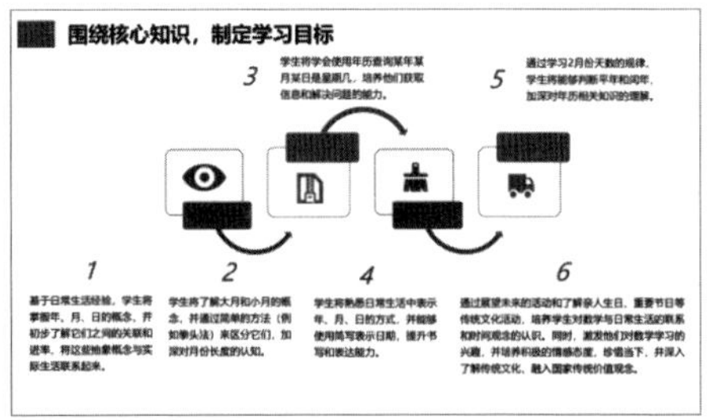

图4-5 “探秘时间,遇见成长”项目目标与内容

2. 活动设计

项目活动设计突出问题解决，因此驱动性问题的设计和子问题链的形成至关重要。教师在设计项目过程时，常常匹配子问题设计探究活动，再通过探究活动的实施逐一解决子问题。子问题的解决不仅指向驱动性问题的解决，同时指向项目目标的达成。因此，在设计探究活动时，匹配子问题设计活动内容是设计项目的有效途径。如图 4 - 6 所示。

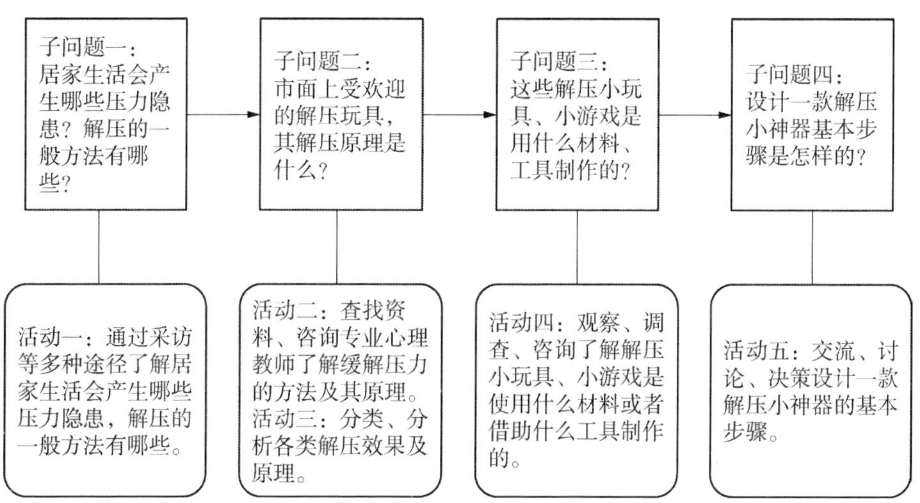

图 4 - 6　“玩具发明家——解压小神器”项目活动流程

3. 评价设计

评价设计需与项目目标和活动过程相匹配，基于学科特点和活动要求，可从知识运用、合作探究、成果展示、交流表达、思维创新等方面进行设计。评价内容不仅是对学习成果（阶段成果、最终成果）的评价，也强调对学生学习过程的评价。评价的设定不仅有助于教师优化项目设计，提高课堂教学效率，也有助于学生明确探究方向，有目的地开展学习活动。

表 4-2 “玩具发明家——解压小神器”项目活动“神器”评价表

<table>
<tr><th>评价项目</th><th colspan="2">评价标准</th><th>同伴评价</th><th>教师评价</th></tr>
<tr><td rowspan="7">作品呈现</td><td colspan="2">从真实问题出发,对作品的设想、构造、材料等多方面考虑。</td><td>☆☆☆</td><td>☆☆☆</td></tr>
<tr><td colspan="2">作品制作精致、整洁、牢固性强,可反复使用。</td><td>☆☆☆</td><td>☆☆☆</td></tr>
<tr><td colspan="2">作品具有趣味性,可玩性强,设计独特有创意。</td><td>☆☆☆</td><td>☆☆☆</td></tr>
<tr><td rowspan="4">作品具有心理学解压效果,能够舒缓、放松、调整负面情绪。</td><td>幽默、搞笑</td><td>☆☆☆</td><td>☆☆☆</td></tr>
<tr><td>舒缓、放松</td><td>☆☆☆</td><td>☆☆☆</td></tr>
<tr><td>刺激、兴奋</td><td>☆☆☆</td><td>☆☆☆</td></tr>
<tr><td>新鲜、有趣</td><td>☆☆☆</td><td>☆☆☆</td></tr>
</table>

4. 支架设计

在项目实践过程中,学生拥有学习的主动权,通过与同伴之间的合作学习探究,创造性地解决问题并制作成果。为了辅助和促进学生的自主学习合作,学习支架的提供显得尤为重要。学习支架包括如真实情境问题的情境型支架、学习材料和视频学习等资源型支架、评价型支架、学习单和任务单等概念支架、采访单和调查单等实践支架。支架是学生学习的向导,助力学生成为探寻者、审判者、创造者。

学校开展的“细菌现形记”项目中,教师引入“鱼缸式讨论法”学习工具,学生摆脱限制,采用全局观察视角,审视各小组方案的可行性。工具的运用,完全改变了课堂单一沉闷的学习氛围,提高学生参与率的同时,给予学生平等和尊重。

项目关键要素应体现在一个完整的项目活动设计中。首先,在确定研究主题或要解决的问题后,需要教师纵向梳理学科中的单元知识,建立联系,确定核心知识和所要培养的核心素养内容。第二,围绕核心知识制定相应的学习目标(项目目标)。第三,将子问题向上与目标匹配对应,向下设计对应解决子问题的探究活动。第四,整体设计评价量规,评价要能够跟进活动进展,促进学生学习。最后,要学会选用和优化学习工具,助力学生更顺利地合作探究,提高学生解决问题的能力。

三、反思过往,总结经验,以挑战确定发展要求

在项目化融入学科常态教学的实践探索上,教师们已经有了可视化的收获,同时,我们也明确了探索路上的挑战,以明确提高教师专业能力的要求和实施方法。

1. 对师生成长的影响和支持

项目化学习已经成为浦东新区落实义务教育"双新"的动力,是撬动教与学变革的重要方式之一。它为教育注入了更多可能性,它能实现知识的有效传递,实现学生全面发展的目标。

反思过往的项目实践,我们调整传统教学模式,大胆尝试,全面推进,在不断实践、反思、复盘、再实践的循环中寻找最优的实施策略。我们的教师团队勤于总结提炼,形成了多篇教学实践的案例和论文。每一篇案例,都在尝试探索将项目化学习运用在学科教学中。无论是"自我规划:做时间小主人""我会编童话""Things I like",还是"玩具发明家——有趣的棋类游戏",都是依托项目化学习的方式开展学科实践探索,呈现学生的探究过程,证明学生综合能力得以培养。每一篇论文,都是实践经验的总结与提炼,表达了教师们开展实践研究的思考,是经验的共享,也是深层次的交流,能帮助教师们更好地运用项目化学习的方法实现教学创新。

我们在推进项目化学习常态化实践的过程中,要在合适的学习内容和课时中嵌入项目化,关注"驱动性问题、支持性工具、持续性探究、表现性评价"等项目化学习关键要素的设计运用。

教师采用项目化学习的方式,构建学科知识体系,聚焦核心知识的迁移

与运用,关注学生创新性问题解决能力的培养,以此达到强化学科核心素养的培育要求。

2. 带给教师的挑战和发展要求

很多教师由于对项目化学习缺少系统性的了解和学习,在将项目化应用于课堂教学的过程中无从下手。如何把握活动开展的关键,有效实施?如何将项目化植入常态课堂,有效落实教学创新?要掌握教学中运用项目化学习实践的方法,改进前期项目实施表面化、成果不凸显和项目价值低等常见的问题,提高项目化学习活动的质量与效果,对教师们来说是不小的挑战。

追溯根本原因,无外乎教师自身观念未更新、角色未转换、专业能力不足则不敢尝试甚至抵触挑战。因此,教师需要具备必要的专业素养和能力,才能更好地实现教学创新,这也正是提倡课堂中融入项目化学习的意义——促进教师专业素养和能力的提升。

(1) 教师要具备整合学科知识的能力。项目活动以问题为导向,要求将学科知识进行关联、整合、调整、运用,提高学生对现实问题的理解能力,也提高教师的综合素养。

(2) 教师要有学情分析的意识。教师要学会用心观察、记录、分析学生的年龄特点和心理特征,选取有价值、学生感兴趣的问题,激发学生主动投入探索,培养学生自主学习能力和探究能力。

(3) 教师要有指导学生推进活动的能力。教师选取活动主题、制定目标、设计活动、设置评价等,引导学生共同思考,指导学生深入持续地探究,培养学生综合能力,提升核心素养。

教学的创新性实践不仅需要教师们具备较强的专业能力和学科素养,还要求教师要有团队合作的意识。教师组建项目团队,合理计划、合作分工、互助共进地开展研究,才能高效实践。

我们的教师团队,因为有了持续的学习和项目的实践探索,正不断提高自身的专业素养和能力,让课堂融入项目化学习的常态实践的价值逐渐得以显现。

我想，不管未来的教学会发生什么样的改变，提出什么样的要求，我们都会选择接受挑战。这是学校教育培养有责任感、有担当、有梦想的未来社会主人的价值体现。

三、如何开展长周期项目

近三年来，项目化学习在学校中的实践呈现出多种样态。按照实施过程中涉及的学科种类来分，有活动项目、学科项目和跨学科项目等；按照实施的时间长短来分，有在 1—2 节课中进行的微项目，有在一周或几周里进行的单元项目，还有持续一个学期、一个学年甚至更长时间的长周期项目。

项目化学习是基于真实问题解决的系统的教学活动。在项目实施中宜采用“低结构的探索—高结构的指导”，[①]先让学生参与相对开放的探索实践，然后再接受教师结构性的教学指导。在问题解决过程中要给学生充足的时间开展讨论、争论和深度对话，完善学生对真实问题、核心知识的认知和理解。

因此，为使项目开展过程中更好培养学生问题解决能力等 21 世纪技能，应适当延长项目活动中学生讨论与合作的时长，实施较“长周期的项目”，[②]让学生充分体会项目化学习的意义所在，在“做”中学，促使核心素养的发展得以落地。

浦东新区项目化学习实验校昌邑小学结合学校特色开展了“昌邑本草园”长周期项目化学习的实践探索，取得了一些经验和成效。

一是要用主题的变化把整个项目串联起来。“昌邑本草园”项目是一个

① 夏雪梅.项目化学习的实施：学习素养视角下的中国建构[M].北京：教育科学出版社，2020：86—87.

② 胡久华，隋鑫.美国“碳时代”项目式学习案例的分析与启示[J].化学教育(中英文)，2024(3)：91—95.

长周期项目，活动有始有终，历经春耕、夏耘、秋收、冬藏四个阶段探索，持续一年，周期很长，学校用四季主题的变化把项目串联起来。

二是校内打造并不断优化项目学习空间和学习环境。园内的“本草”就是一个纽带、一个轴心，在驱动性问题和学习任务的探究过程中，可以把学生的课堂学习与本草园学习，书本世界与广阔的本草世界，相对独立的、不同学科的学习跟“本草”关联起来。

三是强化成果意识，用阶段项目成果带动项目持续推进。整个项目线索比较清晰，有春耕、夏耘、秋收、冬藏四个子项目，并且四个子项目有对应的项目成果。春耕——种植意向卡、装饰本草栅栏；夏耘——演绎诗词中的中草药＋中草药诗词创作；秋收——绘本草园地图，绘本草标本；冬藏——设计“绿色肥料我来造”。

【实践案例 4】

和羹之美，在于合异

——“我是文博小达人之再建一个生机勃勃的昌邑本草园”项目化学习实践①

“和羹之美，在于合异”，羹汤的味道之所以鲜美，是因为羹汤是由不同的调味品合到一起烹制而成。项目化之美与和羹之美有着异曲同工之妙。“我是文博小达人之再建一个生机勃勃的昌邑本草园”项目化学习是一种知识关联的自然发生，是在学生提出问题、分析问题、解决问题中巧妙的无缝衔接，它融在知识的差异处，合在知识的共通点。

缘由

2022 年，在上海浦东新区科技和经济委员会指导下，我们建造了一座昌邑本草实践园。它坐落于昌邑小学大华校区操场的一角，种植有草本药物、木本药物各十余种，可供教师教学——旨在给予学生一种沉浸式的学习

① 本文作者：潘琳、李情懿，上海市浦东新区昌邑小学。

体验,帮助其学习素养的养成。

我们同步开发与中草药相关的拓展型、探究型课程,为学生提供了一个校内实践场所,让他们更加直观地感受中草药的魅力。除了课程的开发之外,向专家学习的脚步也从未停止。2021 年 10 月至 2022 年 10 月,我们共开展相关讲座 12 场,发布官方推文 2 篇,拍摄学生宣传片 2 部。

在此基础上,为契合学校办学理念,2022 年 9 月,学校决定在三年级学生中开展"我是文博小达人之再建一个生机勃勃的昌邑本草园"项目化学习活动,借此推动校文博教育的转型,让中草药文化融入校园文化之中来。

基于以上想法,本次项目化学习驱动性问题设计为:昌邑本草园景色优美,里面种植着不同品种、不同功效的中草药,可经历寒冬,本草园黯然失色,我们如何帮助本草园重新焕发生机呢?

《荀子·王制》中有一句箴言:"春耕、夏耘、秋收、冬藏,四者不失时,故五谷不绝。""我是文博小达人之再建一个生机勃勃的昌邑本草园"项目化学习根据四季轮换、节气不同分为春耕、夏耘、秋收、冬藏四个子项目和若干个子问题。

始

子项目一:春耕

春耕,即是准备,是观察与发现

种植意向我来说

想要重建本草园,第一步一定是确定种什么,这自然由我们的学生决定。我们因势利导,设置了第一个子问题:你准备种哪些中草药来重建本草园?

步骤一:实地考察本草园,了解本草园原本种植的本草,查阅资料,咨询专家,了解哪些草药适应昌邑本草实践园的生长环境。

步骤二:考虑到是三年级学生初次尝试项目化学习,我们并没有完全放手,而是建立学习支架,设计了"种植意向卡"(见图 4-7)帮助学生选择最感兴趣的草药,当然学生也可以选择意向卡之外的中草药。

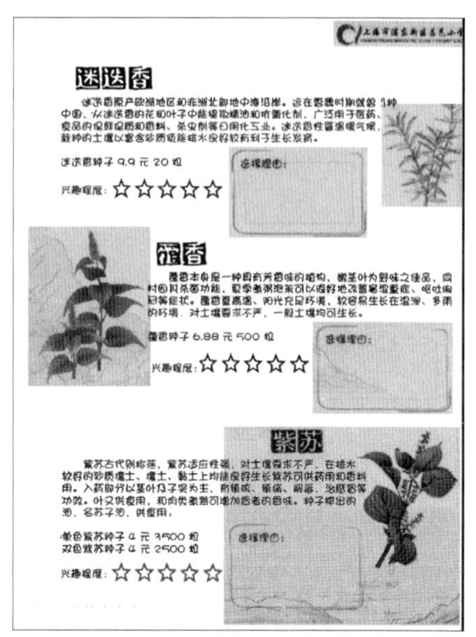

图 4-7　种植意向卡

步骤三:经过班级投票选举,确认了每个班级所要种植的中草药。

步骤四:接下来我们要做的就是将意向化为现实。我们聘请了种植专家 90 多岁高龄的陈老师现场指导学生种植。

步骤五:阳春三月,三年级全体师生在操场上举行了简短而隆重的开园仪式,播撒希望的种子。

木头栅栏我来饰

当本草种下,我们的项目是否完成了呢?答案是否定的。百草园是属于孩子的,自然外围栅栏和四周空地都是他们的,也需要装饰和布置,这些装饰还可以让其他年级的同学了解本草园,起到一定的科普作用。所以,在等待草药成熟的日子里,我们设立了第二个子问题:如何装饰我们的本草园呢?学生们根据之前创作考古笔记的经验,提出了草药动漫人物形象这一主题,以童趣的形象,吸引来往的师生驻足观看,了解本草功效,也让本身光秃秃的栅栏有了不一样的色彩。

标本制作我来绘

当本草开始萌芽，孩子发现了另一个迫切需要解决的问题：如何能留住本草的稍纵即逝的变化？这是第三个子问题。能不能有一个固定的团队关注、观察、记录本草的点滴变化？于是，三年级学生中组建了一支32人的小小神农社团，在专家的指导下，固定时间每周开展一次社团活动。谁来记录，小小神农社团当仁不让。如何记录，孩子们各抒己见，梳理整理各方意见后，一份份本草标本应运而生（见图4-8）。他们深入本草园观察不同植物的生长，找寻自己想要关注的本草和探究的问题，再自由组成小组，在组长的带领下，提出问题、探究问题、解决问题。

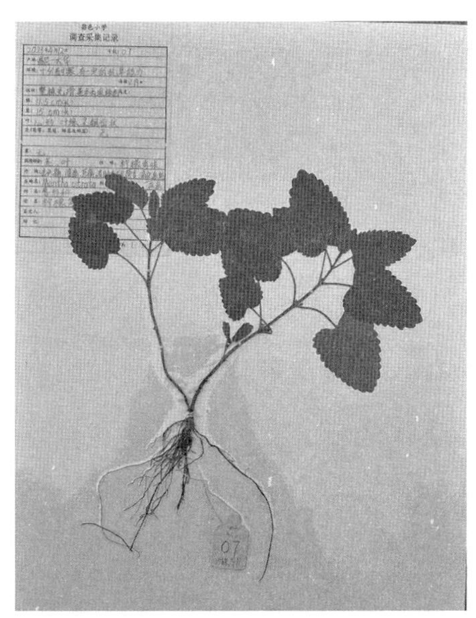

图4-8　草药标本记录（学生制）

不负春日，在整个"春耕"子项目实施过程中，我们立足于学生调查研究、发现提问、罗列汇总等能力的培养，同时我们注重真实问题的产生，关注细节，凝聚独创，融合审美。

子项目二:夏耘

夏耘,便是行动,是交流与合作

走近本草　品悟诗词

在小小神农社团中,以本草实践园为探究的场地,基于目标与主题开展活动,驱动学生自主学习,突破普通单节课的束缚,减少单纯的知识点传输与技能训练。成员们最终将所学知识带回班级,带领其他同学共同探究。正如接下来的一节课,就是由社团成员化身队长,带领四个小组完成探究的。在三年级第二学期的语文课本中,有这样一句古诗:“人间四月芳菲尽,山寺桃花始盛开。”学完之后,学生马上意识到,桃花也是一味中草药。我们便也从中获得灵感:可以让学生探究诗词中的中草药。因此,提出了第一个子问题:你将如何演绎诗词中描写的本草园内种植的中草药?在社团成员的组织带领下,学生们五人为一组,展开了热烈的交流与讨论。他们聚在一起查找资料,再根据每位成员的不同特长选取最适合本组的汇报方式,在队长的带领下,分工合作,将音乐、语言、动作作为媒介,演绎心中的本草与诗词。

青青本草　悠悠我心

“亲爱的小朋友们,我是本草园的一棵小苗苗,炎炎夏日即将来临,我们的家没有空调调节温度,没有雨露滋养我们,漫长的夏季,我们该如何度过呢?”这是第二个子问题。赶在盛夏来临之前,我们争分夺秒组建养护小队。孩子们踊跃报名,在教师的带领下定时定量地来本草园浇水、除草,帮助本草安然度夏。

立夏三日正锄田,正是耕耘好时节,在夏耘这个子项目中,我们重视培养孩子会沟通懂协同的能力,让他们在互动讨论、分组探寻、协作解决问题的过程中向前迈步。

子项目三：秋收

秋收，即是成熟，是表达与创作

一首诗歌一个故事

秋天是一个浪漫季，我们四年级的孩子和秋天、和本草园有一个约定。早在2023年6月时，项目化学习核心团队的孙智伟老师就和孩子定下了誓约，要创造孩子自己的诗歌。今天孩子们用诗歌布置校园，迎接来宾。浪漫的起源是一个孩子的奇思妙想：如何演绎诗词中草药的魅力？首先，学生们学习了中草药的各类知识，了解了一些常见中草药的名称、特点和功效。接着，学生们暑假期间在本草园进行了细致的观察和细心的养护。他们在导师的指导下，观察到了不同时期的草药，对草药培育也有了一定的实践，并记录了植物的外形、气味和生长环境等信息。然后，我们项目组的教师根据本草园内的中草药分头寻找对应的诗词，引导学生通过朗读感受、字词理解以及草药和诗句连线的形式，去体会诗句的词美、意境美、音律美。学生也分小组进行课后的诗词探究，对诗词中的中草药进行了详细的研究，包括植物学特征、药用价值等方面。最后，学生们将自己创作的中草药诗歌进行了互动交流。他们用诗歌向观众展示了中草药的魅力和药用价值，并讲述了自己的创作过程和心得体会（见图4-9）。

图4-9　学生养护感悟

首先,在整个发现问题、解决问题的过程中需要学生运用系统性思维。在创作过程中,学生需要收集、整理和分析中药草的相关信息,包括草本植物的特点、药性、功效等。他们需要对这些信息进行归类和比较,形成对中药草的整体认知和理解。这种系统性思维能够培养学生的观察力、整合能力和逻辑思维能力。

其次,中药草的创作需要学生运用创新思维。在诗歌创作中,学生需要将中药草的特点融入诗句之中,使作品更富有艺术感和表现力。他们需要运用想象力和创造力,尝试不同的表达方式和修辞手法,通过诗歌来传达中药草的魅力和药用价值。这种创新思维的培养能够激发学生的想象力、创造力和个性表达能力。

一份礼物一份喜悦

秋天也是一个收获季。我们的本草园在孩子们的精心照顾下已经到了收获季。请小朋友们开动脑筋想想成熟的本草能制作成哪些我们生活所需的日常用品?第二个子问题顺时应运而生。在以往的探究学习过程中,都是教师告诉学生这节课要做什么,学生仿照教师的样子进行学习,而现在是教师把问题抛给学生。正如本学年两次的伴手礼的准备,选择、设计、定稿、绘制、成品都由我们的孩子全权负责。

八个班级的小朋友集思广益,提出了各式各样的想法,我们从难易程度、任务可行性、制作时间以及制作成本四个维度让小朋友将他们的想法进行比较、评估。

上学期区级展示活动的伴手礼物最终选定艾草香囊、薄荷驱蚊水、本草书签、中草药邮票贴纸以及园区导览图五样,各具特色、意义非凡。三年级全体学生更是投身草药邮票制作,共绘本草园地图。其中,邮票制作的灵感来自谢校长开设的“邮票上的中华医药”的主题讲座,孩子们对邮票与中草药之间的碰撞充满兴趣,并在课后潜心创作属于自己的本草邮票。在孩子们的画笔下,每一株中草药都跃然纸上,栩栩如生。而我们的本草地图,更是他们亲自前往本草园对照地形绘制而成的。

本次活动，孩子赠送给来宾的礼物分别是薄荷香囊、手工香皂、薄荷味护手霜秋季限定款。孩子制作的灵感来自水池边偶尔缺失的洗手液和秋季皮肤干燥的苦恼。当然本次伴手礼的制作略有难度，因此我们发挥小小神农社团成员的引领作用。社团成员们团结协作，发挥自己的优势。有的采取本草，有的研究配方制作，有的负责撰写制作流程，有的负责汇报展示，有的负责媒体制作。在他们的带领下，整个年级的孩子都参与了手工香皂、薄荷味护手霜的研发过程。

秋日胜春朝，在秋收的子项目中，我们立足于培养学生的自主探究能力、基础知识与基本技能的整合能力，为日后的学习创造更大的可能性。我们提供的是学习支架，帮助学生判断问题的可行性。学生不再是简单的理解、记忆、应用，而是逐步转化为分析、表达与创造。

子项目四：冬藏

冬藏，便是沉淀，是迁移与整合

百草园的门扉轻轻合起，我们带着孩子回到课桌前，用养成的学习习惯继续开展微型的项目化学习。在此子项目中，我们预设了两个子问题。

"静悄悄"的本草园

子问题一：冬日暖阳，本草园一改往日熙熙攘攘的情景，仿佛油画一般静谧，天地冻，万物藏，所有的生机好像都被遮盖了，真是这样吗？你有什么问题想问吗？也许小朋友会问本草还在生长吗？小虫们都冬眠了吗？枯死的本草和落叶能转变成肥料吗？等等。让我们一起从书本中寻找答案吧！

本草园里静悄悄的，一切都在积攒能量，为了明年的重新开园，重新迎接小朋友们入园（见图 4-10）。

绿色肥料我来造

子问题二：本草园的植物都在默默地蓄力，等到来年开春时才能有足够

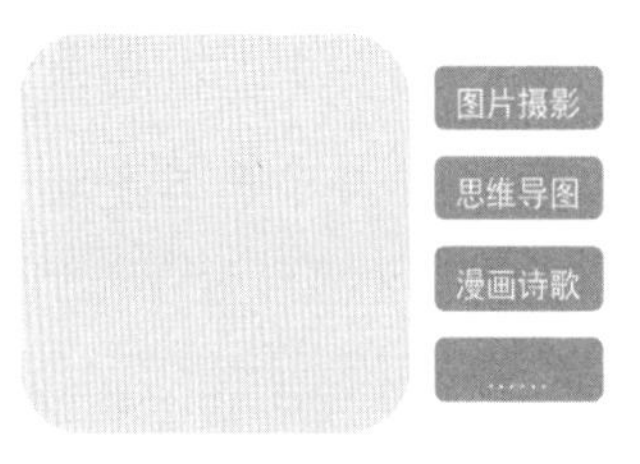

图 4－10 “静悄悄”的本草园问题引导单

的养分供自己成长。那我们能为他们积蓄能量做些什么？

我们尝试先借助 KWL 表格(见表 4－3)作为学习支架，帮助学生梳理已有的和通过学习拥有的知识。接着在自然老师的协助下，小组合作制作“绿色肥料我来造”的方案。然后小组评议推选最具有操作性、可行性的方案，在专家的指引下开始绿肥制作。

冬，厚积薄发。项目化学习强调让我们的学生关注真实的世界，不仅是让孩子深度理解和掌握概念，锻炼思维、实践能力，同时也是为了引导学生热爱生命——这生命当然也包含本草园一株小小的草药，为了让学生学会带着问题看世界，更为了引导学生思考如何用所学所知去创造更美好的世界。

表 4－3 “快乐制肥”活动 KWL 表

K(What I know)	W(What I want to learn)	L(What I learned)
你知道 有关肥料的哪些知识？	通过学习 你想知道哪些关于化肥的知识？	通过实践学习 你学到了什么知识？

终

春夏秋冬，四季周而复始，循环更替。在“我是文博小达人之再建一个生机勃勃的昌邑本草园”项目化学习中，我们得到的不仅是本草生生不息的生长过程，又是孩子们正确价值观、必备品格和关键能力养成的成长轨迹，更是核心素养的真正落地(见图 4－11)。

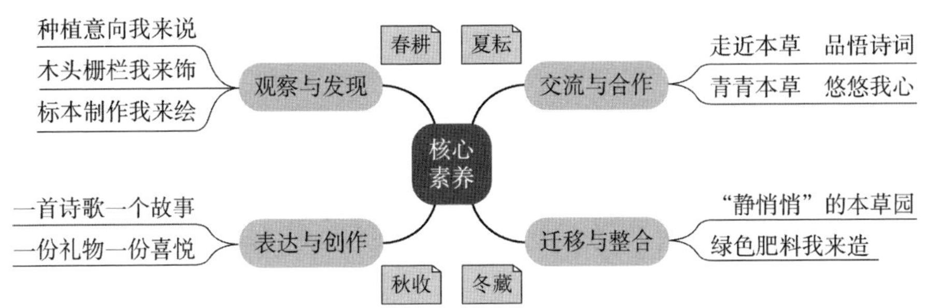

图 4－11　昌邑本草园项目化学习核心素养一览图

四、传统项目如何转型与深化

项目化学习启动探索时期，学校主要从活动项目开始，逐渐到学科项目、跨学科项目探索，但整体看单个项目做得比较多。

2023 年 9 月，上海市教委颁发《关于实施项目化学习推动义务教育育人方式改革的指导意见》，提出的工作目标是要“全面启动实施项目化学习”，“要把项目化学习融入学校课程实施方案”。在接下来的实施过程中，就要关注项目的整体设计，关注如何从单个项目迈向有关联的项目群。在制定学校课程实施方案时，要关注不同项目之间的关联性，考虑不同年级、年段的项目延续性。这种内在关联性可以让学生获得项目之间的整体感，建立起新旧知识之间的联系，也更便于学生迁移上一个项目的经验到新的项目中来。也需要考虑学生与他人、环境、学习空间等如何更好地互动，这就是教育家杜威所强调的衡量经验的教育意义和价值的两条标准——连续性和交互作用。

浦东新区竹园小学“一张报纸的诞生”是学校开展过的传统项目。结合新的形势和课标要求,项目组思考如何让老项目焕发生机,如何与课标以及其他项目进行衔接、整合和优化,最终实现了从“一张报纸的诞生”到“一起‘报’团”项目化学习的升级、迭代和转型。

【实践案例5】

一起“报”团,在任务群中找到学习新空间

——以“一张报纸的诞生”项目化学习为例①

“学习任务群”是语文学习的新理念,它以任务为导向,以学习项目为载体,整合学习情境、学习内容、学习方法和学习资源,引导学生在运用语言的过程中提升语文素养。项目化学习是实施学习任务群的重要途径和有效方法,旨在让学生在解决真实问题的过程中培育高阶思维,在自主探究的过程中提升学习素养,在运用和实践的过程中提高综合能力,最终助力师生教与学方式的转型。项目化学习打通了课堂和生活的壁垒,为学以致用开辟出一条最新、最实、最有效的途径。

《义务教育课程方案和课程标准(2022版)》中强化了任务群的实施要求,项目化学习无疑又承载起更多的意义和希望。新课标强调,学习要链接童年生活,要以有趣的项目式综合活动取代传统的单项任务或活动,促进学生语文核心素养的提升、生活综合问题的解决;更加倡导学习要融入社会情境,强调亲历、体验与参与,注重探究学习,强调合作学习,带领学生在看似好玩、实则具有挑战的任务中输出所学知识。如何从课堂走向生活?如何从教材跳出课堂?如何为学习找到更好的进口和出口?我们将目光聚焦在任务群概念实施下的项目化学习中,在理论和实践中力求找到最佳的平衡点,使学生在一个个的项目推进中,慢慢走向学习的前台、渐渐成为学习的

① 本文作者:范君英,上海市浦东新区竹园小学。

主人，让学习在真实情境中真实发生，让能力在锻炼中不断提升。师与生，正在成为项目化学习的双向受益者。

从“春日花花世界”的试水初探，到“一天是24小时吗”的下水研究，再到“失物招领处”的深水浮潜，我们在一次次的研究中感受到项目化学习给传统教学带来的冲击和挑战。也正是在这股冲击和挑战中，那些看得见的变化，正悄然发生在教师和学生的身上，给教与学赋予更多改革内涵和时代意义。

2022年的这场疫情，让我们每个人都深陷其中。捉摸不定的疫情变化、再次重启的线上教学，如何在变与不变中找到具有竹园特质的教学新路，如何开启线上学习背景下的项目化学习，如何持之以恒落实“双减”要求，如何在学生居家学习中找到新的学习空间，成了我们面前的拦路虎。作为被卷入第一波疫情的我们，在承受着心理高压的同时，也始终没有忘记教育改革的使命，更没有放下对项目化学习的研究。

一、线下到线上的转型，学习空间在任务启动中适度拓展

线上学习背景下如何开展项目化学习？是全盘复制，将线下的老项目直接搬到线上？是重开新路，启动新项目开展新研究？还是拓展深化，弥补老项目在线下研究中的不足？又或是适度转型，基于线上学习背景，让老项目焕发新生机？

（一）梳理项目，聚焦研究新空间

我们的选择是：将以往的项目化学习进行重新洗牌，选择新的研究视角和研究空间，给“老”项目赋予新生命，让小学生经历大成长，让研究带来大变化。目标确定之后，我们回顾学校近两年来项目化学习的研究历程，很快便将目光聚焦在了2021年12月第十九届作文节期间，“一张作文报的诞生”这个项目化学习上。

在这个项目中，我们从五年级语文教材第八单元入手。本单元的教学目标为：引导学生根据要求梳理信息，把握内容要点；根据表达的需要，分段

表述,突出重点。为了更好地学习和落实单元教学目标,我们以“小笋芽办报纸”为任务,通过成立作文报编辑部,向一至四年级发出征稿通知。每个年级对应一个版面,四个年级的征稿结合教材同时段习作练习的内容,经过语文老师的指导后,择优推荐给编辑部,再由编辑部的学生设计排版,最终实现一张大白纸的华丽转身。静态加动态的成果展示中,七十多份作文报是对整个项目的可视化显现。一张张作文报的诞生,是作文学习在一个真实的任务中的顺势而为。

(二)重启项目,打开项目新思路

从线下到线上,对于项目化学习而言,核心和实质还是万变不离其宗的。驱动性问题的设计是项目启动的心脏,问题链的设计是项目突破的脊梁,学习支架的搭建是项目推进的保证,项目成果的可视是研究成果的实证。基于目前的在线学习状况,我们思考“变”和“不变”的科学实质,以此对项目进行转型和深入,使学生获得学科能力的提升、高阶思维的提升和心理情感的提升。我们继续在“一张报纸”上做文章,让学生感受到一起“报”团是一种动力、一份助力、一股合力,更是困难面前无所不能的生机和活力。

“一起‘报’团”项目化学习,为学生打开了新的线上学习空间。从线下的“团队”学习到线上的“抱团”学习,学生在一个完整的项目化任务群的学习中,通过个体参与、成员合作、导师指导、团队帮扶,从一片空白到一份电子版报纸,进入了一个新的学习空间,找到了一个新的学习落脚点,在征稿、投稿、审稿、编报的过程中,学习方式有了更新。

二、任务线到任务群的转型,学习方式在任务实施中迭代加持

《义务教育语文课程标准(2022 年版)》第四部分是新增加的“课程内容”,“课程内容”又分为“主题和载体形式”“内容组织和呈现方式”两个板块。新课标按照教材内容整合程度不断提升,分为三个层面设置学习任务

群，其中第一层面是语言文字积累与梳理为一个基础型学习任务群，第二层面设置是实用性阅读与交流、文学阅读与创意表达、思辨性阅读与表达为三个发展型学习任务群，第三层面是整本书阅读、跨学科学习两个拓展型学习任务群。项目化学习成为了三类学习任务群推进和落实的有效途径。

本次“一起‘报’团”的项目化学习中，我们充分考虑到线上学习的实际情况，引导学生通过对语言文字的积累与梳理，在完成征稿、审稿、编排等一系列任务群挑战中，强化作文学习的实用性。在项目的推进实施过程中，我们将线下学习中单个任务推进的方式转化为群组式任务的推进方式，通过阶段式的项目学习、组团式的任务布置，让学生充分体验到任务的真实感和节奏感。同时，结合电子版报纸的实际难度，着重强化了团队学习力的要求，在主题、项目、任务的三者有效组合实施中，逐步落实各个阶段的项目化学习任务。

（一）从专刊到特刊，驱动性问题在复杂任务中确定

对于一个项目而言，驱动性问题的设计是极其重要的。一个真实有效的问题，不仅能激发学生的学习积极性，还能引领着项目走向学习更深处。“一张作文报的诞生”，我们只是结合了学校当时的作文节；驱动性问题的设计中，聚焦了以报写文，编辑一份作文节专刊。

在本次的线上“一起‘报’团”项目学习中，我们充分结合了当下的疫情背景，从记者发来的报社休刊信息中得到启发，从而想到编辑一份抗疫特刊。问题来自生活，研究着眼于学生，竹园一直倡导的“儿童本位”理念在项目化学习中得到充分体现。

驱动性问题为：原本要来学校做抗疫采访的记者因为疫情没法来采访了，报纸也临时休刊了，在这种情况下，请你们组件编辑团队向全校同学征稿，编辑一期作文报抗疫特刊电子版，用文字和画面记录身边的抗疫英雄，用来展现“竹园小笋芽们”在疫情期间的所见所闻、所思所想，以实际行动守护上海。

将问题和生活紧密相连,让学习在生活问题的解决中自然发生,学生高涨的学习热情为项目的开展打下了扎实的基础,比起去年项目化学习中的驱动性问题,这一次显然要考虑得更多更全。

(二)从教室到云端,问题设计在团队任务出炉

随着学习的不断深入,更多的问题开始显现出来。线下学习中,毫无障碍的问题即时解决成了非常大的挑战,尤其是学生每天还有空中课堂和教师直播课的学习。如何合理地分配时间,有效利用团队的力量进行问题链的设计?在项目的推进流程中,我们是这样做的。

第一阶段:组建团队。发布编辑部的招募令,学生自主填写个人简历;项目组举行了线上的应聘面试;根据面试情况,组建了三十人的编辑团队。

第二阶段:团队分组。由学生自主报名,产生五位编辑部主任,再以自荐和招募的形式,产生五个编辑小组,并且明确了任务分工。

第三阶段:团队设计问题链。五个小组由编辑部主任(组长)自主召集组员开会,设计项目实施过程中的问题链,经由集中课程的学习,最终确定了本项目的问题链——如何制定报纸版面主题?如何设计征稿标准?如何设计征稿宣传单?如何撰写征稿文章?如何审定收到的征稿稿件?如何确定选用标准?如何设计报纸版面?如何合理排版报纸?如何美化版面?

和线下项目化学习相比,线上学习时间和学习形式受到很大的限制。为了项目的有效实施,我们以团队任务的方式推进,每一个问题的提出,都以团队形式上交。在尝试放手的过程中,让学生自己设计问题,却未曾想到,这些原本的“无奈”之举,成了本次项目化学习中的意外收获。学生在团队互助中提高了问题意识,在不断地发现问题、遇到问题、解决问题中,对项目学习有了更好的预见,这样的预见,无疑是项目转型的催化剂。

三、从指定到自选,学习样式在任务指导中丰富拓展

在“一张报纸的诞生”中,考虑到操作的简易性,我们直接将四个版面对

应了四个年级，并且结合了语文教材中的习作要求，也就是说，学生是被动地接受了任务。本次“一起‘报’团”的项目中，我们以编辑部发布征稿宣传单的形式，向全体学生征集稿件，将投稿的自主权交给学生的同时，无疑为项目的下一步开展提高了难度。因为一个班级的学生会选择不同编辑部的不同版面来撰写稿件，那么，如何对学生开展有针对性的指导？如何在有限的在线学习时间中进行项目的指导？

我们尝试了编辑部集中项目课程指导、空中课堂班级指导、小组导师随时指导的“三指导”方式。编辑团队的学生利用腾讯直播课堂的形式，开展每周三次、每次一个半小时的课时指导，同步进行版面设计的相关学习。导师团队指导大家如何从纸质设计到媒体设计，还邀请了学校的计算机老师，对学生们的排版软件、征文编辑等进行指导，云课堂、云互助、云指导、云解答。

同时，有效地利用了第九周这样一个空中课堂的“休堂”时间，在课程表中加入了面向全体学生的项目指导课。考虑到实际情况，我们将所有的征稿版面归纳出几个写作主题，由导师团队的老师以视频录课的方式进行前期准备，参考“空中课堂＋在线直播”的方式，丰富学习样式，助推项目完成。

为了降低项目的难度，在推进过程中，我们的编辑部导师以各类表格、宣传单、思维导图进行同步即时指导，一切学习支架的搭建均在云端完成，一切学习任务的完成均通过网络。线上学习模式的转型，意外收到了学生的推崇，也对项目的推进起到了实质性的帮助。

四、从纸质到电子，项目成果在高阶任务中升级

在线下项目化学习的设计中，我们曾经想到过尝试电子报纸的设计，但是考虑到诸多的因素，特别是担心学生多媒体软件应用能力的欠缺，最终放弃了这样的想法。却未曾想到，“一起‘报’团”的项目因为没有了纸质操作的可能性，倒逼着我们进行了这个大胆的尝试。这个原本不得已的尝试，却成就了我们这个新项目,部分连续参加两次项目化学习的五年级学生表示,虽然这次的挑战更大,但是对他们的诱惑也更大。

从纸质到电子,不仅仅是形式的变化,更是实施难度的提升。纸质作文报的制作中,只需要由文字编辑把经过删选和评审的稿件誊写在纸上,虽然在誊写的过程中对书写有一定的要求,但是思维的要求并不高。但是在电子版的排版过程中,涉及计算机存储功能、文件转换等等的专业知识,需要学生对排版软件有提前的学习,还需要掌握制作、编辑、设置等文字处理方法,对信息技术的应用能力提出了很高的要求。相比较纸质报纸,学生需要接受纵向统整、横向比对、前后变化等一系列复杂的思维挑战,而这些思维挑战中,需要用到的相关学习知识和学习能力也随之提升。正是在这样高阶任务的完成中,学生才真正实现了“跳一跳,摘到苹果”这样的学习目标,又恰好实现了本次任务的转型升级(见表 4-4)。

表 4-4 从线下到线上“一起‘报’团”项目化学习成果汇总

成果内容	线下“一张报纸的诞生”项目化学习	线上“一起‘报’团”项目化学习
团队宣传海报	A3 纸质海报 3 份	电子宣传海报 5 份
征稿标准	A4 纸质版标准 3 份	电子征稿标准 5 份
征稿统计单	A4 纸质汇总单 6 份	电子汇总单 5 份
征稿反馈单	无	电子反馈单 169 份
抗疫特刊报纸	纸质报纸 30 份	电子报纸 10 份
项目学习记录	团队学习记录 6 份	项目工作日志电子版 30 份
团队学习反思	学习总结会	项目学习思维导图、成员学习总结

值得一提的是,每一个编辑部在完成自己团队的报纸排版的过程中,不断自我提高要求,甚至是自我否定,在一次次的“攀登”中,发现了自我学习

潜力。这些悄然间的变化，都是真实任务学习中才会看到和收获到的，也是我们期待中学习的美好模样。“一张报纸的诞生”这个项目中的遗憾和缺失，在“一起‘报’团”的项目化学习中得到了完善和实现，这样的学习转型，无疑是令人惊喜和欣喜的。

项目化学习有很多明显的特征，但是最根本的核心，就是要看到学习的经历和生活的关联度，学以致用是我们期待看到的学习结果。从简单任务到难度任务，从纯粹任务到复杂任务，从线下任务到线上任务，所有的任务都让我们离期待中的学习越来越近。线上学习背景下的项目化学习，看似有很多的困难，初看觉得这些苦难无法逾越，但是当我们渗透其中的时候，又会看到线下学习所看不到的样子。线下项目化学习到线上项目化学习的转型和深化中，我们有效依托了任务线到任务群的实施，真正打通了学习和生活，转知识输入为能力输出。在一个新的学习空间，通过“报团”任务，实现“抱团”学习，让学习变成一件真实而温暖的事情。

第五章

种子教师的探索与智慧

任何研究活动的首要任务都是引入一种科学的方法来应对教育问题，通过给教师提供相应的技能和资源，使其从所依附的工作习惯和传统中解放出来。

——卡尔和开米斯(Carr, Kemmis)

项目化学习要取得好的效果，离不开教师高质量的项目设计和实施。这就需要教师的教学理念、教学方式发生很多的转变，对于那些习惯于传统教学，主要依靠讲授、教科书和测验的教师来说尤其如此。项目化学习中，教师不再是负责传授知识、无所不知的专家，而是见多识广的指导者、学习的引导者，以及整个探究过程的向导。教师会鼓励学生积极地发问、保持好奇心和进行同伴学习，而不是做无所不知的权威。他们会营造项目化学习课堂文化，努力创设每位学生都有发言权的学习环境。他们熟练掌握了学科知识，但也乐于这样回应学生提出的问题："你们觉得怎么样呢？我们一起去寻找问题解决的办法吧。"课堂上对于学生的答案，他们不是急着进行简单的对与错、好或不好的评价，而是继续提问："还有补充吗？""你这样想，理由是什么呢？""有没有其他的想法？""你们同意他的想法吗？"……

项目化学习实验校种子教师的实践和经验告诉我们：教师只有不断实践，才能学会实现高质量 PBL 的方法。[①] 仅靠自己、仅靠一个项目你无法成为一名优秀的项目化学习种子教师。项目化学习是一个持续进行专业学习的过程，需要获得学校领导、专家、其他教师、家长的有力支持，需要学会和使用各种行之有效的策略、工具和资源。

一、驱动性问题如何设计和优化

（一）驱动性问题的概念和特点

在项目化学习的设计中，驱动性问题是必不可少的。驱动性问题是项

---

① 苏西·博思，约翰·拉尔默．项目式教学：为学生创造沉浸式学习体验[M]．周华杰，等译．北京：中国人民大学出版社，2020：7．

目化学习设计的核心,是贯穿整个项目化学习过程的主线。那什么是驱动性问题呢?驱动性问题和我们的学科问题有什么不一样?为什么学科问题不能直接拿过来做驱动性问题?这也是开展项目化学习中教师们非常关心的问题。

驱动性问题是将比较抽象的、深奥的本质问题或学科问题,转化为特定年龄的学生感兴趣的问题。① 从这一界定可以看出,驱动性问题和学科问题是不一样的。为了调动学生的兴趣,让学生能深入持续探究,教师需要把学生感到枯燥的问题,理解起来有困难、但这个问题或概念又是课程标准中非常重要和关键的内容,转化成驱动性问题,让学生来尝试探索和解决。

首先,驱动性问题是在项目之初呈现给学生,而且在完整项目进程中处于中心地位,持续激发学生不断探索直至完成挑战的问题。所以说,驱动性问题就是整个项目化的核心和主线,好的驱动性问题可以把整个项目化学习的过程串联起来。此外,驱动性问题中蕴含着核心知识和大概念的探究。好的驱动性问题都是学科本质问题和大概念转化而来的,驱动性问题的解决,就意味着学生对本质问题和学科大概念的理解得到了深化。比如,小学数学三角形学习中的问题,“为什么屋顶要设计成一个三角形?”就是一个数学学科问题。而“如何为社区的流浪猫搭建一个小屋?”就是一个跨学科的挑战性问题,也是学生比较感兴趣的问题。学生不再是简单地记忆三角形的特点及面积计算公式,他们还需要创造出自己的作品,例如一个适合流浪猫居住的小木屋。同时,学生在探索过程中也能提升社会调查的能力,培养关爱动物的情感,等等。这些就不仅仅是一个数学学科能解决的问题。

(二) 如何寻找驱动性问题

驱动性问题概括起来主要有以下几个来源:

---

① 夏雪梅.项目化学习设计:学习素养视角下的国际与本土实践[M].北京:教育科学出版社,2018:56.

1. 真实世界的中的问题。如：上海在实施垃圾分类，相应地，如何才能减少生活中垃圾的产生？如何促进社区做好垃圾分类和回收？如何为学校设计一个既安全、美观，又能够准确、快速检测进出校门人员体温的体温检测移动房？面对突如其来的疫情带来的心理困扰，如何调节好情绪？

2. 学生的经验和兴趣。如：我们怎样才能让模型车跑得尽可能快？如何利用身边材料设计制作适合儿童的防疫用品呢？我们该如何在资源紧缺和保障生命安全的情况下，让宅家生活变得更精彩呢？

3. 核心知识或大概念。如：围绕“动物如何适应环境才能生存？”这个大概念设计驱动性问题：如果地球即将迎来下一个冰川时期，你认为哪些生物能够生存下来？围绕“生态及环境是如何影响生物的？”这个大概念，设计驱动性问题：小鸟不安家，我们该怎么办？

（三）驱动性问题设计常见的四种思路

思路一：哲学或有争议的问题探索

复杂的、有各种可能的答案的有争议的问题，需要复杂、严谨的思考，还有相应的学生产品（如评判标准、方案）。关键词是“要不要”“应不应该”等，如：

我们有权将动物关到笼子里吗？

蜘蛛应该被消灭吗？

机器人是朋友还是敌人？

什么是健康的生活习惯？

思路二：产品导向问题

有明确的想要学生最终呈现的产品样态，学生通过探究，可以设计出不同的针对问题解决的产品。常见形式是“如何……”“怎样……”等，如：

我们如何为校园的留鸟设计一个适宜的鸟窝？

我们怎样才能设计一个将学校大楼屋顶沟槽里的水运到花园的管道系统？

我们如何设计出满足客户需求的小房子?

思路三:角色扮演问题

让学生扮演一个角色,给他们一个真实情境中的问题来解决。常见形式是“作为……我们如何……”“如果你是……你将……”等,如:

作为市场分析师,我们如何帮助当地企业赚到更多的钱?

作为运动教练,我们如何才能制订一个锻炼方案,能吸引学生们锻炼并坚持下去?

作为翻译家,我们如何才能让国外的幼儿绘本也适合国内的幼儿阅读?

如果你是一名城市规划师,你将如何规划所在的城市,使之吸引更多的企业?

思路四:方法探究型问题

面临某种困境,需要学生通过探究找到相应的解决方案,常见形式是“如何”“怎么”等,如:如何减少社区的犯罪率?如何让同学在学校门口的出行更加安全?

综合相关文献和研究成果,驱动性问题的设计可以从“问题的内容和提问方式”[①]两方面来思考。内容设计方面,驱动性问题是开放、跨学科、复杂性的问题;从提问方式看,经常用“如何……?”“怎么……?”“怎样……?”“作为……,我们如何……?”“要不要……”“应不应该……”等来提问(见图5-1)。

(四)驱动性问题设计中的常见问题及优化策略

综合来看,好的驱动性问题一般要满足三个基本条件:吸引学生、开放性、契合学习目标。实践中教师设计的驱动性问题如果不符合这三个条件,就会出现各种问题。

---

① 徐佳嘉,刘徽.如何让“真实”更真实:论项目化学习中的真实性设计[J].上海教育,2022(2):60—63.

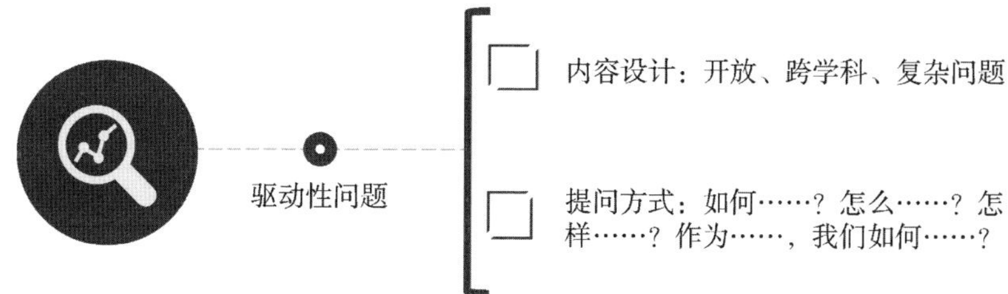

图 5-1　驱动性问题设计框架

1. 问题太学科化，不能吸引学生

比如，三角形在生活中有哪些应用？这个问题就不是一个好的驱动问题，比较书面化，很像学生日常做的考试题，同教材中的问题高度相似。

2. 问题不具有复杂性和挑战性

我们城市里种了哪些树？这个问题或许能吸引学生，但问题本身不包含高阶思维、核心知识或概念，学生通过网络工具即可查到，答案是确定的。整体看不是一个好的驱动性问题。

3. 问题不契合学习目标

生态系统如何保持平衡？这个问题能吸引学生，是开放性问题，但从契合学习目标的角度看，问题太过宏观，学生无法利用项目时间内积累的知识解决问题。现实中，经常会出现这些情况，有些问题很有挑战、很复杂，但可能内容过于宽泛，学生容易感到困惑而无从下手；而有些问题学生是很感兴趣，但由于问题设计得过于简单，又很难满足课程的要求。因此，教师设计一个好的驱动性问题，要在学科课程要求与真实任务之间找到平衡点。

另外，在设计驱动性问题时，教师需要考虑学生的年龄特点，要针对不同年级的学生，组织不同学科内容来设计具有挑战性的问题。同样的话题，如“垃圾分类”，只需要修改问题中的侧重点，就可以适用于不同年级段的学生。例如，面向小学生的“如何减少生活中垃圾的产生？”的问题，到了六年级，便可以升级成“如何在社区促进垃圾分类和回收？”，到了高中，可以升级成“如何帮助社区拟定环境保护的规章制度进而提升群众垃圾分类的意识?”。

根据我们的实践和观察,实施过项目化学习的种子教师都会遇到这些难题:“我设计的驱动性问题到底是不是一个好的问题?”“我能大致判断一个驱动性问题的好坏,但找不到优化的方法”。下面我们就结合具体案例分析如何优化驱动性问题。

优化策略1:加入聚焦核心概念的情境

前文已经提到,“三角形在生活中有哪些应用呢?”这个问题比较学科化,不容易激发学生的探究兴趣,而且情境性弱,没有聚焦特定情境。针对这样的问题,优化的策略是:加入聚焦核心概念的情境,可以优化为“如何为社区里的流浪猫搭建一个小屋?”。从“三角形在生活中有哪些应用?”到“如何为社区里的流浪猫搭建一个小屋?”,后者与前者的主要差异就在于加入了聚焦核心概念的情境。因为项目化学习是围绕复杂的、真实的问题开展的持续探究,驱动性问题只要加入情境,问题就变得复杂、真实,或者说问题与学生的真实生活建立了联系。

再比如“如何为校园的候鸟搭建一个合适的鸟窝?”,这就是一个有情境的驱动性问题。有了情境后,一个普遍性问题就变为一个个性化、具体化的问题,这样学生在解决问题的过程中,除了知道基本的流程、知识外,还要具体问题具体分析,需要到校园现场观察、调研、测量,设计方案,动手制作,优化鸟窝等,这样才能吸引候鸟来安家。

优化策略2:加入高阶认知

“在公共场所要遵守哪些规则?”这个驱动问题就是典型的信息收集类的封闭式问题,只需要低阶认知,不具备持续探究性。实践中教师受传统教学和考试的影响,经常会设计这样的驱动性问题。针对这样的情况,我们要提高驱动问题的思维水平,从低阶思维升级到高阶思维。可以借鉴布鲁姆的教育目标分类,认知领域的学习目标,从记忆、理解、应用、分析、评价到创造。每个水平又包含很多具体的动词,其中分析、评价、创造就属于高阶认知。

除了布鲁姆的教育目标分类工具，马扎诺学习维度分类框架也是教师们可以用的一个问题升级工具。我们设计的问题要至少包含一个以上的高阶认知策略，如调研、创见、实验、决策和系统分析等。在公共场所要遵守哪些规则？可以把这个驱动性问题改为“如何做好宣传，让小学生更好地遵守公共场所的规则”。围绕这个问题，学生需要完成三个任务：一是了解小学生经常去哪些公共场所，这些公共场所要遵守哪些规则；二是要调查并分析小学生在公共场所遵守规则的情况；三是要优化宣传方案，并做好宣传让小学生更好地遵守公共场所规则。这些任务中就包含了多种高阶认知策略，如调研、创见、系统分析等。

优化策略3：将任务与职业或生活建立联系

“驱动性问题要让学生感受到问题情境和自己之间的关联，将问题转化为自己也想要研究的问题。”①生态系统如何保持平衡？历史建筑物是否应该被保护？这两个问题的共性问题是与学生的生活不直接相关，而且问题比较宏大，不太适合低段学生。

原始驱动性问题和这两个解决方案，最大的区别在于，后者将任务与职业或学生的生活及社区建立联系，允许学生采取行动解决问题。这样就把一个宽泛的问题变成一个可以在有限时间内完成的问题，更重要的是增强了问题的真实性以及与学生生活的关联（见图5-2）。

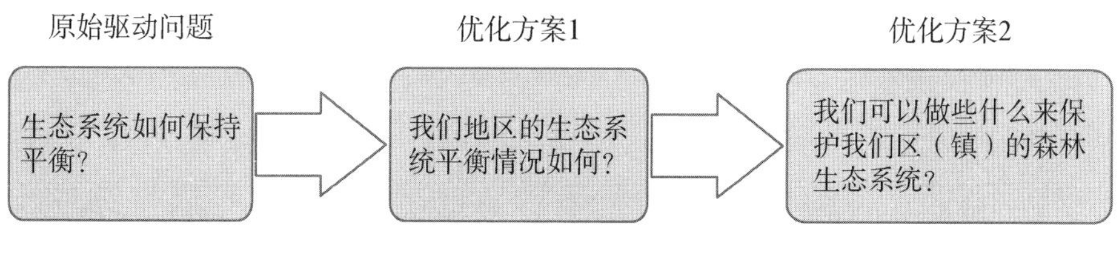

图5-2　驱动性问题的两次优化

① 夏雪梅.项目化学习质量评估：基于中国情境的建构[M].北京：教育科学出版社，2024：160.

【实践案例6】

“节电小家长”项目驱动性问题的三次设计①

数学学科项目“节电小家长”围绕沪教版五年级上册“综合实践”领域《小数应用——水电天然气费用》进行教学，其中整合了小学数学统计初步单元中内容。开展指向数据意识培养的项目化学习活动，让学生在项目活动中经历收集、整理和表达数据的过程，体会统计的价值，形成数据意识。

“节电小家长”是一个融合于学科核心概念的数学微项目。此项目一共实践过五年级4个班级。在入项活动中，利用12月份电费贵这一真实情境引发学生强烈的探究欲望，但是由于驱动性问题的设计与问题链的分解遇到了困难，导致前两次的项目实践暴露了较大问题。借助前两次的经验，及时对驱动性问题的设计与问题链的分解进行重新设计，才将“节电小家长”这一项目顺利完成。这足以说明驱动性问题对于项目的重要性，好的驱动性问题能为学生提供学习如何解决复杂问题的机会，并能激发学生对已学知识、生活体验与当前学习内容之间的意义联结。驱动性问题支撑着项目学习的持续深入进行，学生在有趣且有挑战性问题的引领下实现对数学概念的充分理解，在观察、合作实践中经历数学知识生成的过程(见图5-3)。

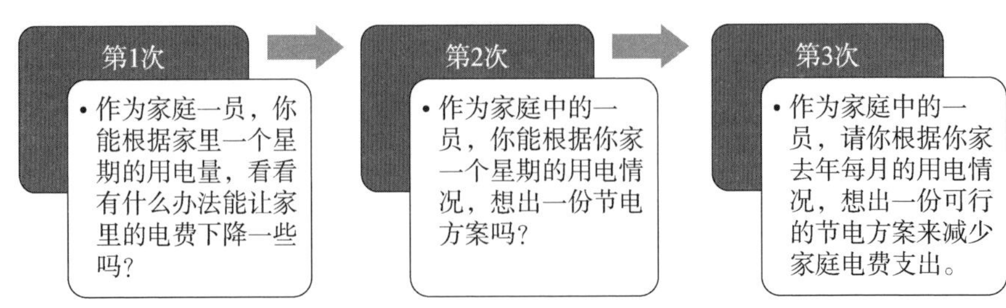

图5-3　驱动性问题3次修改

① 本文作者：徐冬孝，上海市浦东新区临港外国语小学。

一、"节电小家长"第一次实践

驱动问题： 作为家庭一员，你能根据家里一个星期的用电量，看看有什么办法能让家里的电费下降一些吗？

提问： 你能记录家里一周内每天的用电量吗？

主要问题： 学生确实根据分解的子问题记录家里一周每天的用电量，并且比较严谨，在每天固定的时间查抄电表，真实地收集了一周的用电量。并且结合统计知识，采用了统计表或条形统计图两种统计工具进行数据收集，初步了解到家庭每天的用电量情况。但是没有达到预期的效果，单个用电量数据蕴藏的信息较少，无法凸显出家庭用电情况中的其他信息，并且每一天的用电量都差不多，从这一组数据中没办法有效分析家庭整体的用电情况，导致无法有效推进之后的探究活动(见图 5－4)。根据以上这些主要问题，我对驱动性问题进行了适当调整，进行了第二次的实践。

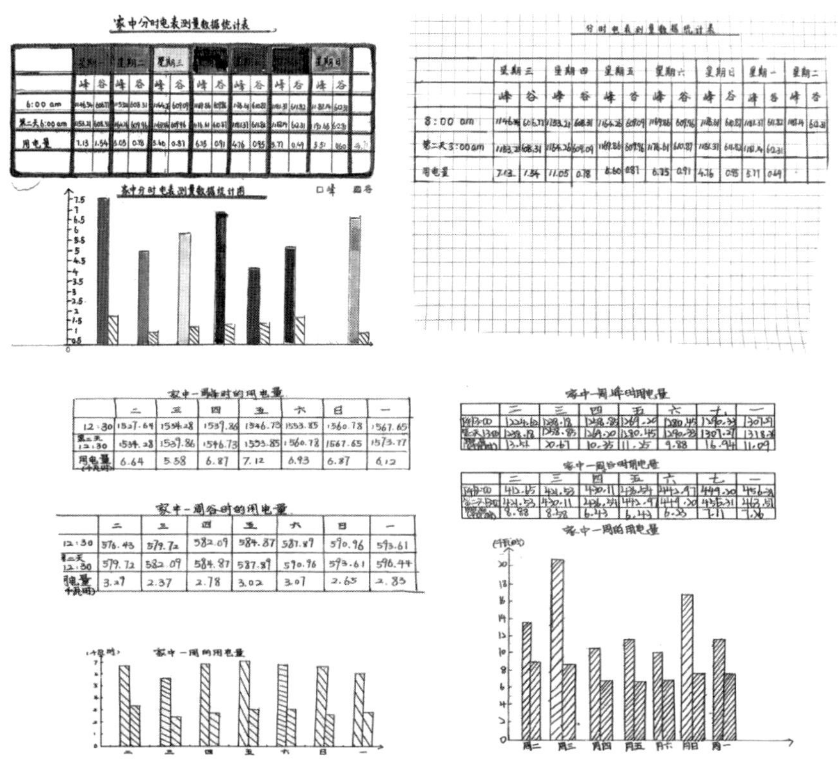

图 5－4　学生第一次实践中收集的数据

二、“节电小家长”第二次实践

驱动问题： 作为家庭中的一员，你能根据你家一个星期的用电情况，想出一份节电方案吗？

提问： 你能用自己的方式记录家里一周的用电情况吗？

主要问题： 第二次驱动性问题的设计主要改动是由记录每天的用电量变为记录一个星期的用电情况。之前由于用电量单个数值的限制，导致信息太少。用电情况中包括电费、用电量、用电时长、多种电器功率等内容。第二次实践中，学生收集到的信息会更加丰富，预期能从中找到有用信息。但是实际上学生更多的是以绘画这种方式去记录用电时长等信息，虽然学生的记录方式更加丰富，但是都没办法从一周的用电情况中找到有用信息，信息准确性与真实性不够（见图 5－5）。

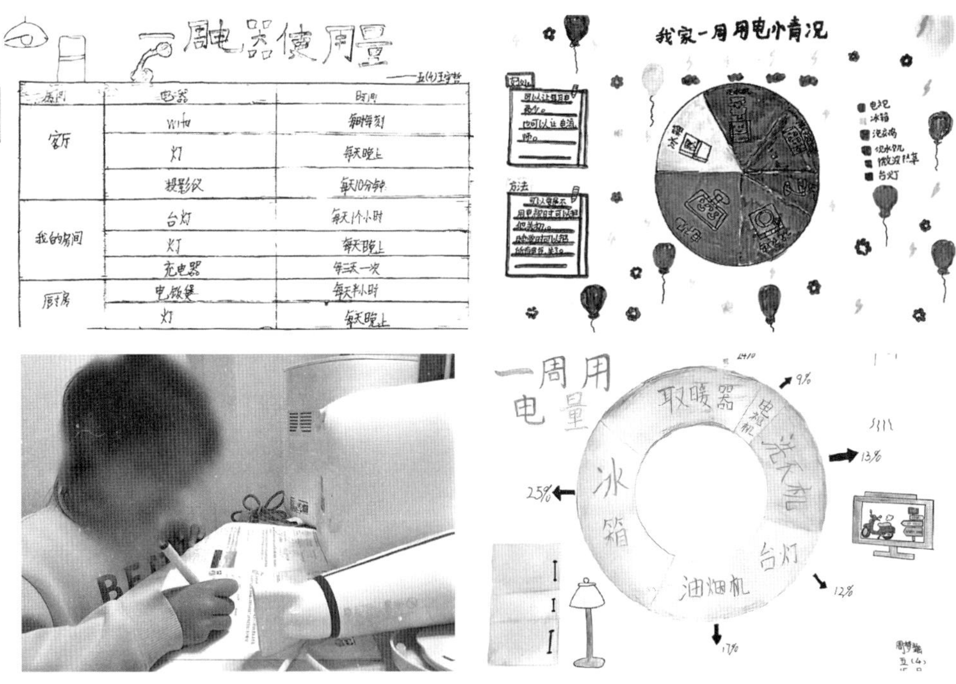

图 5－5　学生第二次实践中收集的数据

三、"水到渠成"的第三次实践

在前两次实践的碰壁下,"驱动问题不够挑战,分解的子问题链无法有效推进项目实施"等问题浮出水面。根据这些失败经验,项目团队成员一起研究,并在专家指导下确定了一个较为合适的驱动性问题:"作为家庭中的一员,请你根据你家去年每月的用电情况,想出一份可行的节电方案来减少家庭电费支出。"也正是前两次的失败让驱动性问题更加合理,项目推进也更加顺利。

在驱动问题分解过程中,可以将子问题设置得更加开放些,比如子问题1:你们家去年每个月的用电量是多少? 每个月的电费是多少? 用你的方式把它记录下来,并说说哪个月用电量最多,为什么? 这里的问题分解过于细致,导致学生活动受限,未能发挥小组为单位的主观能动性。特别是对于五年级学生,同伴之间的合作、交流、分析、创见、决策等活动对于核心素养的发展尤为重要。

【实践案例7】

驱动性问题的设计与修正

——以"拜托了,冰箱!"项目实践为例①

项目化学习的学习方式能够显著提高学生的学习动机,提高他们的自主学习能力,帮助学生发展解决问题能力、批判性思维和创新能力。对于青年教师来说,如何设计好一个项目化学习方案尤其是驱动性问题是极其重要的。对项目化学习中驱动性问题的设计方法进行研究不仅有助于他们理解项目化学习的理论基础和实施策略,而且能够增强他们创新教学的能力,使他们能够设计出既吸引学生兴趣又符合教学目标的学习项目。

一、项目背景

冰箱里的物品如何合理收纳,是许多家庭都遇到过的实际问题。在疫情的背景下,"拜托了,冰箱!"项目应运而生,目的是利用居家学习的机会,

---

① 本文作者:张依然,上海市浦东新区御桥小学。

激发学生对学习的兴趣,并提高他们解决实际问题的能力。项目以学生日常生活中的一个普通物品——冰箱为研究对象,将劳动实践和数学知识融合到一起,旨在让孩子们用数学的眼光看待家务劳动,用数学的知识让冰箱的收纳更加合理。学生在这个项目中需要经历的学习历程如图 5-6 所示。

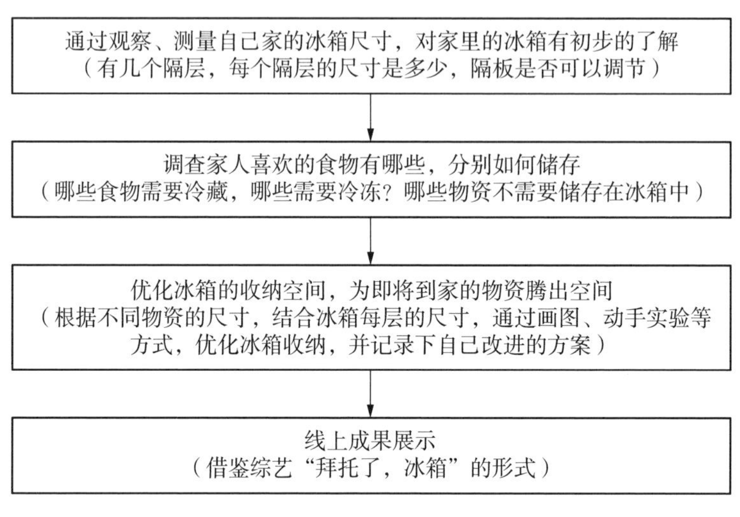

图 5-6 “拜托了,冰箱!”学生学习历程

二、驱动性问题的确立

在确立了项目背景后,“拜托了,冰箱!”的项目初稿很快就有了一些眉目。但因为我对项目化学习的前期了解不是很充分,所以遇到了这样那样的问题,首先就是驱动性问题到底要如何设立?

我在查阅资料的过程中参考了“太空探索家”项目,在这个项目中,入项活动是在一节阅读课的时候,创设了一个天外来客的虚拟情境,吸引孩子们对太空探索的兴趣。

于是我设计了一个遇到冰箱困境的小御同学,写信向孩子们求助,让孩子们帮他解决冰箱放不下的难题:

“咚咚咚……”小御同学家里响起了敲门声,原来是居委会送来了疫情保供物资，有青菜、黄瓜、土豆、番茄，还有2斤猪肉。看到了这么多新鲜的食材，小御一家却皱起了眉头……原来，小御同学家的冰箱已经塞得满满当当，眼看着天气一天天变暖，新鲜食材没有地方放，小御同学发来了求助信：

拜托了，冰箱！

亲爱的同学们：

我是小御同学，我已经居家隔离两个多月了，这两个月里我非常想念学校的老师们和同学们。

最近我家里遇到了一个难题，因为担心家里没有吃的，妈妈参加了许多社区团购，爸爸在网上抢到了许多菜，冰箱很快就装满了。就在这时，居委会又送来了物资，可是冰箱已经放不下了……

小朋友们，你们有什么冰箱收纳的好方法吗？我想帮爸爸妈妈把冰箱收纳得更整洁，你们能帮帮我吗？

在后续项目设计的过程中，这个驱动性问题的错误逐渐显现。原定问题是帮助小御同学整理冰箱，而我需要驱动孩子们整理自己家的冰箱。驱动性问题到底要如何设立呢？

我将我的困境反映给了学校项目化负责人老师，希望可以得到一些修改意见。学校很重视青年教师遇到的困难，把教师在项目化学习进程中碰到的问题及时进行汇总，将困惑反馈给市、区专家团队，请专家来校组织全员培训，并针对个别化的问题进行一对一的指导解惑。我有幸得到了上海学习素养课程研究所所长夏雪梅博士的指导，夏博士首先以“敦煌画师”的项目为例，为我们介绍了项目化学习的许多核心内容，让我对项目化学习的设计有了更加细致的了解。接下来，在个别指导我的项目时，夏博士一针见血地指出了我对驱动性问题设立的理解偏差——犯了一个数学教师很容易犯的错误，驱动性问题不应该是一个“应用题”，而应该是一个真实存在的问题。虽然在“太空探索家”中，入项活动的情境是教师设计的、虚拟的，但是却与学生的生活息息相关，具有真实性。驱动性问题是：

人口快速增长，地球资源短缺，环境污染问题日趋严重。在未来的某一天，当地球已经不再适宜人类生存，你作为星际探索先锋，将如何在太阳系中探索最适宜人类居住的新家园呢？

让我们一起跨越时空，遨游太空！超越梦想吧！

根据夏博士的指导意见，我对驱动性问题做了如下修改：

面对上海时而反复的疫情，封闭管理两月后，许多人家都会选择在冰箱里囤菜。每个人喜欢的食物都不相同，怎么样合理规划冰箱的空间，才能使冰箱在能够容纳全家人喜欢吃的食物的同时，有一定的空间放置紧急应对物资呢？

修改过后，驱动性问题有了现实意义，让孩子们能够根据自己家冰箱的实际情况进行实践研究，项目设计顺利推进。

三、子问题链的修正

驱动性问题设计完成后，教师需要预设项目的子问题链。在子问题链的设计初期，我将重心放在了跨学科核心知识与能力上。以下是我根据项目相关知识设计的第一版子问题链：

表 5－1　子问题链设计（修改前）

子问题 1：	我家的冰箱有多大？
子问题 2：	生活中常见的食物应该如何储存？
子问题 3：	怎样才能为即将到来的物资腾出空间？

夏雪梅博士指出，子问题链的初步设定存在一定的逻辑问题，三个问题比较分离，没有一条逻辑线将问题串起来，没有先后顺序，子问题链应该是环环相扣的，具有逻辑的严谨性。我根据指导，对子问题链做出了如下修改：

表 5-2　子问题链设计(修改后)

子问题 1:	我家的冰箱现在是怎么摆放食物的?(下设冰箱尺寸子问题)
子问题 2:	现在的冰箱空间还可以从哪些方面进行改造?(下设食物储存知识研究)
子问题 3:	如何对现在的冰箱空间进行合理规划?

经过修改后,问题链结构环环相扣,能够反映出解决驱动性问题的先后过程,也能够更好地引导孩子们思考问题、解决问题。

二、如何在线开展项目化学习

《义务教育课程方案和课程标准(2022 年版)》的实施,使双线融合教育呈现不可逆之势。① 新冠疫情期间,在"停课不停学"政策引导下,全国各级各类教育快速构建起居家在线学习系统,上海市中小学生全面开启在线教育。在线上教学期间,除了日常的教学之外,仍然有一些学校和教师克服重重困难,结合实际情况,因地制宜,开展了云端项目化学习。在此期间,教师是如何克服困难,如何组织学生开展项目合作探究?学生在学习及成长中遇到了哪些挑战?教师又是如何引导他们应对?这些都非常值得深入探讨。特殊时期项目化学习实验校教师迸发的实践智慧和教学勇气对今后双线融合教育如何开展非常具有启发性和借鉴性。

【实践案例 8】

让云端项目化绽放独特光芒

——以"玩具发明家——治愈系解压小神器"项目为例②

项目化学习以培养学生创造性问题解决的能力为导向,聚焦学生学习方式的变革。而素养视角下的项目化学习重在育人方式的变革,更关注学

① 马晓娜.线上学习的挑战与应对:儿童视角探微[J].上海教育科研,2021(4):89—92.

② 本文作者:蔡红婷,上海市浦东新区明珠临港小学。

生能基于对挑战性问题的思考开展主动学习知识的过程,关注学生对概念的深度理解,关注学生对新知识学习和解决问题的同时进行。

为落实《上海市义务教育项目化学习三年行动计划(2020—2022年)》,全面开展项目化学习研究与实践活动,明珠临港小学在校长室的指导下,全员学习,领衔教师团队精心设计,全体教师分组同时尝试开展实践,青年教师边学边行、学研结合,以问题解决为导向,让项目化学习的方式真正发生,让项目化学习的思维真实实践。

我们开展"玩具发明家——有趣的棋类游戏""留住春天""果味悠长"等活动项目,"图书馆的设计与优化""漫步七彩桥""科学童话探索"等学科项目,每一次大胆的尝试和挑战,都让我们稳步走进项目化学习,感受项目化学习带给教师和学生的无穷能量。也正是因为这一次次不断的尝试和后期的思考,让我们更加关注、更深体会到项目化学习所强调的重中之重:学生经历真实探究,经历像专家一样思考和实践的过程,从而对问题产生更新的理解和学习。

突如其来的疫情将所有人都封锁家中,线上教学的再度开启,给我们的实践带来了更大的挑战。如何克服线上开展项目实践的现实困难,如何引导学生在居家学习中找到更适合的学习途径和探索方法……虽然很难,但我们不停滞。

一、结合实际,确定项目主题和内容

经过一段时间的努力,上海在新冠疫情防控方面取得了积极的成效,这是令所有居住在上海的市民非常振奋和开心的事情。但是在居家期间,学生要调整状态重新面临线上学习,生活圈一下子变得狭小,业余生活相对单一,见不到小伙伴,甚至见不到在外支援抗疫的爸爸妈妈,不免有些焦虑和不适应。为了缓解防疫居家期间产生的各种不安的小情绪,丰富学生的文化生活,增强家庭生活幸福感,我校开展了本次项目化学习。

项目以设计一款解压小神器为任务，结合心理健康方面的常识，带动学生自主学习查找、整理、统计资料以及设计制作，培养学生的应用能力，主动缓解压力、热爱生活的美好情操。主要的项目内容就是：利用家庭现有资源、材料，设计制作一款解压小神器（可以是玩具、游戏等），并和小伙伴在线交流。

二、缜密思考，精心策划项目前期内容和方向

线上开展活动不同于线上，教师无法和学生直接面对面交流，因此在开展前，我们做的第一项准备工作就是在学校公众号上发布公微，号召学生们积极参与此次项目化学习活动。内容简单明朗，充满趣味性，起到了调动学生积极性的作用。

第二，成立项目工作组（微信平台），沟通、研讨项目开展的具体相关事宜。线上开展活动有挑战，为了更好地开展，每次线上课之前我们都会在工作组内进行细致和深入的研讨，确定每次课程内容和方向。

第三，在钉钉上建立低年级群和高年级群组，每个群内配备四位教师，其中一位是班主任，主导线上课程的开展及反馈，两位青年教师全程跟踪，主要负责课后整理学生的发言内容和提出的问题等。考虑到空中课堂上课期间，学生的时间和精力有限，因此，我们将线上课堂开展时间定为每周六下午一点，时间为一个小时到一个半小时。学生准时上线，参与互动。

三、聚焦问题，不断实践，深入推进项目研究过程

（一）模拟在前，开启入项课堂

一切就绪，如何开展入项课呢？担心孩子们的想法过于拘谨，也担心孩子们的想法太天马行空，导致研究方向跑偏……于是，工作组的教师们模拟线上课，在工作群中展开讨论，围绕驱动性问题“我们能不能利用家庭现有资源、材料，设计制作一款解压小神器（可以是玩具、游戏等）？”进行思维风暴。要想设计出一款这样的作品，需要从哪些方面开始着手研究、探索呢？

工作组的教师们站在学生的角度,提出了很多想法。

在上课前,我们给学生布置第一次任务单,让学生进行充分的思考准备。在开展入项课时,引导学生围绕项目第一期任务单提出自己的想法和思考。

我们都知道,入项课非常关键,学生思考问题的方向五花八门,因此在这节课的互动过程中,教师们要及时抓住学生的思考点,及时给予反馈。课后,我们将每一位学生的发言进行整理,将学生的思考、问题等罗列成表格,并进行整理和分类,为下节课做好准备。

(二)思维风暴,探索问题脉络

线下不同于线上,所预设的内容可能会不符合学生实际,当我们整理清楚学生的交流情况后,问题出现了。低年级学生因年龄较小,对于“治愈、解压”这样的字眼可能没有深入的感知,无法深度挖掘心理学方面的知识,更多的是关注到亲子游戏。既然他们侧重研究这个内容,我们课后便及时交流,临时调整了低年级的研究方向,确定适合低年级学生探究的主题:学生自主开展调查,整理、统计、分析调查结果,设计一项有趣的亲子游戏,以达到增进亲子关系,促进家庭和谐,同时达到培养学生发现、分析、解决问题的目的。高年级则遵循学生成长规律,结合心理健康方面的常识,继续按照原设计进行探索,即设计一款解压小神器。

调整、整理后,我们将结果发至学生群中,并布置第二次线上任务——根据整理结果讨论确定问题链。

第二次研讨活动,主要是引导学生根据教师整理出来的内容进一步思考,汇总出问题链。引导时我们逐类分析,比如:大家提出了好玩的玩具或者游戏,还提到了调查,实际上就是需要解决一个什么问题呢?学生回答:调查爱好/通过调查了解哪种类型受喜欢/为什么好玩等。实际上,这就引出了子问题:比较受欢迎的亲子游戏有哪些?再比如:缓解压力的一般方法有哪些?怎么最大限度地深入了解呢?学生回答:上网查/采访同学、心理老师、医生/看书。这就引出了子问题:解压的一般方法有哪些?

线上交流的优势在于即时性,教师要用直接、简洁和组织良好的语言来反馈学生的问题,内容越具体越好,学生能一目了然,能抓住重点。这样激烈的讨论后,问题链基本也就确定了,问题链的确定意味着整个活动脉络的基本确定,也让整个活动向前迈了一大步。

低年级问题链:

1. 比较受欢迎的亲子游戏有哪些?

2. 这些亲子游戏具有怎样的特点?受欢迎的理由是什么?

3. 如何利用家庭现有资源、材料为防疫居家生活设计亲子游戏?

4. 你设计的亲子游戏轻松、有趣吗?

高年级问题链:

1. 居家生活会产生哪些压力隐患?解压的一般方法有哪些?

2. 受欢迎的解压小玩具、小游戏有哪些,具有怎样的特点、原理?受欢迎的理由是什么?

3. 尝试对比、查找这些解压小玩具、小游戏是用什么材料、工具制作的。

4. 设计一款解压小神器基本步骤是怎样的?

（三）逐一解问，开展相应活动

高年级的互动中,学生的思考和自主表达,也就是思维的训练和提升比预期的效果还要好。当问题链确定后,我们要针对每一个子问题开展相应的活动,子问题一是:居家生活会产生哪些压力隐患?解压的一般方法有哪些?为了解决子问题一,我们带着学生们思考了活动中需要做的事情。最后,高年级学生认为他们可能需要借助采访单、调查问卷开展调查,还需要咨询专业人员,可能还需要通过网络查找一些相关的资料。然后我们就提供了一张流程图,帮助学生树立时间观念的同时掌握活动进程(见图 5－7)。

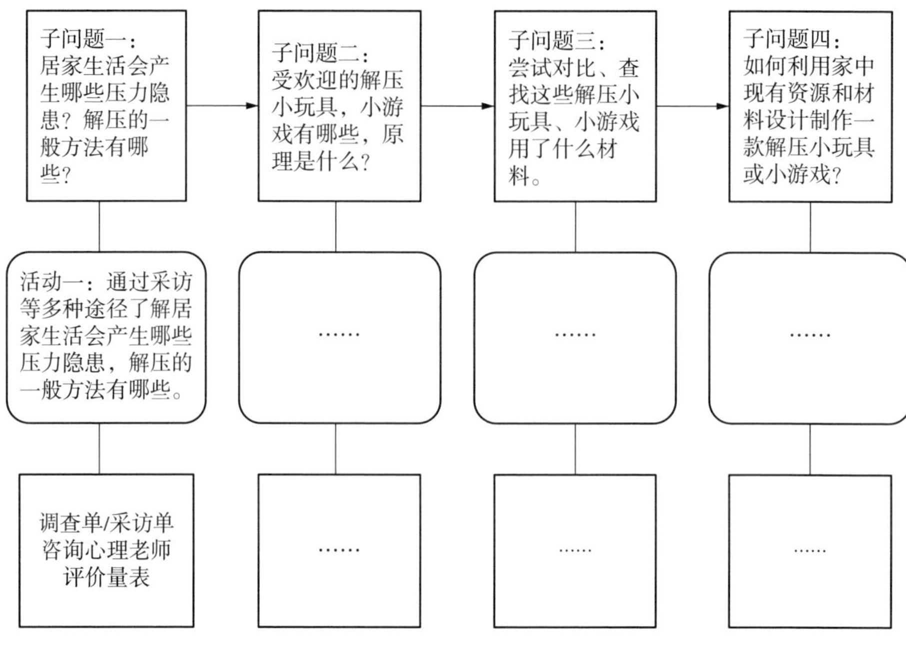

图5-7 “玩具发明家”项目活动流程图

当然,为了给孩子们更多的自主权,我们没有第一时间给他们调查采访单模板,而是希望他们静静思考后自己设计出适合自己的调查采访单和其中的调查问题等内容。欣喜的是,我们收到了多份高年级学生的调查结果,在调查结果中发现孩子们不仅找到了压力的来源,提出了缓解压力的方法,还说明了游戏、玩具是怎样起到解压效果的,简单地解释了其解压的原理等。之后,我们邀请了学校的心理老师,将学生的调查结果以专业的视角进行了梳理和说明,给他们更专业的指导和点评。

四、辅助推进,学习支架贯穿全程

在开展活动时,我们提供了调查采访单的模板,还给出了流程图,这些就是我们为了更好地开展项目研究,给出的必要的学习支架。

除此之外,活动后我们还提供了活动评价表(见表5-3)。如果是线下课的话,评价内容应由学生讨论产生,而这个评价表的内容是由教师定的,学生在这个过程中就受到约束，他们没有经历思考“什么算成功的调查采访”的过程，而教师能够提供的也仅仅是一张表，对学生的自主学习提供的帮助也受限制了。但评价表的作用还是存在的，让学生根据表中内容进行自评或是家长评，既是对学生自己活动结果的一个评判，也对形成更好的阶段成果起到有效的促成作用。

表 5-3　“玩具发明家”项目活动调查采访评价表

评价内容	评价形式	
	自评	家长评
能通过网络搜索、线上采访同伴、咨询专业人员等多种渠道搜集信息、获取资料。	☆☆☆	☆☆☆
能用照片、视频、聊天记录等多种方法记录收集到的信息。	☆☆☆	☆☆☆
能借助调查采访单整理、分析调查结果。	☆☆☆	☆☆☆
能用文字、语音或视频讲解等方式有条理、清晰地表达调查结果。	☆☆☆	☆☆☆

我们都知道，项目化学习是个长周期过程，线上开展活动期间，碎片化的自主探究活动学习环节较多，给活动的进程操控带来了挑战。如何让项目化真正“落地”，成为改变教与学的重要手段，值得我们不停地思考和探索。帮助学生在做中、思维中建立关联，指向核心知识，达到对核心知识的再建构和思维迁移，促进和培育学生的主动学习意识与方法是项目化学习的目标，而我们将持续开展项目化学习，培养最智慧的创造者。

三、项目化学习中如何培养学生的问题解决能力

问题解决中的“问题”不同于常规练习。一方面，“问题”与练习或习题不同；另一方面，“问题”与学生的情境状态有关，问题解决的过程本质是思

维过程①。国际 PISA 测试将问题解决能力界定为:是指个体在真实的、跨学科情境中运用认知过程处理和解决问题的能力,且问题解决方法并非显而易见,所应用的知识范围和覆盖的课程领域并非局限于单一的数学、科学或阅读等学科领域。

国际上问题解决过程模式有多种。如数学教育学家波利亚将数学解题划分为四个阶段:理解问题、拟定方案、执行方案、回顾。在 PISA 评估中,它们将数学问题解决过程模式视为一种“数学化”的基本过程。这一过程包含了五个步骤:(1)从现实中第一个问题开始;(2)识别相关的数学概念,这有助于重新组织问题;(3)剔除现实中不相干的细节,以数学问题来表述真实世界的问题;(4)解答该数学问题;(5)依据原本的真实问题去演绎数学解答方案。新加坡作为一个将数学问题解决作为课程核心的典型国家,在其2000 年修订的《小学数学教学大纲》附录中给出了问题解决的基本模式,它包含理解问题、设计计划(选择策略)、实施计划、反思四个步骤。国内研究者张一旦在《表现性评价应用于数学问题解决的行动研究》中提出的问题解决模式②包含四个阶段:弄清问题、拟定计划、执行计划、回顾与反思。

项目化学习的核心是培养学生创造性解决问题的能力和心智模式。问题解决是指学生经历创造性问题解决的过程,形成富有创意的成果。③ 在项目化学习的问题解决过程中,学生主要经历的是发现问题、分析问题、试探问题和解决问题的过程。④ 在实践中,项目化学习实验校的种

① 王薇.指向中小学生问题解决能力培养的学习活动设计研究[J].基础教育课程,2022(13):52—60.

② 张一旦.表现性评价应用于数学问题解决的行动研究[D].上海:华东师范大学,2018:34—36.

③ 夏雪梅.项目化学习质量评估:基于中国情境的建构[M].北京:教育科学出版社,2024:199—200.

④ 郭家俊.如何在课堂上评价学生的创造性问题解决能力?[J].上海教育,2023(21):46—47.

子教师到底是如何培养学生创造性问题解决能力的？福山外国语小学的季老师和明珠临港小学的鞠老师撰写的两个案例，给了我们非常好的答案和启示。

【实践案例9】

比“干净”更重要

——基于创造性解决问题的劳动教育[①]

从一年级入学时，我们班级遇到了一个最头疼的问题就是“如何保持教室的干净？”。地面时常有纸屑，公共区域很凌乱，即使打扫过后也维持不了多久。我和孩子们在解决让教室变干净的问题上，一起探索着更好的方法。第斯多惠说过：“教育的艺术不在于传授的本领，而在于激励、唤醒和鼓舞。”在教育教学活动中的每一个行为都可以被视为劳动。劳动是最踏实的生活方式，劳动融入生活是最好的传承。因此我把日常每一个行为都看作锻炼劳动能力的契机，从儿童视角出发，开展基于问题解决的劳动任务，和孩子们一起带着观察的眼光、劳动能力和创造性的思维，去创造一个美好的世界。

图书角的管理

我们的邻班是一位经验十足的班主任老师管理的，每次路过她的班级，我都忍不住感叹，她的学生能时刻保持教室的整洁，而走进我们班级，就好像是一块硬币的另一面。一年级开学的第二天，放班结束后，我回到教室，入眼就看到图书角一片狼藉，书本散落在地上和书架上。我在安静的教室里一边整理一边思考：每天替他们整理图书显然是不合适的，那我该怎么做呢？是直接制定一项图书角的管理制度？还是让动手能力强的学生代为整理？整理书架的过程中，能不能也融入一些和数学有关的知识呢？既然心中有一堆疑问，不如和孩子们一起去寻找问题解决的方法吧。

---

① 本文作者：季丹辰，上海市浦东新区福山外国语小学。

第二天晨会课,我向孩子们展示了昨晚图书角的照片,说道:"这是你们昨天离开后的教室,你们觉得怎么样呀?""图书角的书怎么东倒西歪的?"会观察的小陈同学脱口而出。于是我提出了今天需要解决的关键问题:"我们如何更好地管理图书角呢?"有责任心的小夏同学说:"每个人都要把书放好,不能乱扔。""是呀。"我接着孩子们的想法引导着,"首先我们每一个人都要爱护书本,要轻拿轻放,把它们放回原来的位置。你们都去过图书馆对吗? 想想我们还可以怎么办呢?"受到启发的孩子们回想自己在公共图书馆看书的经历,小谢同学立马有了想法:"我们可以找两个管理员把书整理好!""对呀,图书馆都会有几个管理员帮忙整理书本。大家觉得我们班级需要管理员吗?"孩子们点头表示同意,很多人自告奋勇地想担任这个角色。我紧接着问:"成为一名管理员,要知道怎么样整理书本。你们会整理书架吗?"小丁同学说:"大的和大的放一起,小的和小的放一起。"小刘同学说:"颜色一样的放在一起。"小苏同学说:"厚的放一起,薄的放一起。"喜欢看科学类书籍的小李说:"讲恐龙的和讲恐龙的放在一起,讲汽车的和讲汽车的放在一起!"……"小小应聘者们"纷纷表达自己整理图书的经验。我假装吃惊地说:"你们讲的方法不就是我们昨天数学课上学的分类吗! 你们马上就能把学过的知识用到生活中,真了不起了! 那整理图书角用什么方法更合适呢?"

最后在大家举手投票中,我们决定邀请以大小和厚薄两个方法分类的学生担任本周的图书角管理员。果然,周三一整天都是整整齐齐的! 不过只见小苏同学一个人的身影。我看到后没有马上询问,而是在周四早晨进行了又一次的"复盘",孩子们并没有想到两人在管理图书这件事上可以分工合作。我再次引导他们思考:"请你们一起想办法,怎么分工可以更轻松地管理图书角?"周五早上,图书角保持得很整齐,原来两个人进行了分层管理,一人分管一层的书籍。但新问题又出现了! 上层书架的书比较多,图书的进出量大,有孩子提出这样还是存在问题。于是"怎样公平地进行分工合作?”又成了我们的新问题。过了几天,图书角管理员实行了“轮岗制度”,一人负责一个课间的管理。又过了几天,管理员从家里带来了立书夹,书架上的书再也不会东倒西歪了……

开学一周后,图书角变得井井有条。全班一起参与民主讨论,了解了产生凌乱现象背后的原因,孩子们的劳动能力更强了,整理物品的意识提高了;为了更好地解决问题,除了每个人约束好自己的行为,还设立图书管理员,规范管理的制度,优化图书角的工具;等等。每个人都在观察着这个角落的变化,也成了名副其实的图书角“监督员”。每当在教室的其他公共区域,例如卫生角、植物角、讲台、地面中遇到问题时,我们都会用聚焦问题解决的方式去慢慢找到解决方法。

图书角的管理问题来源于校园生活中的一个真实场景,面对刚入学的一年级学生,我们利用学到的数学分类的思想方法(沪教版一年级第一学期第一单元“分一分”),调动了他们关于“整理物品”这一劳动能力的养成,在集体讨论中强化了规则意识,培养学生洞察、分析、实践和反思的学习能力。中共中央、国务院印发的《关于全面加强新时代大中小学劳动教育的意见》中提到:“劳动教育应该以学生的真实生活为基础,增强内容的针对性和现实性,突出问题导向,正视关注度高、涉及面广的问题,引导学生发现问题、分析问题、解决问题,提升道德理解力和判断力,强化规则、纪律、秩序、诚信、团结合作、冲突解决等教育。”

“观察现象,发现问题”阶段是启动“问题解决”的第一步,一年级的儿童在心理发展上自我意识强,不容易看到自己或是班级存在的问题,需要教师去引导他们观察现实生活;“讨论原因,研究办法”阶段要启发儿童积极参与讨论,多问“为什么”和“怎么办”,分析现象背后的原因是什么,从而提出一些可行的措施和解决方案;“实践操作,展示成果”阶段是实践和验证方案可行性的过程,在这个环节,教师可以调动儿童学科知识能力,培养劳动的技能,加强对于规则的思考;“评价反馈,分析效果”阶段是对方案合理性的评

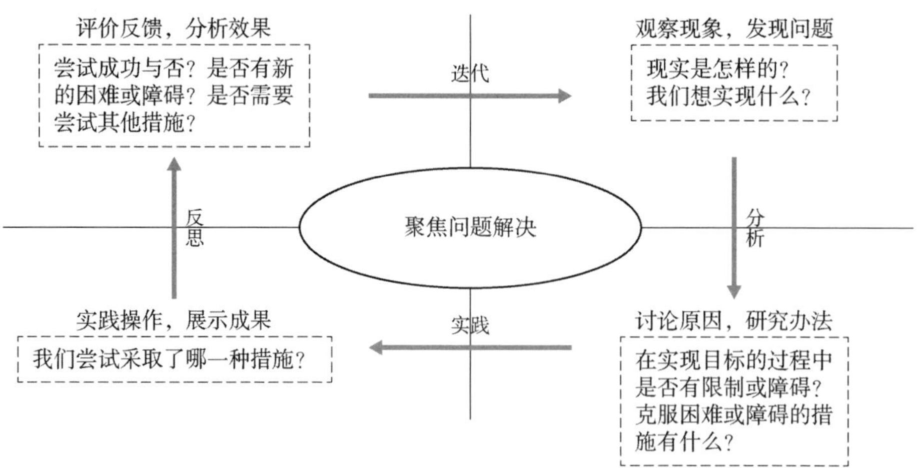

图 5-8　聚焦问题解决的教育方式

价,反思是否有新的问题,继续进行优化和迭代。

这种聚焦问题解决的教育方式需要经历真正的思考、实践、讨论,还要有允许试错的机会,劳动的心理认同感会在实践中慢慢积累,需要时间等待孩子的成长。我们班级在第一个学期中没有拿到过流动红旗。但我想,有些看不见的情愫已经在孩子们的心底生根发芽,已经比这份奖励更加珍贵了。

一面有故事的墙

孩子的天性是自由而奔放的,二年级刚开始,我发现他们又开始慢慢"躁动起来",制造出了不少"人为事件",比如在教室看不见的某面墙壁上就留下小顾同学的"杰作"。

某天课后,有孩子向我反映,坐在靠墙位置的小顾会用铅笔把墙面画出一道道印子。久而久之,墙面有深深浅浅的印痕。此外,教室的墙面也渐渐"变脏"了,有饭后油腻的手印和黑色脚印等等。"我们该怎么修复'受伤的墙面'呢?"这就成了我们班最近的一件"大事"。"肇事者"小顾很羞愧地说:"我会想办法把这些痕迹擦掉。"我一边肯定他知错就改的态度,一边说:"墙面还有很多痕迹需要擦掉，作为班级的一员，大家来一起想办法，看看用什么工具可以完全清洁掉墙面上这些痕迹呢?”小夏说:“重新粉刷墙面不就好了嘛!”向来思维特别严谨的小张提出了反对意见:“如果粉刷的话，油漆味道太重了，会影响我们的身体。”“那可以用洗洁精或什么东西把它擦掉。”小刘提出一个不错的想法。我提示他们道:“你们自然课上是不是学过物质的溶解? 请你们结合今天遇到的问题，周末回家想想办法，看看有什么办法把墙壁恢复原貌，在劳动实验单中记录下来，我们在周一的班会课上一起看看谁的方法最厉害好吗?”

图 5－9、图 5－10 分别为学生进行劳动探究的实验单和学生记录自己的实验过程。

劳动实验单

我们的目标	让墙面上的印痕消失			
我们的方法	序号	劳动工具	过程	实际效果
	1	像皮擦	直接拿像皮擦擦拭铅笔划痕	印子还在
	2	清水、抹布	用干净的布蘸取清水擦	印子还在
	3	盐水、抹布	在清水中放很多盐，变成盐水后用干净的抹布擦	印子还在
	4	84消毒液、抹布	用抹布蘸取清水来擦	印子少量消失
	5	白醋、抹布	用白醋倒一点在清水里，等待几分钟让它们充分混合，再用干净的抹布来擦	印子变淡了，但还不能完全擦干净
	6	厨房油污剂、抹布	用厨房纸直接沾湿抹布来擦	印子明显变淡了，但油污剂的味道有点重
	7	纳米魔术擦	直接拿纳米魔术擦擦墙壁	印子完全消失
我们的结论	用纳米魔术擦是最简单的，使用工具材料最少，但是需要网上购买。家里现成的材料可以用厨房油污剂或者白醋减少痕迹，反复多次擦可以基本擦干净。			
我们的反思	1.除了清洁剂以外，抹布是不是影响了清洁效果? 2.教室的墙面不止铅笔的印子，还有一些油渍，还有水彩笔的印子，不一定纳米魔术擦就能擦干净			

图 5－9　学生进行劳动探究的实验单

一个有温度的教育者，除了正面管教外，还要把这些真实存在的问题变成劳动教育的真实教材。比如清洁工具选什么? 怎么选? 选的标准是什么? 实施效果如何? 鼓励学生记录问题，不断尝试。当墙面变得毫无痕迹，孩子们劳动的成就感油然而生。在解决问题的驱动下，鼓励学生自己去寻

图 5-10　学生记录自己的实验过程

找解决问题的答案,培养问题的探究意识,注重引导学生通过设计、实验、改进等方式巩固劳动知识与技能,获得丰富的劳动体验,从而体会到劳动的价值,培育劳动精神。

现在教室里的这面墙终于擦干净了,而藏在墙面背后的是孩子在劳动过程中闪耀的智慧与成长的收获。

一块受欢迎的黑板擦

新学期伊始,学校更换了新的黑板擦,从原先的海绵擦换成了喷水擦。使用了一段时间后,不出所料地它又坏了。负责擦黑板的同学们再次与新问题相遇,他们反映除了黑板擦容易损坏之外,黑板高处也特别难擦。于是我们以“如何设计一块受欢迎的黑板擦”为题,开启了一场劳动教育为主题的项目化学习活动。

人类史其实就是一部劳动史,劳动是社会发展的基础。这一次,我们就从“以前的人是如何进行劳动的?”这个问题出发,激发学生去了解劳动工具的起源和发展、劳动的内容和方式，在实践中获得生活的能力，体会社会责任，感悟劳动让生活变得更加美好。在设计黑板擦的过程中，他们要充分考虑工具的实用性、材质、黑板的材质和装置问题，最后通过实践操作得到评价。

图 5－11、图 5－12 分别为劳动主题项目化学习活动设计和学生以“竹节虫”为原型设计自动吸附式黑板擦。

项目名称：一块受欢迎的黑板擦
项目时长：2 周
涉及学科：语文、数学、自然、劳技、道法、美术、信息科技
年级：三年级

（一）本质问题
劳动与人类发展的关系
（二）驱动性问题
以前的人是如何劳动的呢？如何创造性解决劳动中遇到的问题？
（三）内容问题(问题链)
1. 以前的人用的是什么劳动工具？
2. 劳动的内容有哪些？
3.和现在相比，劳动的方式发生了什么变化？
4.在日常劳动中，遇到过哪些问题？
5.你会采用哪些方法解决劳动中的问题？
6.你采用的方法达到预期的效果吗？还可以怎样改进？
7.我们为什么要劳动呢？
8.怎样才能让劳动变得方便？
（四）活动过程
1. 阅读：
（1）与“劳动”有关的绘本、文章。
（低年级：绘本《富兰克林是小邋遢》《勤奋宝宝》《阿利的红斗篷》《花婆婆》《超级小厨师》。中高年级：老舍《劳动最有滋味》，巴金《春蚕》、杨硕《荔枝蜜》，吴运铎《劳动的开端》等。）
（2）查找资料：了解以前的人劳动的工具、方式、内容等。
2. 体验：在家里和学校　设立一个劳动的小岗位，坚持劳动的好习惯。
3. 探究：劳动工具、方式、内容变化的原因。
4. 创造：设计一个好用的劳动小工具，让我们教室里的劳动更加方便。

图 5－11　劳动主题项目化学习活动设计

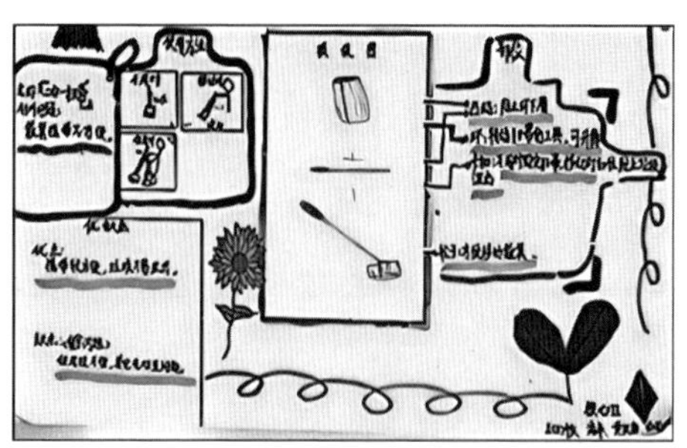

图 5-12　学生以“竹节虫”为原型设计自动吸附式黑板擦

在这个项目过程中,学生调动了语文学科的文本阅读和理解能力、数学学科的计算能力、自然学科的材料使用和物质变化的相关知识、美术的绘画技巧、劳技的动手操作能力等等。劳动与学科智力紧密结合,经历创造性问题解决的过程,让成长变得更加生动鲜活。

做有温度的劳动者

一个凌乱的图书角、一块弄脏的墙面和一块坏掉的黑板擦,在孩子们的智慧下变得焕然一新、井井有条,甚至还有一些“不切实际”的小发明。教育从来不是灌输知识,劳动教育也不只是传授技能。劳动可以蕴含丰富的教育内涵,教师要善于从劳动活动中发掘教育要素,把劳动作为培养学生良好的劳动意识与精神、激发学生热爱生活的情感、发展学生探究与创造能力的教育活动。

(一) 发现劳动的契机: 接纳学生的不完美

上述的三个教育事件都是在班级管理中经常会遇到的问题。我们希望看到的是教室地面干净,桌椅整齐,公共区域的物品摆放整齐……这是基本的班级管理要求。作为教育者,要学会接纳学生的不完美,心中不要留有“教育洁癖”,如果一味告诉学生“应该怎么做”,学生仅仅是劳动能力的习得,没有形成真正的劳动习惯和品质。心中有了认同感,才能思行合一,激发出劳动的精神品质。

科技的发展给生活带来了很多变化,我们生活中出现了像扫地机一样智能化的机器设备,代替了传统的人力劳动。在不同家庭的教养方式下,很多一年级学生的劳动技能是比较薄弱的。所以要抓住每个教育事件背后的契机,比如分析教室“不干净”可能是什么原因造成的。教师通过道德与法治课、劳技课和德育活动来引导学生劳动技能和习惯的养成。在课外的活动中,我们充分让孩子去实践和探索,比如怎样才能把地扫干净?扫不干净的原因是什么?是否要改变扫地的工具?还是多练习扫地的技巧……投入到劳动行列中,我们才会行之力则知愈进,知之深则行愈达。

(二)点燃劳动的热情:培养问题解决能力

在开展劳动教育的过程中,孩子们个个化身解决问题大师。刚开始的第一个学期,我和他们一样渴望被肯定,希望拿到示范班红旗。可是后来,我慢慢感受到“问题”的价值就在于可以充分调动学生的心智去解决问题。

2016年教育部颁布的《中国学生发展核心素养》中,“实践与创新”素养提到了学生应该拥有“善于发现和提出问题,有解决问题的兴趣和热情;能依据特定情境和具体条件,选择制订合理的解决方案;具有在复杂环境中行动的能力”。我们以日常教育中真实情境中的问题为出发点,提出“聚焦问题解决的活动过程”,在解决图书角管理和墙面问题的背后,都是通过启发学生思考和分析问题的过程,增强他们将学科知识运用到解决日常生活问题的能力,多维度地思考问题,进行劳动实践,最后自我反思和优化。在这些日常微观的活动里,充分让孩子经历问题解决的过程,培养思辨能力,激发他们的探究欲望,从而激活劳动的内驱力,主动地进行生产实践活动和智力活动。

(三)传播劳动的创造力:让生活更加美好

在真实的生活环境中,我们把教育事件转化为激发儿童主动劳动的动力,把生活变成教材,把儿童天马行空的创意发挥出来。中国学生发展的六大核心素养中,“实践创新”素养就提出要培养学生的劳动意识,具有改进和创新劳动方式、提高劳动效率的意识。

建立一个民主、平等、和谐的育人氛围,学生的思维才会活跃,才有利于学生创新潜能的迸发。在平时教育教学的过程当中,教师要让自己蹲下来去倾听学生的想法,从儿童的角度考虑问题,到学生中去,引导、鼓励儿童表达观点,勇敢地尝试和实践,引导儿童充分体会到劳动的创造力就是在改变现实的过程中形成的,劳动让这个世界变得更美好。

打破那条"让教室保持干净"的评价标准,把儿童还给儿童,把劳动还给生活,真实地让每个人去体验试错,经历成功,体会劳动带来的最本真的快乐。

【实践案例10】

如何创造性地解决问题

——"班级收纳师之'雨具安放'"的设计实施与思考①

《义务教育课程方案和课程标准(2022年版)》提出了要培育学生正确的价值观、必备品格和关键能力。我从教的项目化学习该如何进行核心素养的教育呢?我想到了培育学生学会创造性地解决问题的能力。

本次学习设计中,我选了"班级收纳师"系列活动中的"雨具安放问题"这一内容。我是这样想的:该内容与孩子们的日常生活息息相关。长久以来学校的处理办法是每个班级走廊放置一个大号水桶用来收纳雨具,常态处理的方法已经习以为常,没有人会想到去破解其中的问题。而且,该问题是孩子们力所能及的,可以通过一系列扎实的研究来实现和验证。更重要的是,解决问题的方式方法有多样性,能够引发学生创造性地解决问题。学生需要经历一次深入、持续的探索,对现象进行观察、分类、分析、决策、动手操作,然后创造性地解决问题,最后验证自己的方案是否有效。这可以是一次完整的项目化学习的过程。

---

① 本文作者:鞠红雅倩,上海市浦东新区明珠临港小学。

为了理清思路，我和往常一样制作了“项目规划流程图”。流程图中有六个活动环节。细细琢磨，哪一个环节更能聚焦学生创造性解决问题的能力？我将课堂展示锁定为活动四——交流设计，提出改进意见。这一活动的主要内容是学生展示并介绍自己的设计草样，集体交流改进的过程。从内容上看，是最容易展示学生解决问题的方法与途径的。

我将本次课堂活动内容分成四部分，分别是“完善设计标准，围绕问题框架交流汇报，反思与改进，如何测评你的设计”。这样的划分是简洁而明快的，没有花费太多的时间考量，完全遵循学生学习过程发展的一般规律。

以下是我们在课堂上的交流、探析，比较充分地展现了学生是如何创造性地解决问题的。

一、完善设计标准

师：同学们好，作为“班级收纳师”，这一次我们又迎来了怎样的任务？四(1)班的班主任陈老师向同学们求助——下雨天，小朋友的雨具总是无处安放，看起来很凌乱，如何才能合理安放雨具，让教室保持一贯的整洁？经过上一次活动，同学们把这个问题分解成了三个子问题(下雨天班级雨具摆放现状是怎样的？造成下雨天班级雨具摆放现状的原因有哪些？哪些整理雨具的方法适合在班级内使用?)。前面两个子问题，同学们都完成得非常完美，也很顺利，我看到了大家的工作都做得很精彩(PPT展示)。

那么第三个子问题，同学们认为，我们应该从四个方面考虑——收纳空间、收纳方法、收纳工具以及如何持久地维护。而且我们还给雨具的收纳效果制定了一个标准，那么经过一周的活动，我想问问大家，这个标准你们有什么需要改进或补充的地方吗？(小组讨论)

生1：我们认为收纳工具这方面的设计可以多功能，一物多用，例如设计一个雨具收纳架，下雨天可以安放雨具，平时还可以收纳文具等。

生2：我们小组觉得每种设计都必须要把安全问题放在首要。

生3:我们实际考察后发现下雨天路滑,凡是雨具存放的空间和工具都应该想办法保持干燥,不然小朋友容易滑倒。

……

师随机将讨论结果记录在雨具收纳效果标准表格里。

分析:为什么不马上开始交流汇报彼此的设计草案,而是要在开始之前完善这个标准呢?

任何设计都需要伴随着一定的标准来产生,需要遵循规则,不是天马行空地随意发挥,同时还利用这个环节回顾了学生所做的工作,以及在工作中的反思与迭代,边做边完善标准,使设计的作品更加符合实际所需。这个标准也将成为最终针对成果评价的重要指标之一,是学生在这类问题解决的项目化学习中的能力反映,伴随整个活动始终,是问题解决类项目化和创设类项目化学习当中针对成果的不可或缺的评价方式之一。

学生不断地完善标准,建立规则,坚持这样做就会形成周到而缜密的思维,做事会越来越顺利。

二、围绕问题框架交流汇报

"雨一直下"小组的设计是将家中废弃的置物架改造成雨具收纳架,优点是轻便、可收纳。为了更直观,两个学生现场演示了一下如何收纳,折叠以后的尺寸刚好可以摆放在教室门的后面,当即获得了一致好评。

根据交流的框架问题,学生们分工阐述遇到了哪些问题以及解决方案。

生1:挂雨伞的横梁我们一开始想用木质的或者金属的,后来发现木质的容易发霉,金属杆我们不知道该怎么固定在架子上,大家讨论了一下我们决定换成结实一点的绳子,我们试了一下可以打结固定。

生2:根据之前的调查统计,班级常用雨具分为三类,长柄雨伞、短柄雨伞、雨衣,如果按照学号摆放,长短不一,很不美观。于是我们想了一个新的方式,就是给雨具分区,上面两排放长柄雨伞,下面两排放短柄雨伞,最底下的一块地方放雨衣，同学们根据自己的雨具种类把它们放在合适的位置，只需要记住所在的位置号码，放学的时候就可以顺利拿取了。（说着两个学生开始演示起来）我拿的是长柄雨伞，前面已经摆满了，所以我要挂在这里，我的雨伞放在5号位置。（这样表演更加立体直观地让大家明白了他们的想法。）

生3：我们发现雨具摆放在上面会有很多水流到地上，周围湿滑很不安全，这也是我们刚才给制作标准新增加这一条的原因。我们只要在下面安装一个大水槽就可以解决这个问题了。

师：我问问大家这个设计的优点有哪些？

学生们纷纷指出：变废为宝，节约材料；收纳方便，不占用空间；使用方法简单，面面俱到……

师随即小结：利用家中已有材料进行改造也是个不错的想法，值得借鉴。

接着开始互动环节。

“你们有什么疑问吗？”

——“请问你们放雨衣的袋子是什么材料？”“我们想用废弃雨衣或者是市场卖鱼那里装鱼的袋子来制作，因为这种材料防水，也是废物利用。”

——“摆放的方法怎么才能让大家都知道？”“这个我们也想到了，我们会制作一个使用说明挂在旁边，并给大家介绍一下具体操作方法。”

学生们跃跃欲试，想要提的问题层出不穷。为了让教学进行下去，我提示大家可以把课堂上来不及提出的问题记在活动记录单上，课后继续讨论，同时记录别人的建议，可以是简写，节省时间。

分析：本组学生在这一环节的表现可圈可点，不但运用了小组合作介绍的方式，还进行了现场演绎，把作品设计的优势展现得淋漓尽致，对于问题的发现和突破也都计划周密。

而我只是坐在孩子们中间仔细倾听，适时地只言片语推波助澜。有一个地方我在心中有所疑问,雨衣使用以后拿到教室里是先晾干再折叠收起还是直接就收到袋子里?这个问题直接关系到他们的设计里面是否需要用防雨袋子来收纳雨衣。这从侧面说明了这一点还需要深入调查实际情况,我在心里嘀咕是否要当堂提出疑问,犹豫再三还是决定先不说,我先记录在我自己的活动记录单上,等到产品投入使用时再由孩子们自己发现这个问题更好。

我也只是这个项目里的一个参与者,我也有我的建议和想法,项目化学习就是这样大家一起边研究边完善,边实践边发现的。

三、对比交流,共同进步

"雨过天晴"小组和"春风化雨"小组都设计了班级平面图,他们各自介绍了设计意图和设计思路以及平面图的分布和标记等,两个小组都认为利用平面图可以找出教室里闲置的空间,还能将规划直观地表示出来,提交给教师的时候一目了然。两个小组找出的闲置空间比较一致,大概有讲台下面、黑板下面的一排格子柜、教室门后、门外走廊等,经过筛选,最终确定教室的讲台下面和门后是最佳位置。一名学生信心满满地说:"这两个位置和前面设计雨具收纳架的两个小组选择的位置竟然一样,侧面验证了该位置结果选定的权威性。"

其中的另一个小组说在调查过程中发现,其实很多小朋友是不懂得折叠雨伞雨衣的方法的,也没有养成习惯,所以他们拍摄了雨具折叠方法的讲解视频,打算在班级播放。

其他小组听完介绍开始提问:

——"你们是怎么找出这些闲置空间的?""我们用一个星期的时间观察教室各个空间位置的使用情况,做了记录。""我们咨询了老师和值日生。""我们用文具盒和衣服模拟雨具在教室里试验过了,还做了详细的记录。"

——"平面图形的绘制方法你们怎么知道的?""我们网上查了资料还询

问了美术老师。”

——“我们认为你们接下来可以结合各个小组的设计，完善平面图，例如把雨具收纳架绘制在平面图里相应的位置，这样更有意义。”“对，我们正打算这么做。”

——“我们有一个建议，就是平面图里面的空间尺寸应该标记出来，这样可以为其他小组在设计制作实物的时候提供数据，避免重复工作。”

——“我们建议雨具折叠的讲解视频配上片头和片尾，还有字幕，这样看起来更正规，可以联系学校，投放在学校的大屏幕，能够起到更大的作用。”

教师再次提醒学生们做好记录。

分析：平面图的设计起初我认为意义不大，单从平面图这个成果的指向来看，看不出是直接解决了实际问题，就只是一个教室的俯视图的呈现而已。然而随着研究的不断推进，我发现学生是经过了一系列的调查、模拟实验、数据分析，最终找出了最佳放置空间还配套拍摄了雨具折叠讲解视频。

经过这次的课堂讨论，又能想到结合每个小组的设计完善平面图，学生在整个活动中反思重构了自身，经历了一次非常有意义的学习体验。与之相对比的是后面汇报的另一个小组，他们用了电脑软件，给教室设计了3D立体效果，从作品的作用来看有异曲同工之妙，显得更高科技一些，然而学生在介绍时非常恳切地说，虽然效果立体直观可以看到教室的更多角度，但是制作过程费时耗力，看了前面的平面图小组，他们觉得似乎并不需要3D效果图，甚至用一些超轻黏土和废弃纸壳制作一个教室效果图也可以啊。

其实早在他们开始之前我就已经想到了这一点，但是学生用何种方式、途径解决问题我们不应该限制，只要方向是对的就不要否定，幸好学生坦诚地面对了问题，说出了心中困惑。看破不说破我认为是项目化学校教师的授课秘诀，耐住性子等待学生自己的发现，孩子们的思维就会更上一层楼，他们至此就会明白能够解决问题的就是好办法，无关科技含量的高低，哪怕失败也是一种收获。

四、管理员岗位的设置

“烟雨蒙蒙”小组为班级设计了雨具管理员的职务。“按照学号,每天两名同学负责这项工作,我们选择了一些比较负责任的同学,第一个学号是主要工作人员,另一个学号是替补,我们做了一张工作细则贴在教室里。”

学生们听了以后都觉得雨具管理员的工作很重要,我顺势问:“你们是怎么想到要设计这样一个岗位的?”学生说:“因为有些同学会不遵守规则,我们认为除了养成自觉折叠摆放雨具的好习惯,还有必要来督促和监督,这样才能长久地维持下去。”

同学们的意见五花八门。

——“为什么只选大家认为负责任的同学来担任? 所有的同学都可以担任啊,这是一种锻炼。”

——“是否可以设置一些奖惩制度,对于遵守规则表现好的,以及一直不听话的同学?”

——“工作认真的雨具管理员也应该给予相应的奖励。”

——“工作细则里面可以结合其他小组的设计补充一些进去。”

我也忍不住问了一个问题:“雨具管理员的工作细则在执行的过程中是否可以根据实际情况修改? 该怎么知道这些工作细则是否合理呢?”一位组员回答道:“我们会在一周以后调查采访班主任和班级同学,搜集意见再修改。”

分析: 这个小组的设计在本次活动中起到了画龙点睛的作用。孩子们充分认识到规则意识在集体中的重要性,而制定规则在多方面锻炼了学生的能力,同时引发了其他同学的深度思考——每个同学都是平等的,都值得被信任,都应该有这样锻炼的机会。从一个岗位的设置引发了德育教育的讨论,大大提升了活动的意义。

结束语

激烈的讨论结束了，学生们汇总了本节课的收获，打算课后具体研究一下这些建议的取舍。至此，本节课接近尾声，学生们初步预想了一下成品制作出来以后投入使用的测评方式，可以采访、意见箱、问卷调查、网络投票……带着满满的收获与憧憬，孩子们一起期待下一个雨天的到来。

纵观整节课，上得比较顺利，超出预期。由此我感到：若想培养学生创造性地解决问题的能力，好的选题很重要，需具有可挖掘的土壤基础；在活动时还需要设计多方位学习支架，帮助学生理清学习思路，并确保在他们需要帮助的时候提供最有效的资源；创造性地解决问题的教学需要不断完善设计标准，这个标准可以使解决问题的目的清晰可见；在学生汇报时需要提供交流框架，围绕问题框架交流汇报的探讨可以让解决问题的过程形成框架便于操作；学生之间交流时还需要小组之间的咨询质疑，公开探讨，形成共识；每一阶段活动过后需要对当时的内容进行归档，后期的管理要明了。

教学是一门有遗憾的艺术，我想到了做3D建模的孩子我应给予多一些的鼓励；学习支架设计得有些复杂，给学生增加了工作量，应该想出办法用多种形式记录日志，不拘泥于单一的表格；课下讨论的时候往往来不及做记录，可以在教室后面的黑板上设置一块问题讨论区，将难点和疑惑贴在上面，供大家集思广益。

总之，每一次的设计与实施都会有一些值得借鉴和留待思考的地方，这正是教师不断钻研下去的动力。

四、项目化学习中如何有效使用学习工具

学习工具的有效使用是项目化学习实施中的关键问题。项目化学习实验校的很多教师开始思考“如何让项目化学习更接地气”①，“如何变讲授者

① 夏雪梅.项目化学习工具：66个工具的实践手册[M].北京：教育科学出版社，2022：1.

为学生学习的引导者和支持者”,努力尝试“让项目化学习真正成为学生的PBL”。那如何引导?如何支持?学习工具就是一个非常好的教学载体和助手。

如今为什么有越来越多的教师教学离不开学习工具?我们仔细研究就会发现,学习工具其实是这一领域的专家经过研究和实践发现的一种行之有效的思维方法,运用这一工具就意味着掌握了一种思维方式,所以说,学习工具是专家思维的凝结,学生运用工具的过程就是理解这一领域内专家思维的过程。① 专家与新手的区别主要有两个,一是专家有一套领域内的概念系统,二是专家解决问题有一套方法和工具。这就是为什么项目化学习要强调关注概念、核心概念的学习,要用学习工具培养学生的思维能力。传统教学主要是学习专家结论,而新课改的理念强调要让学生习得专家思维,像专家一样思考,学习工具的使用就正好可以让这一理念落地。

在我所走进的一些学校,很多教师主动在课堂中探索学习工具的使用,如明珠临港小学的缪老师在“一米阳光”项目中使用了入项探索工具——问题观察清单,闵老师在“细菌现形记”使用了合作探究工具——鱼缸式讨论法,潘老师在“书包减肥记”项目中使用了合作探究工具——六顶思考帽,第六师范学校附属小学的杨老师在“我的游戏我做主”游戏推广环节使用知识与能力建构工具——用户移情图,等等。

【实践案例 11】

欲善其学,必利其器

——创造性问题解决中学习工具的运用②

我校“校园改造家”系列活动项目旨在培养学生创造性问题解决能力,将项目化学习思维融入学校日常活动,引导学生对自己的身边环境做出察

① 夏雪梅.项目化学习工具:66 个工具的实践手册[M].北京:教育科学出版社,2022:3.

② 本文作者:杨婕,上海市第六师范学校附属小学。

觉并尝试改变。无论是项目化学习课堂，或者“校园改造家”系列活动项目，都使校园更有活力，学生也在真实世界的问题探究中找到了问题解决的路径和方法。

以我校“悦动·芳菲时光”活动项目为例，我们在学生的问题解决中提供或寻找了一些学习工具以帮助有效解决问题，其中有一些较为通用的工具，也有一些半结构化的工具。

一、从“追溯问题”中管理项目

“悦动·芳菲时光”产生的背景是：学生们发现不少同学在“课后服务”这一个小时的“自由”时间里表现出些许“不适应”。有的早早地完成作业后无所事事，有的无法长时间地专心学习，还有的坐立不安总是打扰别人。因此，该项目的驱动性问题为：课后服务时，很多同学写完作业显得“无所事事”，你能设计出一个恰当的游戏帮助他们度过安全、有趣、温馨且有意义的课后服务时间吗？

为了丰富课后服务时间的活动内容，我们开展此项目。项目中任务繁多，学生似乎无从下手，如何规划、监控是重要环节。因此，引导学生从问题出发，思考项目进程，明确自身任务，就需要学生重新思考游戏、种类、体验、收获等。经过梳理，我们需要这样一个过程：首先，学生们要充分觉察问题，根据当前情境思考如何解决驱动性问题；从此出发，学生们要思考游戏的概念、意义，以此根据同学们的需求、喜好和条件要求设计游戏；最终选出一个或几个合理的游戏，制作游戏配件，编写游戏规则；再进行宣传和推行，后期还要跟进评价进行不断反思和迭代。

因此，学生能够根据步骤分解问题，形成问题链，引导自己不断思考：

子问题 1：同学们需要什么样的游戏？

子问题 2：如何设计有趣、积极而又安全的好游戏？

子问题 3：如何让别人了解自己的游戏，吸引大家来参与呢？

子问题4:如何保持游戏的吸引力,让同学们获得持续的良好体验?

然而,五年级学生依旧会出现在解决问题的过程中不知下一步该做什么,或者无法理解问题的前后关系等现象。因此我们在驱动性问题和问题链基础上,整体设计了项目时间轴(见图5-13)。项目时间轴是一种整理时间进程和事件的工具。我们和学生共同探讨选取了一些重要节点和关键事件,以加深学生对这一过程的理解深度,并将整个项目化信息可视化呈现。从图中我们可以看出学生对"要做什么"更加明确,能够按照时间轴自主推进项目的实施,为下一步行动提供思考和指引,链接步骤。

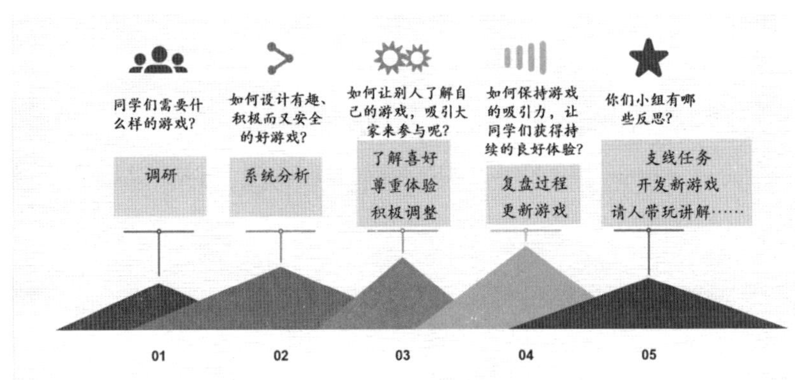

图5-13 "悦动·芳菲时光"项目时间轴工具示例

在这个项目中,学生的创造性体现在对实际中遇到的问题进行分析和创造性解决——对游戏的设计、规则制定、游戏说明设计、推广宣传等。

二、从"系统分析"中组织审辩

那么,如何设计有趣、积极而又安全的好游戏?五年级的学生只能根据自己的调研结果,说出一些关键词或者意见,只是了解了自己心中好游戏的样貌,各小组之间彼此意见无法沟通,互相联系。那如何将这些要素综合分析,权衡利弊,又为己所用呢?我们将要素罗列出来,并引导学生通过一些图例分析因素之间的联系。在本项目中,小小游戏设计师们各抒己见,不仅综合分析了这四组数据，而且在自主探索的过程中发现了这些因素之间的联系，如游戏设计时会考虑到游戏时长、游戏类型、游戏地点、游戏形式等信息。通过分析发现，游戏时长会影响游戏的地点，游戏的地点会影响游戏的形式等，我们可以用下面这个示意图将项目中的影响要素有效组织，得出结论。学生们发现，新奇刺激、时长20—30分钟的益智和体育相结合的游戏是较好的游戏。在这一问题的解决过程中，学生也逐渐掌握了系统看待事物内部要素并进行分析的过程。

三、从“用户需要”中推广成果

在分析了好游戏的特征，初步达成一致意见并设计游戏后，如何让别人了解自己的游戏，吸引大家来参与呢？我们提醒学生：设计了多款创意游戏，可是只有我们五年级学生喜欢还不够，如何让四年级的同学也喜欢我们的游戏呢？我们要制定一个有效的游戏推广方案。如何进行推广，这是让学生们一头雾水的问题。

因此，我们请来市场营销专业人员。学生们在听了市场营销专业人员的讲解后，决定选用6W营销框架，即通过对产品特点、目标群体、时间安排、推广渠道、推广目标、推广方式和监测优化六个方面，针对客户进行营销，这也是营销者思维的一种形式。

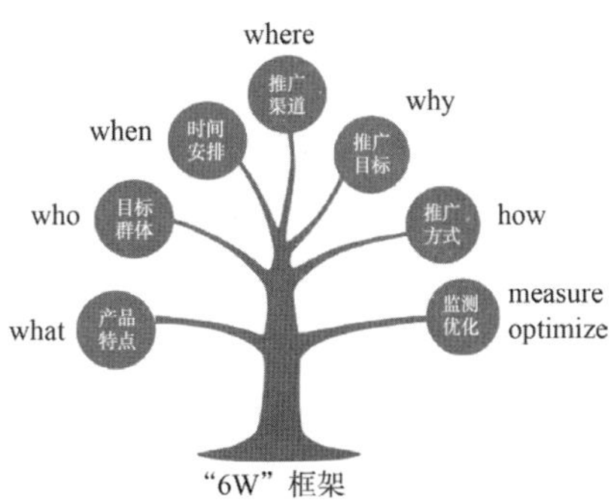

图5-14　“悦动·芳菲时光”市场营销人员为学生介绍“6W”营销框架

学生们通过对这一框架中的要素和那同学们"悦动·芳菲时光"推广部分进行运用,小组讨论有了一些发现:

比如,你会优先选择哪些要素,让推广方案有成效、有特色?大家发现目标群体、产品特点、成本预算等要素较为重要。再如,学生发现推广目标可以自然和目标群体、产品特点等要素融合在一起,因此这一要素不太重要,可以暂时不考虑。结合实际情况,有了自己的分析和思考,学生们在这一过程中,已经能自主选择工具,并调整适用,解决问题。

四、从"设身处地"中沟通合作

学生们发现自己和四年级学生的喜好并不相同,开发游戏又遇到了困难,怎么办呢?由此,学生更想了解目标群体的特点。有的同学提出,可以去询问四年级学生的喜好;有同学认为人数太多,众口难调,很难说清;有的同学发现四年级的同学也没法说清自己的需求,这可怎么办?明确需求,全面分析,"用户移情图"工具可以帮助学生们。

用户移情图是一种深入了解用户需求的可视化工具,它的作用就是创建对用户需求的共同理解,帮助团队做出正确决策。用户移情图让学生作为设计师设身处地站在用户角度,了解用户需求,这也是培养学生同理心的重要途径。

用户移情图将用户放在图中央,通过用户的所见、所说、所做、所听、所想、所感六个部分,进行信息分类。按序思考,抓住痛点,从用户角度思考,是移情的主要内容(见图 5-15)。

首先我们根据之前分好的小组,结合用户移情图及其意义,明确调查问题:四年级学生究竟想要什么样的游戏?

其次,我们需要共情的对象和特征:合作分工观察、采访、体验等获取四年级学生行为、态度和信息。记录所见——进入课后服务环境,记录观察到的情况,同学做了什么。倾听所说——调查询问同学喜欢怎样的游

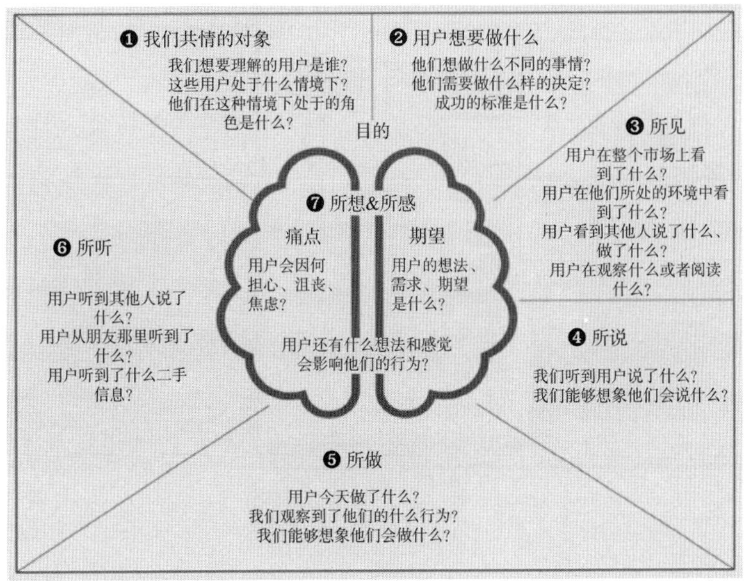

图 5－15　用户移情图

戏，游戏的时长、类型或同伴情况等。发现所做——观察记录和游戏相关的时间中四年级同学所做的活动。交流所想和所感，记录自己和同学的发现。

学生可以绘制用户移情图，中心是四年级学生，圆圈周围按照不同的方面分类，特别是对比“可见”和“需要”，观察到学生在课后服务时间主要是写作业、看书、进行体育活动等，也发现四年级同学更想在课后服务和同伴进行益智和体育运动融合的活动，想要和朋友一起活动，男生和女生想要做的游戏不同等情况，为游戏的选择、展示和实践提供基础。这也帮助学生由表及里理清了信息搜集思路(见图 5－16)。

在搜集数据后综合信息，学生发现四年级同学对新奇的游戏很感兴趣，对旧的游戏几乎不感兴趣。于是发现用户要点/需求聚焦 POV，明确四年级学生需求：喜欢玩新奇的、偏户外的、运动类、刺激的群体类的游戏。那么，学生也自然过渡到发现产品特点。此时，学生发现要让更多四年级同学

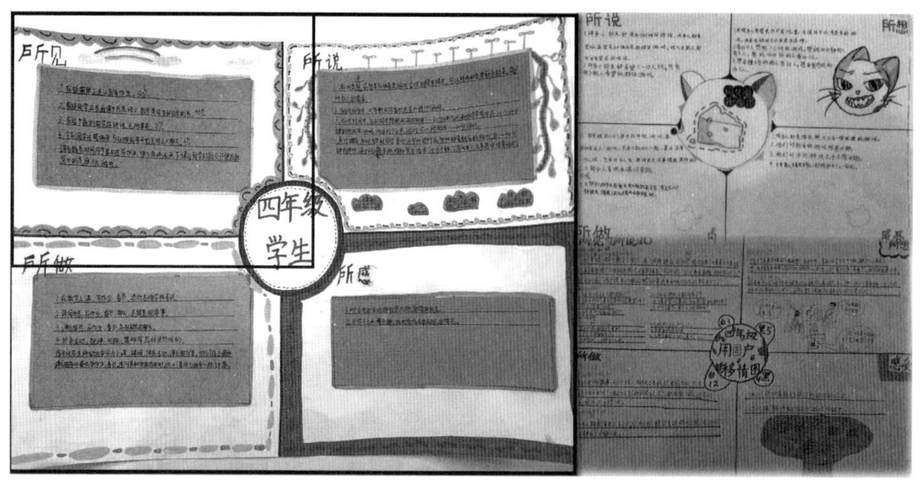

图 5－16　五年级学生制作的用户移情图

喜欢并选择自己小组的游戏,必须把自己游戏的最大亮点凸显出来。小组的游戏产品特/亮点可以是:挑战性、趣味性、合作性、愉悦性、绿色、动脑、活跃、空间。学生制作出了例如“猫和老鼠”等游戏进行推广。

用户移情图在整个“游戏设计”过程中为游戏设计师了解用户需求和特征,全面、多角度思考问题,与组员共同合作探讨提供了策略框架,为其他推广要素提供了调研基础。当游戏试玩时,学生也再次利用这一框架,试图了解用户体验。这一过程中,学生们的创造性思维得到充分发挥和锻炼,创见这一高阶思维品质还有,因为大家需要创造性地提出见解并完成游戏设计。

在进行了几年的项目化学习探索中,我们发现在进行项目化学习设计和实施时,常会遇到一些问题,比如学生没能主动独立思考,推一下动一下,学生的思维打不开、探索不深入、产品没创意,课堂中合作没效率等。我们也发现项目中的“学习工具”是支持学生有效解决问题的重要途径,能够激发教师和学生的探索热情,为学习过程提供支架,有时也会涉及更多问题,将学生引向高阶思维,帮助其形成专家思维,在学习中形成连贯的探究心智。

【实践案例12】

"六顶思考帽"在项目化学习中的应用

——以二年级"书包减肥记"数学学科项目化学习为例①

当谈及教学改革时,项目化学习已成为推动教学方式变革的方式之一。不同于传统的教学方式,它赋予学生主导学习的角色,真正授权他们参与课堂的决策。越来越多的教师开始尝试这种教学模式。然而,我们注意到学生在这一过程中常只关注解决问题本身,而忽略了深入探究知识的重要性,这可能是受传统教学方式的影响而导致的。

为了解决这一问题,教育者们不断学习,吸收各种教学方法和学习工具,培养学生更高层次的思维能力,例如问题解决、决策能力、批判性和创造性思维。在《PBL 项目化学习工具:66 个工具的实践手册》中,我们发现书中的工具能有效地帮助教师解决在项目化学习中的困惑。在本文中,我将以"六顶思考帽"在二年级"书包减肥记"项目化学习中的应用为例,分享我的实践经验和思考。

一、揭秘"六顶思考帽":一场思维的奇妙探索

"六顶思考帽"是由"创新思维学之父"爱德华·德·博诺(Edward de Bono)博士开发的思维训练模式,致力于全面思考问题。这一模型基于"平行思维"理念,避免陷入无休止的争执。比如,想象一座房子,站在不同位置的人看到的房子视角各异。若运用"平行思维",他们轮流观察,整合观点,更易达成共识。这个理念有助于避免片面思考。

在"六顶思考帽"中,六种颜色的帽子代表不同的思考方向(见图 5-17):(1)蓝色帽子代表规划与管理,掌控思考顺序和整个过程的规划;(2)白色帽子象征客观中立,专注于事实和数据;(3)红色帽子代表直觉与感受,表达个人直觉和情感;(4)黄色帽子表示肯定同意,正面看待问题,表达乐观观点;

① 本文作者:潘亦艺,上海市浦东新区明珠临港小学。

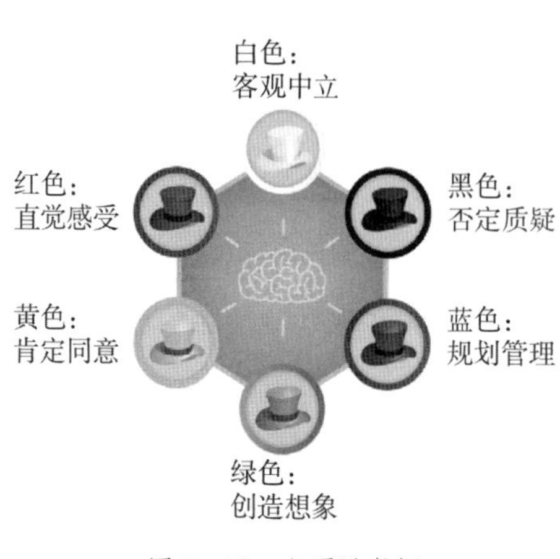

图 5－17　六顶思考帽

(5)黑色帽子代表否定与质疑,用否定和质疑的视角思考;(6)绿色帽子象征创造与想象,提出富有创造性和想象力的观点。

通过对“六顶思考帽”的介绍,我们意识到它在项目化学习中的重要性:这一工具的应用不仅仅是为了让学生掌握思维技巧,更是为了提高他们对问题的全面理解和分析能力。通过六种不同的思考方式,学生们能够更全面地看待问题,并从中获得更深刻的启发。希望这个介绍能够启发更多教师和学生,尝试使用“六顶思考帽”这样的工具,为教学与学习注入更多新颖的元素与活力。

二、为何选它:发现“六顶思考帽”的神奇力量

“书包减肥记”项目源自孩子们在上下学路上观察到的实际问题——他们发现许多同学背书包的方式对身体健康和发育造成了很大的影响,因此决定着手减轻书包的重量。这个问题由学生们自主发现,因此大家都很感兴趣,在入门课程中都积极参与讨论,互相启发。但在第一阶段的实践中,当以小组为单位讨论所选书包减肥对象的原因时,学生们的兴致普遍不高。观察发现,低年级学生在交流评价过程中常出现以下几个特点:(1)有些学生习惯于对他人要求严格,对自己要求宽松,难以做到客观公正;(2)一些学生盲从他人观点,缺乏独立思考;(3)部分学生由于羞于表达,在讨论中参与度较低;(4)少数学生在他人交流时表现出与自己无关的态度,导致关注力分散,依赖班级中极少数同学的发言。

当学生在“书包减肥记”项目的初步实践中显露出对讨论内容兴趣不高

的迹象时,我们开始考虑如何激发他们更多的思维参与。于是,我们转向了"六顶思考帽"这一独特工具。这个模型不仅因其引人注目的色彩,更因为它能够激发学生从多个角度分析问题,提高课堂效率而备受瞩目。这一模型对于解决低年级学生在项目化学习中的问题起到了积极作用。

三、课堂妙用指南:"六顶思考帽"如何助力学生思维飞跃

(一)"六顶思考帽"的亮相

经历了第一轮相对失败的活动交流后,我迅速决定在第二轮班级讨论之前向学生介绍"六顶思考帽",以便在随后的活动中学生能够快速掌握并运用。怎样才能生动又清晰地将这一工具介绍给低年级学生呢?我借用了《羊村学校的月球旅行》这个学生感兴趣且容易理解的视频资料,完整地向学生展示了每个颜色的帽子所代表的含义和用途(见图 5-18)。学生们超乎我的预期,能迅速区分各项帽子,并用不同颜色的帽子针对特定话题进行讨论。

图 5-18 "六顶思考帽"视频资料

(二)"六顶思考帽"的创新

教师在使用这一工具时,可以根据自身需求,对工具进行调整。结合学生课前话题讨论的实践以及本项目第一阶段的目标,我发现孩子们仅需要"六顶思考帽"中的三顶帽子——黄色(肯定同意)、黑色(否定质疑)、绿色(创造想象),白色(客观中立)、蓝色(规划管理)、红色(直觉感受)的帽子可以由教师兼任(见图 5-19)。

图 5-19 "六顶思考帽"的创新性使用

(三)“六顶思考帽”的实践

在阶段成果汇报环节,我将工具用在全班交流中:学生以小组为单位依次上台介绍,其余学生戴上思考帽,每个人按照帽子颜色的要求发表自己的观点;在对不同小组进行评价时,学生可以根据自己的想法更换帽子后发言。鉴于每个小组的人数是4—5人,在正式活动开始前,我为每个小组的学生准备足够数量的三种帽子,确保每个小组的每位学生都能选择一顶不同颜色的帽子(见图5-20)。

图5-20　课堂讨论

在使用过程中,我感到非常惊喜,戴上思考帽的孩子们充满热情,仿佛变身为真正的“思考者”,从不同的角度审视其他小组的汇报。

生1:我想戴上黄色帽子评价,我觉得他们小组使用秤的方法很不错,通过数据呈现更加直观。

生2:我戴上黑色帽子评价,他们在称重时用手扶着书包,可能导致数据出现误差。

生3:我打算戴上黑色和绿色帽子评价,他们小组每个人轮流拎书包的方法不够准确,因为每个人的力气和感受不同。他们可以选一人分别拎不同的书包,这样感受更准确。

生4：我选择戴上黑色帽子，他们是让小朋友背着书包去称重的，但实际读出的数据和调查单上的数据不符，可能是穿着不同的衣服或者孩子每天在成长导致的。在同一天称重可能更准确。

……

这个工具让学生的讨论更有针对性和创造力，同时给予学生足够的课堂汇报安全感和新鲜感。戴着不同颜色帽子的孩子们都积极参与，留下了许多富有创意的思考。在接下来的活动中，我们将继续使用这个工具，每个小组能更好地发现自己方法的优势和不足，以期取长补短，获得更多灵感。

四、跨学科应用："六顶思考帽"的别样魅力

有了这次成功的实践后，我愈发感受到"六顶思考帽"的魅力。本项目中的实践只是开始，"六顶思考帽"在后续的课堂中都能灵活使用，孩子们的思路被拓宽了，交流探讨也更深入有效。可惜的是，课前由于时间紧迫，我简单地用彩纸制成了一个个简陋的圆锥形帽子，并用双面胶固定，在一次次搬运去课堂的过程中，简陋的思考帽接二连三地"散架"了。虽然有爱的学生们不厌其烦地帮老师修复，但仍希望有美观牢固的思考帽供孩子们佩戴。

于是，联系到学校美术社团的老师寻求帮助，在美术老师的带领下，美术社团的学生们开展了"六顶思考帽"美术学科项目化学习活动，以"潘老师在设计数学学科项目化活动'书包减肥记'的时候，要用到'六顶思考帽'这个学习工具，潘老师现在使用的帽子又难看又不结实，能不能麻烦大家帮帮我"作为驱动性问题展开探讨。学生深入思考"什么是'六顶思考帽'""色彩与符号的意义如何搭配""怎么让设计更美观更实用"，通过调查资料、采访老师、组内进行思维风暴等一系列活动，完成了设计并制作(见图5-21)。

图 5-21 学生在进行思考和创作

这次的跨学科项目联动是一次引人瞩目的成功尝试。学生们不仅学会了“六项思考帽”的实际运用,还深入了解了不同学科之间的交汇点。通过参与这个项目,他们不仅理解了什么是“六项思考帽”,还学会了色彩与符号的搭配以及设计得更美观、实用的方法。他们积极参与调查、采访,展开头脑风暴,并将这些元素融入了帽子的设计中。

这次项目联动展现了学科之间合作的力量,为学生们提供了更全面的学习体验。不同学科的融合使他们更好地理解和运用“六项思考帽”,并激发了对这个工具更深层次的认识。

五、体验分享与未来展望:让思维之花绽放

(一)探索中的挑战:理论与实践之间的交织

对于低年级学生来说,面对新颖的学习工具总能被唤起强烈的兴趣。我作为教师也是如此,尤其是当我第一次引入“六项思考帽”这一工具时。在项目开始之前,我自认为做了足够的学习和准备,期待更好地将这一工具应用到课堂中。但实践中不断领悟到学无止境,理论与实践必须相互融合。

例如,通过查阅资料,了解到为了避免思维混乱,思考者可以一次只戴一顶“帽子”,待该“帽子”思考尽善后再更换,如此循环以逐个角度思考同一个问题,最终达到全面、多维的思考目标。这种方法能使思考更有目标性,

简化思维过程并显著提升效果。然而,在实践中我发现,对于大部分二年级学生而言,这种要求过于严格。他们更倾向于综合性地表达,例如,拿着黄色帽子的学生可能会同时肯定他人的意见,并直接提出自己富有创意的想法。

因此,在运用“六顶思考帽”时,必须更加周密地考虑项目的特殊需求和学生的实际情况,细致地调整这个工具。这种适应性调整不仅需要对工具本身有更深入的理解,更需要结合课程的实际场景,体察学生的认知水平和思维模式。只有在理论和实践相互交融的基础上,我们才能更好地引导学生,激发他们的探索精神,帮助他们更有效地运用“六顶思考帽”这一强大工具。

（二）教师的探索：挑战与激发潜力

“六顶思考帽”的引入激发了学生们的讨论激情,他们纷纷展开话题,提出出人意料的观点和想法,这不禁让我思考如何能更好地引导和捕捉学生的创意思维。对于教师而言,面对低年级学生,特别容易出现课堂控制的挑战。如何在学生的天马行空中找到平衡,让他们的想法有序而不致偏离项目目标？这是对教师临场应变能力和课堂管理能力的新挑战。

在一次探讨“如何为书包减肥”的课堂实践中,一个学生提出了一项富有创新性的建议:在完成作业后可以不带书包,将书包放在学校里。一开始,我内心对这个建议进行了否定,因为它超出了我的预期,我试图引导学生修改这个想法。然而,在后续的对话中,我了解到学生家中都备有各科教科书,在确保任务完成且学校有餐具清洗条件的情况下,不带书包也是可行的。同时,班级中确实有几个学生也面临着同样的情况。

这个例子表明,项目化学习中的教师需要放下传统课堂中的教学模式,不要过多地断定学生观点的对错。优秀的工具能够打开孩子探索世界的大门,我们不应给予过多的干预而阻碍他们的步伐。给予学生充足的思考时间和表达空间,也许会带来全新的发现。

在此次项目化学习中,我们教师和学生都面临着新的挑战和学习。“六项思考帽”这个工具的引入明显地提高了项目的效率和深度。它为学生提供了一种支架,让他们更自然、更广泛地参与到学习中,这不仅引导他们掌握学以致用的学习方式,更是帮助他们感受到书本知识与真实世界的联系。

通过这次实践,作为教师的我深刻地体会到了学生们的潜力远远超出我原先的想象。或许在过去,我未曾积极地挖掘和引导他们,总是担心着低年级的孩子们不能接受新的学习方式而迟迟不敢“放手”。然而,正确恰当的学习工具却为我提供了一个良好的契机。它不仅让我在实践中有了更多底气,更重要的是,它让孩子们真正成为自己学习的主人。

这次经历让我们认识到,学习工具不仅仅是帮助完成任务,更是打开了学习的新世界,为我们带来了全新的视角和方式。“六项思考帽”只是众多工具中的一个例证,它带给我们的启发和成长将是我们未来探索和实践的重要指引。因此,教师和学生都应该不断地探索和尝试,学会在实践中不断调整和创新,以适应不同的学习挑战。

五、如何培育课堂文化

课堂文化是一种“隐性课程”。如果你希望所有学生都能通过 PBL 茁壮成长,就必须建立恰当的课堂文化。肖恩·斯莱德是一位研究儿童全面发展需求的专家,关于课堂文化,他有一段非常深刻、形象的描述:在走进学校或教室的几分钟内,你就可以分辨、定义,甚至品味到充盈在这个空间中的文化。这是一个开放的共享空间,还是一个纪律严明的运动场?是安全融洽的,还是咄咄逼人、暗含冲突的?是欢迎各种想法和声音的,还是让你不敢吱声的?是大家在等待指挥和领导,还是在共同目标下自主自治。①

---

① 苏西·博思,约翰·拉尔默.项目式教学:为学生创造沉浸式学习体验[M].周华杰,等译.北京:中国人民大学出版社,2020:22.

项目化学习的顺利开展，离不开课堂文化的培育。项目化学习需要营造探究的、协作的、创造的课堂文化。班级要努力开展“学习共同体”建设，让学生学会倾听、合作、交流、表达和创造。日本佐藤学教授毕生致力于“学习共同体”研究。浦东新区世博家园实验小学是“学习共同体”的领航学校，在冯校长、林校长两任校长的引导下，一直开展“学习共同体”研究和实践。芮莹老师是“学习共同体”领航教师，长期致力于低年段学生“学习共同体”培育，多次面向全国各地的教师开放课堂。我也多次走进芮老师的课堂，每一次都被芮老师以及班上的学生所感染和打动。每个学生都能“安全、安静、安心”地学习，学生之间互相倾听，每个人都能仔细、礼貌、基于证据地发表观点，课堂如此安静，思维如此有灵动、有深度。项目化学习要在中国课堂扎根，资源、工具、策略、技术、专家等都非常需要，但最基础的是必须要培育倾听、协作、探究的课堂文化，在小学阶段重点是设计学习规则促进学生互学共学。

“学习规则是经由师生的社会互动所产生的课堂期待，是由师生、生生之间的互动共同产生的，最终形成师生在课堂中共同的心智习惯。”①学习规则的设计，目的是在班级中形成一种稳定的课堂文化，让学生在课堂中找到安全感、归属感和价值观，每一位学生都能在课堂中“安全、安静、安心”地学习，“最终是指向学生的，目的是让学生在掌握、运用这些规则的过程中形成灵活的心智习惯。”②

（一）从学习困难的学生处启动讨论学习

通常公开课上，或者日常教学中，为了赶教学进度，或者追求所谓的“高效课堂”，教师们习惯选择学习好的、举手的学生来回答问题。这其实不利于学生的学习，因为当好的学生回答问题之后，教学一般就进入下一个环节，这样一方面限制和封闭了其他学生的思考，另一方面也掩盖了“真实的

---

① 学习基础素养项目组.素养何以在课堂中生长[M].上海：华东师范大学出版社，2017：55，85.

② 学习基础素养项目组.素养何以在课堂中生长[M].上海：华东师范大学出版社，2017：55—58.

学习”，有些学习困难的学生的学习状态没有暴露出来，这为日后的学习埋下了隐患。为此，在力求培养学生合作素养的课堂中，在关键处选择学力较弱的学生启动课堂讨论，不仅会带动全班学生的思考，更会在这种互帮互学的氛围中，潜移默化地培养学生互学共学的意愿和能力。

在日本小学的一节三年级的数学课上，学习主题是：两位数乘以一位数。其中的一道题目是：56×8，并用竖式把答案算出来。课上到一半，一个女生很自然地站起来对着大家说："我算到这里不会了，可以到讲台上去问大家吗？"下面的学生纷纷回应："你说，请说……"她走到讲台上边写边说："56×8，这个式子大家看得懂吗？"和大家确认后，她继续说："6×8 是 48，我把 8 写在这里，4 写在这里，可是 5×8 是 40，我就不知道该写在哪里了。"下面的同学都很开心地大声说："我也不会，我也不会哎……"教师坐在黑板附近的椅子上，一直在说一句话："你一定要把你会的说出来，我们才能知道接下去怎么帮你。"

这节课中，学习困难的学生主动发出"我不懂"，撬动了全班同学对 56×8 这个问题的思考和探究；教师、同伴共同创设了安心、安全、温暖而有思考力的课堂氛围，让学习困难的学生有勇气主动说出自己的不懂，也让其他同学积极投入对同一个问题的探究中，学习能力不同的同学之间建立起了互学共学的关系。在这样的课堂里，教师不需要主宰和主导一切，教师只是学生学习的伙伴，不是教师告诉学生答案，也不是会的教不会的，而是不会的主动请教会的。

（二）建立倾听规则

在日常课堂中，教师往往过于追求学生的表达，而忽略了相互的"倾听"，忽视了倾听的学习所产生的价值。倾听是让人感受到被尊重的最简单有效的方法，也是学习伙伴关系建立的基石。

基于倾听关系的课堂要营造一个安静安心的学习氛围，教师不是以提高音量来控制班级，而是要率先示范，降低说话音量，用诚恳的、关爱的态度，营造一个鼓励倾听的氛围。同样在小组中也是如此，每个小组学生之间围绕学习内容，在轻声轻语中进行交流，小组与小组之间不相互影响，从而专注于当前的自我学习和小组合作学习之中。

浦东新区世博家园实验小学的芮莹老师从小学低年段开始着力培养学生之间的倾听关系，实施了一系列课堂教学的转型实践：

倾听的伙伴关系是培养学生互学共学的基础，在这次部编版小学一年级课文《四个太阳》的教学中，很多环节我都在提醒、巩固着。例如课一开始，拉拉小耳朵，要求孩子们注意倾听，这是课堂学习的第一法则。

朗读课文时要耐心培养他们听清楚要求、正确执行的学习习惯。

圈画句子要说理由，做到“言之有序，言之有据”，同伴听完叙述也要追问一句“请问你的根据是什么?”，这是一种很好的交流方法。

孩子们思维火花在撞击迸发的时候，一定要告诉他们，对同伴的发言，可以收为己用，也可以保留意见，但要耐心倾听……

学习中也制定了评价低年级学生倾听关系的一些规则：

1. 倾听他人发言，不做、不想无关的事。

2. 两两交流时轻言细语，不影响他人；个人在集体中交流，声音响亮。

3. 别人发表意见时不插嘴，等说完后再发表自己的意见；发表意见时不重复他人说法，表达自己的见解。

4. 伙伴之间学会示范、合作、求助、评价，虚心接受他人不同见解，边听边修正自己的观点。

（三）建立学习讨论的话语规则

课堂中怎样与伙伴进行讨论？两两的伙伴关系或者四人的伙伴关系的建立都依赖于“如何说话”。“会说话”在一定程度上是“会思维”的表现，而学习中的“会说话”与日常生活中的沟通和交流不一样，它是借助文本、数据、资料等开展与同伴、教师之间的对话，从而达到共同学习的目的，这种能力是需要有意识地进行学习的。这些讨论的话语规则通常表

现为:

——×××或×××小组,我对你或你们组的发言有疑问/补充/不同意见。

——请看文本第几页/第几节/第几段/第几句,我(们)还可以看出……

——请看×××前面的发言,这就说明……

——×××说的这一点我很赞同,我在……地方也看到过了。

这种讨论可以从简单地互相说出观点、不懂开始,逐渐过渡到相互听取对方意见中合理的成分、修正自己的观点,再逐渐发展为基于证据的表达、质疑对方的观点,达到有妥协的共识。

(四)建立小组协同学习规则

要培养学生的合作素养,不代表整个课堂学习中都要采用小组合作学习的方式,而是要根据学习目标和学习任务灵活采用合适的学习方式。由于独立学习是合作学习有效开展的基础,因此,在以学习为中心的课堂,一般是从独立学习开始,然后过渡到两人或四人的交流,最后是全班性的公共交流和发表。这样做的优点在于,学生能够在一堂课中得到多次不同的体验和感悟,最大限度地激发学生的多样思维,即使是学习能力较弱的学生,也可以获得比较充分的学习和发表的机会。

要促进小组的协同学习,需要建立平等交流的规则,教师在课堂中可以从如下几个方面进行设计:

表 5-4　小组协同学习规则

礼貌平等	● 互相尊重,不排斥他人,不歧视他人,不攻击他人 ● 同伴发言时头转向对方,不随意打断 ● 对同伴的提问或质疑,有礼貌地进行回应
主动提问	● 遇到不懂或有疑问的地方,主动向老师或同伴提问 ● 敢于发表与同伴不同或相异的观点

（续　表）

礼貌平等	● 互相尊重，不排斥他人，不歧视他人，不攻击他人 ● 同伴发言时头转向对方，不随意打断 ● 对同伴的提问或质疑，有礼貌地进行回应
独立思考	● 喜欢动脑筋，形成自己对问题的初步看法 ● 学会思考，简要记录、批注、圈画、画图表等，让自己的思考留下痕迹
认真倾听	● 同伴发言时要耐心听完对方所说的话 ● 倾听同伴发言时，要边听边想：他讲了什么？和我的想法有什么不一样？
修正补充	● 同伴发言时，用不同颜色的笔在文本或学习单上进行补批 ● 组内充分分享自己的观点和意见 ● 补充和修正自己的学习成果，深化原有的观点和认识

【实践案例13】

对话规则的培育及教学实践

——以《老王》教学为例①

我经常在观课时发现教师和学生根本不在同一“频道”，教师和学生无法达成默契，教师往东学生往西。原因不是学生基础差、能力弱，而是教师的指令和问题本身就是模糊不清的。教师随意地问、琐碎地问，学生则是胡乱地说、天马行空地答。因此，要想让“对话”在教学中充分发挥作用，教师和学生都必须明确对话规则并坚持实践。

课堂上的对话主要发生在组内或者组外。就组内来说，小组内成员间应围绕同一话题（问题）展开对话，如果组内成员无法就话题（问题）达成一致，可以先以倾听者的身份加入讨论，待一个话题（问题）讨论完毕后，再进行下一话题（问题）的研讨。

组内对话时可以有赞成或者反对的观点，但无论是赞成或者反对都要

① 本文作者：程春雨，上海市建平实验中学。

提供依据和理由。具体对话的表述语可以是“我支持你的观点,我的理由是……”“我反对你的观点,我的理由是……”或者“你有什么依据吗”。争论要有理,反驳要有据,讨论不能脱离文本。例如,对“我”与老王的关系的讨论,可能在组内会有些争议,那么就可以用这样的方式“对话”,理性分析的同时也保证每一位同学的发言权。说到发言权,作为组内的成员都应该有发言的权利和义务,组内不设组长和发言组织者,发言按顺序,不得霸占话语权。提出依据或者理由都要受时间限制,不能无限制无目的地乱说。

组外交流以倾听为前提,待听清楚他人的问题或者观点后,再发表自己的见解,同样也要有理有据。当一个问题讨论结束,如果还有意见想继续陈述,可以视时间而定。如果时间允许可以把问题向深入讨论,如果时间不够,可以留作课下讨论。

例如《老王》一课的教学。基于对文本的深刻解读和对学生的了解,我将这节课的核心问题确定为:“我”和老王是什么关系?在文中找到依据。这个问题带有矛盾冲突,能引发学生与学生、学生与文本的对话,还能兼顾各个层次的学生,让他们都有话说,都能说话。

教学实践证明,在讨论作者与老王是什么关系的时候,学生的认知随着对文本的解读在不断地深入。开始一组学生认为“我”和老王是“朋友关系”,后来又有一组的学生没有明确二人的关系,反倒是接连提问,提出三个很有难度也很有价值的问题。

学生1:老王家境贫寒但是却给“我”(不贫寒)送香油和鸡蛋,这是为什么?

学生2:老王来“我”家送鸡蛋的时候已经病得很严重了,可是当“我”询问“啊呀,老王,你好些了吗?”的时候,他却只“嗯”了一声。老王为什么要掩饰自己的病情呢?

学生3:老王除了给“我”送鸡蛋,还帮“我”送墨存去医院,给我们送冰等,但是老王却一直都不要钱或者车钱减半,可是“我”却一直要给老王钱。

但是后来老王死了,“我”为什么会有“愧怍”之感呢?

在几位学生提问完毕后,我并没有直接一一回复,而是带着学生们先回顾了一下以上三个问题。学生们对“我”和老王的行为都十分反常这一事实达成了共识,在此基础上,我再次把问题引回了“‘我’和老王到底是怎样的一种关系?”,让学生进一步在文中“反刍”。说实话,当面对学生提出的这三个问题的时候,我也是有些忐忑的,因为每一个问题都不是三两句话能说清楚,所以这个时候教师和学生都有必要重新回到文本中“反刍”。

“追问”是在学生回答问题的过程中,表述不清、不全、不深之时,教师为了引导学生进一步思考而采取的措施。例如,一位学生在分析老王送“我”香油和鸡蛋的文字时,认为“我”没把老王当朋友,所以才会给老王钱,并且“我”十分想快点把老王送走,所以才用了“赶忙”和“忙”这样的词。这位学生抓住了文章中能清楚地揭示“我”跟老王并非“朋友”关系的内容,但他却没有想过作者写老王临死前来给“我”送香油和鸡蛋与“我”对老王的愧怍之间的关联。为了让学生们的思考能更加全面和深刻,我在这位学生回答完之后追问道:这件事与“我”后来的“愧怍”有关吗?

“反问”是在学生提出问题之时,再把问题抛给学生,这样做并不是为了难为学生,而是再让他对问题进行思考,告诉他在向他人求助的时候自己也要努力地思考。例如一位学生在分析老王来送香油和鸡蛋的内容时,提出了一个问题:为什么老王要用一个“嗯”字极力掩饰自己的病情呢?这个问题问得很有意义,一个将死之人知道自己大去之期不远的时候,还要亲自登门来给“我”送香油和鸡蛋,这是多么大的情意啊。但是“我”却不懂,也不曾想过老王的“古怪”,原因是“我”根本没把老王放在心上,老王恰恰是把我(们)放在了心上。这种强烈的反差使得“我”每想起来“总觉得心上不安”,几年之后这种“不安”渐渐地变成了“愧怍”。为了让学生能进一步思考这个深刻的问题,可以用“反问”的方式,把问题再抛给提问的学生:你以为老王想掩饰的只是他的病情吗?老王又为什么要掩饰呢?学生的问题是顺着文本的思路,对文字表面意思的一种反馈,而教师的反问则是逆向的思考,关注更深刻的人物的动机。这样一来,又把学生引回了文本,开始重新看待老王的种种反常的行为——他都在“掩饰”什么呢?在他“掩饰”的背后,是怎样的一种心理呢?作者这样写又是为什么?一系列的问题就摆在了学生面前,又呈现出一番深刻的学习和讨论。

除了提问、追问和反问,对话的方式还有很多,但是无论哪种方法都要以促进学生对问题的理解,发展学生的思维为目的,否则纵使对话再多也无意义。

【实践案例14】

如何发展学生的提问能力?

——以《鸟》教学为例[①]

曾经,我也追求过环环相扣、思维缜密的课堂教学设计,也曾为某个新奇的想法和点子而兴奋不已。在那样的课堂中我可以在有限的时间内,把我要讲的东西“倾倒”给学生,当然,为了赶时间我会不自觉地加快上课的节奏。学生回答不上来的问题,基本都由我代劳。多数情况是让学生回答“是不是”与“对不对”这样简单的问题。有时候为了使课堂的逻辑链完整地呈现出来,我会一个接着一个地问,先易后难,拾级而上。前者是满堂“灌”,后者是满堂“问”,这两件事我都做过。

后来有一次,陈静静博士指导我备了一节课,彻底改变了我对教学的认识。那节课叫《百合花开》,是林清玄的一篇哲理散文。开始的时候,我按常规流程设计了三个层次,八个小问题。给陈博士看的时候,她跟我说“问题太多”。花了好大工夫删掉了三个问题,她的回复还是“问题太多”。我又绞尽脑汁地把问题改成三个,这回她直接跟我说,就要两个问题即可。一个是“百合有哪些美好的品质”,另一个是“为什么百合有这么多美好的品质,蜂

① 本文作者:程春雨,上海市建平实验中学。

蝶鸟雀还有野草都不喜欢她呢”。后来，她跟我说一堂课如果问题太多，教师就要一直牵着学生走，把学生都控制在自己的“势力范围”内，这其实是极度不自信也是极度不信任的行为。学生没有思考的时间，一直在跟着教师的思路，迎合、附和着教师的话语，成了学习的傀儡和木偶。

传统的课堂，是只有“收”、没有或缺少“放”的课堂，多是一问一答的师生之间的对话，基本看不到生生互动、生生对话，更听不到质疑和提问。学生要听清教师的话，也要听教师的话，而教师可以不听学生的话。教师的话学生不可以质疑，更不能否认，只要听话就对了，但学生的话教师可以随意地打断和否认。只有张没有弛的课堂学生是不安的，他们一直在思考老师“想要的答案”，而不是他们自己真正的疑问和感兴趣的问题。长期的结果就是，学生会很累，也会很无味。大脑一直处于高度的紧张中，身心处于极度的不安中。文字是视觉信息，要转换成思维符号，这是需要时间的，更需要一个宽松的空间。如何操作，怎么收放，才能使学生在原有知识和经验的基础上更进一步，这是我上《鸟》这堂课的初衷。

《鸟》这篇文章是梁实秋先生的一篇散文，蕴含丰富、耐人寻味，很适合学生思考、思维碰撞。我曾写了一篇题为《文本解读的三个层级》的文章，从不同的解读角度挖掘这篇文章的教学价值。最终确定以“矛盾”和“质疑”作为这节课的主要研究问题，在收与放的过程中，给学生思考的时间和空间，让他们通过自主学习、合作讨论一步步地解决问题。

我不喜欢那种牵着学生的“鼻子”，步步为营、环环相扣的上课方式，原因上文已经说了。所以，我的课喜欢让学生做“主角”，我当“配角”。以前都是教师提问学生回答，我上课喜欢发动学生提问，大家一起讨论、研究、解决。提问的方式有两种，一种是课前收集问题，在上课时解决问题；另一种是上课直接提出问题，然后再解决。这两种方式我都用过，前者是在训练提问的初级阶段，教师和学生需要彼此了解。教师想要知道学生已有的知识水平，学生也要明确自己的问题何在以及问题的价值何在。这节课用的是第二种方式,学生现场提问,然后师生共同解决问题。这对教师和学生的要求更高,也更具挑战性。

为什么说现场提问对学生和教师的要求更好,更具挑战性呢?对于学生来说,首先提问是需要勇气的,其次提问还考验着学生的表达能力。先来看一段学生提问时的课堂实录:

师:给5分钟时间阅读课文,然后说说你的困惑、疑问或者你发现的矛盾、反常之处。

(5分钟过后)

生1:文中第二段说"从前我常见提笼架鸟的人,清早在街上溜达(现在这样有闲的人少了)……"。这一段主要写鸟通常被人关在笼子里,第八段也提到了"再令人触目的就是那些偶然一见的囚在笼里的小鸟儿了"。这些都是在写把鸟关起来的人,这和第一段"我爱鸟"有没有矛盾?

师:大家有没有听懂这位同学的问题?

生2:他的问题是,第一段与第二段有没有矛盾。

师:第一段只有三个字"我爱鸟",但第二段和第八段写的却是那些被囚于笼中的鸟,这是否是矛盾的?你要说的是这个意思吗?(注视刚才提问的学生)

生1:差不多就是这个意思。

从这个片段可以看出,这位学生遇到了问题,但却说不清楚自己的问题是什么。学生的挑战就在这里,不但要有问题还得把自己的问题说出来,并让大家都知晓、清晰,这是有一定的难度的。这时候也是考验教师的时候,学生已经把"球"抛过来了,你得接住。怎么接?首先,教师必然对文本的"沟壑"了然于胸,哪里有矛盾,什么是反常?其次,要耐心且专注地倾听,捕捉到学生在表述中的关键语句,再帮助他提炼出言简意赅的问题。赫尔巴特的教学形式阶段理论称这个阶段为"明了"。当一个表象由于自身的力量突出在感官前,兴趣活动对它产生了注意。这时候,教师要通过直观的讲解，让学生获得清晰的表象。

提问环节一共收集了6个问题，分别是：

1. 第一段说“我爱鸟”与第二段和第八段写被囚于笼中之鸟有何关系？

2. “我爱鸟”是因为鸟给“我”带来了愉悦，可为什么还要写第六段“鸟并不永久的给人喜悦，有时也给人悲苦”，这是否矛盾？

3. “我”对鸟的爱与“诗人”对鸟的爱有何不同？

4. 第三段前半部分把鸟鸣比作是“一派和谐的交响乐”，后半部分却说是“哀乐”，这是否矛盾？

5. 第五段写杜鹃的“豪横”与“我爱鸟”的主题是否矛盾？

6. 作者写这篇文章，是想表达对鸟的同情还是对人的批判，到底想表达什么？

让我欣慰的是，这6个问题都问在了点上，要知道能提出这样的问题是不容易的，这是花了很长时间训练和培养的结果。以前学生上课都是“不带问题”进课堂，习惯了“吃现成”的。所以，要让学生带着问题进课堂，敢于提问，会提好问题，是要有一个过程的。开始训练的时候，可以让学生先把问题写在预习单(本)上，教师在收集问题的同时，要对学生的问题进行点评和点拨。这样既可以做到心中有数，又能帮助学生分清问题的优劣。我从起始年级开始便有意识地训练学生这个技能，经过一年的培养他们现在提出的问题基本都有针对点。

【实践案例15】

“学习共同体”课堂文化的培育①

佐藤学教授曾经提到过一、二年级的学生不适合同伴协同学习，但是基于中国国内对于学习共同体的实践后，他修正了这一观点，鼓励一、二年级动起来，虽然开始会很难，但是一旦动起来，后面的效果会更好，可以先从两

---

① 本文作者：芮莹，上海市浦东新区世博家园实验小学。

两对话着手。因此建立相互倾听的伙伴关系确实是至为重要的。一年来我校的师生、生生的同伴关系建构得较好,今年在逐步推进,由单一的语文团队向其他学科的团队推进,校内活动向家庭社区方面发展,且开始从学共实践经验最为薄弱的一年级着手。三堂实践课之后,我对低年级"学习共同体"建设有了一些更深的认识。

一、信念和价值观:安静的课堂不是无声的课堂

很多教师认为学习共同体的课堂就是一个问题抛下去,让学生们无声地读、理解,不理解再读……其实这是一种歧义!学共课堂的"静"是相较于传统课堂的"热闹"而言的。自然滋生的温润氛围让学生可以安全地学习,静静地倾听,努力的思考引发大胆地发问,充分表达或主动分享,它摒弃教师雷霆万钧的"霹雳"手段,取而代之的是"教师在课堂上以慎重的、礼貌的、倾听的姿态面对每一个学生,倾听他们有声和无声的语言"。教师不再是高高在上的,他们来到学生中间,抚摸学生的小脑袋,为他们点赞;在学生身边蹲下来,倾听他们的发表;凑近学生的小耳朵轻声提醒;用温暖的眼神平视学生,让学生感受到教师的信任……而学生,尤其是一年级刚入学的学生,会尝试着让学习从自我转向他人、转向伙伴,从而更好地认识自己、发现自己、完善自己,改变了他们在学习、生活交往中与"亲和""对话""合作""共生""互生"等行为、精神所违拗的矛盾。良好的学习生态帮助我们实现教与学的一个个翻转。

二、学习环境:U字形桌椅的摆放

在低年级学习共同体的课堂中,我们可以看到桌椅的摆放不同于以往的"插秧式",每两人为一个学习小组,可按男女生比例、学生成绩差异、个性差异以自愿组合的方式分层次均匀搭配。他们的座位是按U字形排成左两排、后两排、右两排三大部分,U字开口面对讲台,此时的讲台建议能够挪移到一边,那样活动空间会变得更大。在U字形的桌椅摆放中,教师走动

的路线是通畅的，他可以在最短的视线中观察到每一位学生，师生之间随时可以近距离接触、交流。而同桌之间又可以侧身两两倾听、沟通，亲密无间，前排两人学习小组转过身去就能组成四人小组，灵捷方便。

低年级培养、适应一个相对温暖、润泽的倾听伙伴关系是需要过程的，一开始肯定是两两开始的，只有在倾听伙伴关系相对稳定的时候才可以介入四人组的学习讨论。执教者如同流动的溪水，不要一直处于U字形的中间地带，这样会使得处于U字开口的左或者右两端的部分学生面对的是老师的背部。我们一定要关注每一位学生。

我们班级的U字形是在一堂观察课后调整过的，中间空出两块瓷砖的位置，左右和后边两排中间都留有宽敞的教师通道，横向加长，纵向缩短，成为一个宽宽的U字。行走路线我会刻意设计，不留死角。因为每次上课时学生的状态不是特别相同，我会先内圈和外圈走一圈，看看学生的学习状况，对于一些有问题的伙伴就会停下脚步，刻意多接近一会，直至他们改正为止。而那些经常有问题的学生，我都要把他们设置在离我最近的位置，一臂的距离能带来一臂的温度，尤其是这些脆弱的、敏感的学生，要多爱他们一些，他们感受到你的温度，改变才会悄然发生。

三、规程和惯例：以学习为中心的课堂应确立的习惯

1. 我是你们的太阳妈妈（倾听）

对于学生们来说，我是他们的太阳妈妈，他们是向日葵，太阳妈妈一说话，向日葵就要朝向妈妈，看着妈妈；当然如果有同学发言的时候，发言的同学就化身为小太阳，向日葵们就要面对小太阳，仔细倾听他的发言。

2. 轻声说说“悄悄话”（交流）

和小伙伴交流的时候，声音大了就会打扰别人，这是非常不礼貌的，向日葵是懂事听话的，所以我们轻声说，而且因为是好朋友，我们可以搂住对方的肩膀，凑在他耳朵边说悄悄话。

3. 我来给你点个赞(赞许)

小伙伴如果做对了,我们给他点个赞;如果他做得有问题,我们轻轻地告诉他错在哪里,帮助他改正好吗?

4. 我想请你帮帮忙(求助)

这道题我有点不会,你能帮帮我吗?为什么是这样做的?我搞不清。谢谢你,我知道怎么做了,你真棒!

5. 举手也要有规矩(举手)

有人举手,有人发言,有人说话,我们不举手。如果我们举手,一是会干扰他人的发言,二是会干扰其他同学的倾听,三是自己没办法倾听,四是一直请求发言,把机会都请走了,别人都没有机会了,对不对?

6. 我想听你说依据(发言)

这个字我写得怎么样,为什么一定要这样写?这道题目为什么是这样做的?你这样想是什么依据呢?能告诉我吗?

7. 有事我们一起做(合作)

我们一起来完成这个任务吧,你做这个,我做那个,你看行吗?

……

这些规则的设置虽然简单,却着实让人感到温暖、安全,“鼓励、称赞、提问、帮助、分享、解决、合力承担”,这是一种充满道德感的学习方式,却能凸显学生学习的交往性、互助性和分享性。

第六章

项目化学习中的教师转变与学生成长

也许，我们需要以一种全新的视角来看待教育，在教育中既关注已知，也关注未知。也许，我们需要一种更具有“未来智慧”的教育视角，在复杂而多变的世界努力培养人的好奇心、启发人的智慧、增进人的自主性和责任感，引导学生积极地、广泛地、有远见地追寻有意义的学习。

——戴维·珀金斯(David N. Perkins)

如何鉴别项目化真正触动了学习的本质、教育的本质，就看师生投身项目化学习一段时间后，在学习能力、学习品质、身心健康等方面是否发生真实改变。[①] 项目化学习实验校的很多教师对项目化学习都经历了从陌生到熟悉、从排斥到接受、从迟疑到认同、从不会到会的过程，在实施的每个阶段都会遇到诸多问题，这些问题的解决正是教师理解项目化学习、融入项目化学习的过程，更是教师成长和蜕变的过程。多项研究显示，项目化学习不仅能促进学生的学业表现，还对其学习态度、学习动机、合作意识及自我效能感等非智力因素有积极影响。[②] 在经历了三年多的项目化学习后，学生对项目化学习的认识是怎样的？体验感和获得感如何？我们不妨借学生的眼来走进项目化学习。本章节我们将通过深度访谈和案例来呈现师生在项目化学习中所经历的成长和变化。

一、项目化学习中的教师转变[③]

本研究借助教师转变理论和项目化学习教师素养框架，通过对 4 所不同类型学校中的 10 位教师的个别访谈、资料梳理与数据分析，发现教师在教学实践层面和教师信念层面都发生了不同程度的转变。教学实践层面的转变主要表现在课程意识增强、教学技能提升、通过反思不断调适与学习的

---

① 夏雪梅，崔春华，吴宇玉. 预见新学习：上海市义务教育项目化学习三年行动计划优秀案例集（第一辑）[M]. 上海：华东师范大学出版社，2022：15.

② 何声清，綦春霞. 教师对项目化学习的感知风险及其与实施意愿的关系[J]. 教师教育研究，2024(3)：52—59.

③ 本部分内容来源于顾云卿《论项目化学习实践中的教师转变——基于针对 4 所学校 10 位教师的访谈研究》一文，载于《浦东教育研究》2023 年第 8 期，略有删减。

能力提高，教师信念层面的转变主要表现在教师观念与教师情感的转变。研究发现，学生的学习成就、教师的主观意愿与学习素养、学校的文化环境是影响教师转变的主要因素，因此，抓住关键事件、撬动教师的"教学惯习"，运用概念思维、增强项目实践的"学习品质"，针对操作难点、创新教师教育的策略和形式，能够为学校今后深入开展项目化学习实践提供助力与保障。

（一）问题的提出

近年来，无论是从国家政策层面还是学校教育教学改革实践层面，项目化学习已逐渐成为深化课堂教学改革、提升教育质量、激发办学活力的重要路径和抓手，越来越多的一线教师开始积极投身于项目化学习的设计与实施中，积累了大量的蕴含实践智慧的项目化学习案例。我们发现，当前该领域的研究成果更多是聚焦于如何借助项目化学习来推进学习方式的变革，培养学生的核心素养、高阶思维和问题解决能力，但是，"项目化学习研究中的'教师视角'仍然关注不够"①。作为项目化学习的重要指导者和参与者的教师在这一教育创新项目中的真实感受、诉求与问题较少被重视，尤其是针对教师在项目化学习实践过程中的成长与转变的研究相对较少，这一方面会阻碍高质量项目化学习实践的推进和预期项目化学习目标的达成，另一方面也使学校层面所提供的项目化学习培训缺乏针对性和有效性。

本研究旨在借助教师转变理论和项目化学习教师素养框架，通过对4所不同类型学校中的10位教师的访谈，梳理教师们在开展项目化学习过程中的真实体验和感受、所遭遇到的问题与挑战、所经历的收获与成长，并最终试图回答如下几个问题：

1. 教师在项目化学习实践的过程中究竟发生了哪些方面的转变？
2. 导致项目化学习实践中的教师转变的因素有哪些？

---

① 叶碧欣，桑国元，王新宇．项目化学习中的教师素养：基于混合调查的框架构建[J]．上海教育科研，2021(10)：23—29.

3. 学校在项目化学习的推进方面，应该为教师提供哪些更有效的保障与更有针对性的支持?

（二）文献回顾

教师转变(teacher change)是20世纪90年代兴起于教师教育研究领域中的一个研究主题，指的是“教师在课程改革或日常专业实践中发生的各种变化，包括教师外显的行为变化和内隐的心理变化”①。关于教师转变理论，国内学者讨论较多的研究主题涉及教师转变的分类、过程阶段及其特征、主要维度、途径与方法，等等，对这些问题的回答也为教师教育政策和实践提供了相应的依据、框架和思路。

有关项目化学习中的教师转变研究为数不多。一些研究关注如何借助教师培训帮助教师转变观念和提升项目设计胜任力，包括从教师知识迭代更新的角度提出学校应该提供更加有效的师资培训以帮助教师提升课程实施能力，如“以PBL的方式学习PBL”;②开展基于项目化学习的校本教师培训活动，包括采用“问题清单法”明确目标，用“小组任务法”设计活动，用“研讨会法”构建成果展示方案，用“体验分享法”让评价和反思更具驱动性，培训直指教师观念的转变;③借助区域性的项目化学习研究引领教师专业发展，构建“立交桥”式项目化学习研究管理机制。④

一些研究关注项目化学习中教师角色的转变。如教师要从学科思维转向课程思维，要从学科教师转变成学习导师;⑤项目化学习中教师角色转变的路径包括：在教师个体层面激发改变的内驱力、在团体层面扩大项目化学习教师共同体的互动合作、在组织层面为教师提供专业指导与环境支持。⑥

① 靳玉乐，尹弘飚. 课程改革中教师的适应性探讨[J]. 全球教育展望，2008(9):37—42.
② 王梓霖. 聚焦项目化学习，教师如何实现知识的迭代更新[J]. 教育家，2022(7):16—17.
③ 全迅. 基于项目化学习的校本教师培训[J]. 上海教师，2021(4):47—52.
④ 徐颖. 以项目化学习研究引领区域教师的专业发展[J]. 中小学教师培训，2021(6):5—8.
⑤ 胡昕. 学习导师：项目化学习中教师的角色[J]. 江苏教育，2019(22):19—22.
⑥ 程宏. 项目式学习中教师的角色转变及其路径[J]. 中国教师，2022(3):86—90.

一些研究则是聚焦项目化学习中指导教师的素养与能力构成,如研究者在实证研究的基础上,从理念、设计、实施与评价四个层面构建了项目化学习中的教师素养框架,包括学习素养、设计素养、协作问题解决素养、评价与反馈素养;①一些研究认为开展项目化学习指导教师应具备跨界解锁、研究学生、挖掘资源、课程实施和全程育人的素养与能力;②还有研究者从学科视角出发研究学科项目化学习中教师的关键能力,包括课程转化能力、课程设计能力、课程管理能力、评价设计与实施能力。③

(三) 研究设计

同样是研究项目化学习中的教师转变,本研究的不同在于:从项目化学习设计与实施的亲历者自身视角去了解他们对于项目化学习的感受与认识,而不仅仅是基于研究者视角的评判;以访谈为主要的研究方法,便于更加真实、深入地了解教师在项目化学习中的困惑、问题及对自我的反思与评估。

1. 研究对象

本研究面向项目化学习的实践者展开,了解他们在项目化学习实践中的真切感受与反思。这些教师曾经设计或参与过1次以上的项目化学习实践,参加过讲座、工作坊等形式的项目化学习培训,对于项目化学习有着一定程度的了解和体验。同时,本次访谈对象来自不同学段和不同性质的学校,以便更全面、普遍地呈现出教师转变的表征和问题。需要指出的是,研究对象各自开展项目化学习并非源于外部行政力量自上而下的干预和推动,更多是出于教师主体内部想要针对日常教学实践予以调整和优化的意

---

① 叶碧欣,桑国元,王新宇.项目化学习中的教师素养:基于混合调查的框架构建[J].上海教育科研,2021(10):23—29.

② 雷丽珠,杨邦清.项目式学习指导教师的素养涵育[J].福建教育学院学报,2021(3):106—108.

③ 刘侠.语文项目学习中教师的关键能力及其培养路径[J].语文学习,2021(12):30—34.

愿。全部受访者基本信息见表 6-1。

表 6-1　受访者基本信息

受访者	教龄	学历	学段	学校属性	任教学科
受访者 A	26 年	本科	小学	民办学校	英语
受访者 B	7 年	本科	小学	民办学校	体育
受访者 C	16 年	本科	小学	民办学校	语文
受访者 D	3 年	本科	小学	民办学校	美术
受访者 E	10 年	硕士	初中	民办学校	地理
受访者 F	5 年	硕士	初中	国际学校	地理
受访者 G	13 年	硕士	初中	双语学校	语文
受访者 H	6 年	硕士	初中	民办学校	劳技
受访者 I	13 年	本科	初中	民办学校	语文
受访者 J	10 年	硕士	初中	公办学校	数学

2. 访谈过程

访谈集中在 2022 年 7—8 月，通过社交软件或电话沟通访谈意图后约定访谈时间，并提前将访谈提纲发送给受访者供其准备和参考。访谈中，经对方允许，研究者将访谈予以录音，后全部转为文字形式并进行整理。每一位受访者的访谈时间在 30 分钟至 1 小时之间。

3. 访谈内容

本研究旨在从项目化学习实践者的角度来审视“教师在项目化学习实践中究竟发生了哪些转变”这一主题。围绕该主题，研究者将这一核心问题分解为若干具体问题，包括：教师是如何理解项目化学习的？项目化学习带给教师的改变是什么？教师在项目化学习中遭遇的问题或挑战是什么？教师是否愿意在今后继续开展项目化学习？支持教师持续性开展项目化学习的动力是什么?

4. 数据收集与编码

本研究在对全部的访谈进行转录和整理之后,开始进行三级编码。其中,一级编码是针对原始访谈资料进行拆分和标签化,发现命题和类属,建立概念。在编码过程中,通过对全部访谈文本进行阅读,最终形成 29 个一级编码。二级编码需要对一级编码进行归纳和抽象化,并且在它们之间建立关联,同时不断逼近研究主题。在不断提炼的过程中,最终抽取出 12 个二级编码。三级编码是在二级编码的基础上经过系统梳理分析之后提炼出具有统摄性的核心类属,本研究最终提炼出"学生成就""教学实践""教师信念""学校文化"这 4 个三级编码。全部编码内容见表 6-2。

表 6-2 本研究的三级编码

序号	开放性编码 (一级编码)	主轴编码 (二级编码)	选择性编码 (三级编码)
1	激发学习兴趣、学习内驱力	学习动力	学生成就
2	亲历过程	学习过程	
3	自主、自由探究学习		
4	综合实践能力	学习结果	
5	解决真实问题		
6	差异化学习成果		
7	学习内驱力和意义感	意义与价值	
8	更高的站位和视角	课程意识	教学实践
9	对教材内容的深度理解		
10	系统设计学习活动		
11	提高教学能力	教学技能	
12	教学方法创新		

（续　表）

序号	开放性编码（一级编码）	主轴编码（二级编码）	选择性编码（三级编码）
13	不断反思与改进	反思学习	
14	在过程中不断学习新知识		
15	想要改变的勇气和意识	教师态度	教师信念
16	硬着头皮上		
17	知识观的改变	教师观念	
18	教师角色的改变		
19	注重学生的学		
20	担心教学进度滞后		
21	担心加重学生负担		
22	紧张与焦虑	教师情感	
23	意义感与幸福感		
24	与学生共同进步		
25	真实的力量		
26	单打独斗的状态	同侪合作	学校文化
27	很难跨学科合作		
28	缺乏顶层设计	外部支持	
29	缺少专业支持与指导		

（四）研究发现

1. 项目化学习实践中的教师转变

（1）教学实践层面

受访者一致认为项目化学习的设计与实施对自己是一次极大的专业实践挑战，正如研究者所指出的，“中国教师高管控、高结构、小步骤的教学方式与项目化学习低结构、问题解决式的实施方式之间存在一定的张力”[1],这种张力所带来的不适感和焦虑感会伴随项目化学习实践的全程。但回溯这一段“探险之旅”时,受访者纷纷表示自己从项目化学习实践中受益匪浅,主要的成长转变表现在以下三个方面:

课程意识的增强。很多教师之所以面对项目化学习束手无策,原因之一就是缺乏课程意识和课程视角。受访者在“课程意识”方面的表现包括:开展课程设计、实施与评价的主体意识、课程生成意识、课程整合意识、课程资源意识以及追求更深入的课程理解。比如“可以从更高的视角来看待自己的教学实践,来设计学习内容和任务”(受访者 A),“项目化学习首先教师需要对教材内容有一个更深度的理解”(受访者 B),“最大的改变就是不仅限于书本的内容,而是自己会去设计课程”(受访者 H),“在设计项目化学习的过程中能够不断地生成问题挑战和探究的需求”(受访者 D)。这里的“更高的视角”“更深度的理解”“跳出课本根据学生的需求去设计活动”“在实施过程中即时动态生成新的知识和问题”等,意味着教师拥有了初步的课程意识,并且能够立足课程的高度、单元的角度,基于生成性课程思维来重新审视自己的教学设计与实践,重新定位学科中的核心知识内容及其价值,从而达成更加深刻、丰富的学科理解。

教学技能的提升。由于受访者多数开展的是学科项目化学习活动,这里的能力一方面包括学科教学能力,如“最大改变就是不是简单教授,而是需要整合教材和生活,更能拓宽教学思路”(受访者 B),“在教学设计上不再是局限在知识本身,而是把握知识的内在联系,将学科的关键能力与具体的生活中问题进行纵横架构体系,设计学生学习的整体的框架”(受访者 D)。没有固定教材和既定方案的项目化教学会倒逼教师探索不一样的教学方法

① 夏雪梅.项目化学习的实施:学习素养视角下的中国建构[M].北京:教育科学出版社,2020:84—85.

和教学形式，而这样一些教学创新同时会反哺于日常的学科教学实践中，包括注重创设教学情境、提供学习支架、改进思维方式，关注知识之间、知识与学生经验、知识与真实世界之间的联系，重视在学科实践中培养学科关键能力，以及基于学情开展差异化教学，等等。

此外，教学技能还包括项目管理与过程指导能力，比如一位受访者就提到她在项目化学习实践中不断学习了一系列新技能——“指导学生设计团队名片、培养共情能力、制作海报、撰写访谈提纲、进行人物访谈、取景拍摄、设计方案、点评演讲等”（受访者 G）。这一能力对于大多数的学科教师而言是短板，但是在项目化教学中却显得尤为重要，项目管理能力的高低直接决定了项目化学习能否正常、顺利地进行。对此，部分受访者会借助项目化学习活动手册或指南、项目进度墙、项目过程评价量表等工具来规范与管理项目进程。

通过反思不断调适和学习的能力提高。对实践的反思是项目化教学取得进步的关键[①]，比如，一位做整本书阅读项目的受访者表示，“项目的长周期性会让我不断追问自己——学生需要什么样的支持才能完成项目，不断推动我回溯目标和每个环节活动设计的匹配度”（受访者 I）；另一位受访者提到，“项目化学习活动设计出来后，在实施过程中遭遇到很多不适，如低龄段学生很难有框架地进行讨论和实践，学生收集资料的工具和途径有限，信息收集不全面、质量也不高。于是我调整了原来的设计方案，增加了直接教学指导，同时提供各种学习支架”（受访者 D）。受访者能够清楚地意识到，教学反思不再仅仅是传统教学设计文本中用来总结和评估的一项任务，而是一种不断学习新知、改进实践的方法。教师的反思行为内嵌于项目化教学实践的全程，通过实践性反思，教师能够对于自己正在进行的专业活动、

① 苏西·博斯，约翰·拉尔默.项目式教学：为学生创造沉浸式学习体验[M].北京：中国人民大学出版社，2020：190.

教学知识、学生表现等获得更加深入的理解,不断积累实践智慧。

(2)教师信念层面

相较于教学实践这一外显的行为层面,教师信念这一内隐层面的转变更为缓慢,也更加困难。与此同时,我们也发现,这两个层面之间会相互影响,但教师真正的、深度的转变有赖于内在观念、态度和情感的转变。受访者在教师信念层面的转变主要包括以下两个方面:

教师观念的转变。如学生观的转变,比如一位受访者就提到,在项目实施过程中不断刷新着自己对学生的理解和认识,学生对于新事物的接受能力、学习能力和问题解决能力超出了她以往的认知,她甚至说道:"事实上,学生跨界的能力和潜力似乎比教师更强。"(受访者F)还包括知识观的转变,如某位受访者提到,"之前一直是讲授书本上的知识,现在则是要和学生一起去探究未知的知识"(受访者J)。在经历了项目化学习实践的教师看来,知识的形态除了书本上那种静态的、良构的、确定的形态,还包括在实践中不断生成的、动态的、非良构的、不确定的形态;知识的特性除了公共性、抽象性、符号性之外,还包括境域性、与生活世界的关联性;知识效用除了解题之外,更多应该用于支持、推进项目任务或真实问题的解决。

在观念转变方面被屡屡提及的两个关键词是"教师角色"和"学生视角",如"教师在项目过程中不再只扮演权威的讲授者和知识的传播者,更是学习活动的设计者和学习过程的指导者"(受访者C),"我觉得在这个项目中,自己也是一名新手和学习者"(受访者G),"更愿意从学生的角度思考问题,会更多考量学生的需求与关注点,考虑学生是否对教师预设的问题产生兴趣,是否能够完成后续的任务和活动"(受访者D)。从某种意义上说,项目化学习设计是一种以学习为中心的设计,只有充分了解学生需求,才能真正驱动学生的学习。可见,教师是项目学习的设计者和指导者这样的身份定位,以及项目实践始终需要立足学生视角,是目前被较为普遍接受和认同的观念。

教师情感的转变。“在教师改变的过程中，不能忽视教师普遍存在的、强烈的主观愿望和情感因素”，这是更为根本的“内生性的、真确式转变”[①]。虽然相比于某些教师因所在学校发起的指令性改革而“被卷入”项目化学习实践，本研究中的教师更多出自主观的想要改变教学现状的意愿，但是在面对随之而来的种种不确定的挑战和问题时，无一例外都会有“不适应”“不安全”和焦虑感，有一位受访者甚至用“内心崩溃”四个字来描述自己遭遇困境和突发状况时的感受。而在经历了一次完整的项目化学习实践和体验之后，受访者更多表现出的是应对挑战之后的愉悦感、成就感和自信心，如“最大的改变是我和学生的幸福感都变得更强烈了”（受访者 I）。之前那位“内心崩溃”的教师最后表示：“这次的经验告诉我，只要把单数的‘我’置换成复数的‘我们’，只要‘我们’形成一种目标共享、彼此依赖互信的同伴关系，我们就不畏惧变化与挑战。”（受访者 G）

此外，受访者的情感转变还指向一种对于项目化学习的认同感，如“能够与学生在项目活动中共同成长共同进步，这让我觉得很有意义”（受访者 J）；有两位受访者同时提到“真实”在项目化学习中的教育意义，如“最有力量的教育一定是真实的教育，真实的教育就是让老师和学生亲历这些项目过程、沟通交往过程，真枪实干地完成一个项目，不是模拟，不是旁观，而是身临其境，亲自参与其中”（受访者 C）；“在本次的项目活动中，学生所面对的问题、遭遇的困境是真实的，学习过程中的感受是真实的，撰写的故事和直面的历史是真实的，在分享老人故事时的感动和骄傲是真实的，笑容和泪光是真实的，口干舌燥和不厌其烦是真实的，敬业与专业的态度是真实的，那份恭敬与诚挚的心意是真实的……这种种的真实极有可能化作强大无比的正能量，这是比任何一本历史、品德与社会教科书都更加鲜活动人的教育力量”（受访者 G）。笔者特意再度和受访者确认“真实”究竟所指为何，受访

---

① 赵英. 教师改变：一个亟待拓展的教师教育理论范畴[J]. 教育学术月刊，2013(8)：78—82.

者表示,项目化学习的"真实"一个重要前提就是,排除掉那些为了最终成果的出彩而有意"炮制""设计"或"作秀"的成分,所有的一切都由师生共同亲历,这种感受体验和认知是具身的、情境化的,既能外化于行,又能内化于心。

2. 项目化学习实践中教师转变的影响因素

(1) 学生的学习成就

学者古斯基(Guskey, T.)认为,最有意义的教师改变,即教师在信念和态度上的改变发生于教师成功地进行一种新的实践,并看到学生学习成就的改进之后。[①] 在回答"今后是否还会开展项目化学习"这一问题时,多数受访者在给出肯定回答的同时都会提到学生在项目化学习过程中所表现出的令人欣喜的状态和结果。受访者认为项目化学习使得学生在学习动力、学习过程、学习结果、学习意义与价值等方面都有了不同程度的改进,如"开展项目化学习很有必要,因为它赋予学习者学习的意义,现在很多学生没有学习动力的原因就是缺乏意义感,分数无法带来更持久的意义感"(受访者 I),"愿意继续开展,项目化学习可以培养学生自主探究学习的能力,在一次次的 PBL 教学实践中,学生学会了在和他人协作的过程中主动实现自己的学习目标,学会了选择和负责,从而享有了学习的自由。PBL 教学在本质上应该是一种基于'自由'的学习"(受访者 C)。除了学习素养有了明显的提升外,受访者表示,学生在学科素养方面也有发展,如"学生们通过自己的采访、整理、书写乃至讲述,无形中丰富了自己的阅历和见识,增进了对历史的理解与思考,他们对采访素材的整理和选择也是一种逐渐的认同、接纳与内化,同时也有对既有认知的批判与反思"(受访者 G)。从某种程度上说,学生学习成就的更高水准表现是教师愿意持续、长期开展项目化学习实践的重要动力。

---

① 周成海. 论教师改变的过程及其促进[J]. 教育科学,2017(2):28—34.

（2）教师的主观意愿与学习素养

只有当一个教师愿意做出改变时，根本性的改变才会发生。在项目化学习中，教师主动求变的态度、不断想要自我突破、完善与重构的意愿是教师转变的首要前提。“由于项目化学习中的很多活动都是第一次开展，只有摸石头过河，在教学中初次探索，需要老师的勇气，这是一个长期的过程，不能急于求成。我觉得教师首先要有想改变的意识，然后才能带动学生改变和提高”（受访者C）。项目化学习实践意味着教师要跳出教学的舒适圈，打破惯性的路径依赖，超越固有的心智模式和实践方式，倘若没有强烈的主观意愿，教师难以坚持完成这样一种难度和强度的实践探索。

此外，项目化学习更需要教师深度地、智慧地卷入。如果说，教师个体的主观意愿是项目化学习实践的前提和动力，那么教师自身的学习素养则是项目化学习顺利推进的重要保障。项目化学习旨在培养心智自由、成熟的学习者，这意味着教师自己首先得成为一个终身学习者，拥有对于新生事物的好奇心和求知欲，具备成长型思维和学习发展潜力，尤其是面对困境、问题与挑战时的胜任力、适应力和学习力，能够在不断评估现状的基础上主动寻求资源与帮助，并通过不断的自主反思调整和改进实践，以便更好地达成预期目标。也正是在这个意义上，我们可以说，项目化学习实践是一段教师与学生共同学习与成长、不断迭代与创新的探索之旅。

（3）学校的文化环境

文化情境与人际互动是推动教师转变的外部因素，当文化环境中包含更多资源及激励性因素时，教师转变会更可能发生。在谈及项目化学习实践中遭遇的困境时，受访者表示，“如果一个学校没有项目式教学的文化，很难跨学科合作。单凭自下而上很难落实，需要学校自上而下设计”（受访者F），“项目的实施过程依然处于单打独斗的状态，难以获得同行的支持与专业人员的帮助，专业共同体很重要”（受访者G）。事实上，学校适宜的文化环境、充分的资源条件、适切的制度建设等既是项目化学习实践中教师转变的重要推动力量,又是学校统一开展有组织、大规模、常态化项目化学习探索的重要支持与保障。可以说,项目化学习实践越是抵达深水区,学校的文化、资源和制度建设的问题就越是突显。因此,建立一种“拥抱不一致”的学校文化、引入对话与合作机制、反思复盘与迭代机制、积极为教师提供各种资源和支持,同时在课时、绩效、教研、专业发展等方面提供制度保障,一方面能够为项目化学习实践中的教师转变提供相对自由的空间,另一方面也能降低教师开展项目化教学的难度和化解教师开展项目化教学可能产生的潜在风险。

(五) 小结与建议

本研究基于对10位受访者的访谈调研,揭示出教师在项目化学习实践中真实发生的转变及其表征,以及推动转变发生的影响因素,这便于学校日后在项目化学习的规模化、常态化推进的过程中,为教师提供更有效的保障与更有针对性的支持。当然,由于条件所限,本研究还缺少课堂观察、项目进展过程性资料收集及学生作品成果分析,样本量也偏少,这也是今后进一步研究所需要改进的地方。

与此同时,笔者也发现了一些潜在的问题,其存在一方面可能有碍于教师行为或观念的转变,另一方面也会阻碍项目化学习的高品质实施。据此,笔者提供以下三点建议:

1. 抓住关键事件,撬动教师的“教学惯习”

教师转变始于对“惯习”的扰动。“教学惯习”来自法国学者布迪厄的惯习理论,指的是教师在长期工作、生活和实践中,在当时当地背景下逐渐形成而固化的一种行为倾向系统。在本次访谈调研中我们发现,即便是在项目化学习这种教学创新实践中,即便是自身变革和重塑意识非常强烈的教师,依然存在难以突破的“教学惯习”。比如不相信学生,总想介入或代替学生的学习;凭借经验做事,缺乏自我反思和迭代的意识;高结构长时间的知识讲授严重压缩学生探究的时空;对活动或成果的评价多于对学习品质和项目过程的评价;等等。要想实现真正意义上的教师转变,必须要重视转变教学惯习。在项目化学习实践中,可以通过抓关键事件和节点,来撬动教师的教学惯习。夏雪梅带领的研究团队曾设计出一个项目化学习的教师实施框架,包括入项探索、知识与能力建构、合作探究、形成与修订成果、出项、反思六个阶段[①],我们可以在此基础上进一步细化关键事件和节点,借助同伴、专家或学校教学指导员等在内的"有经验的他者"视角,将教师的教学惯习显性化并作为推动教师深度转变的契机。

2. 运用概念思维,增强项目实践的"学习品质"

研究者指出,在设计项目化学习时,需要同时把握"项目线"与"学习线",教师应掌握并运用概念思维与设计思维,以此实现"深度学习"和"项目运行"的双重功能。[②] 但是在对 10 位教师进行访谈的过程中,没有一位提到"概念"一词,这意味着"概念思维"在受访者开展项目化学习实践的过程中是缺失的。事实上,"概念"在项目化学习的设计中居于举足轻重的位置,发挥着承上启下的功能。"概念"是点状的学科知识的聚合与提炼,学科本质问题、驱动性问题、挑战性任务、高阶思维都需要指向"概念",项目化学习本质上就是围绕"概念"的深度理解、探究、运用和迁移;同时,"概念"又是学科思想、学科价值、学科本质的具体化,体现着每门学科独特的认知世界的视角和思维方法。教师"概念思维"的缺失直接带来的后果就是项目化学习实践中"学习品质"的不足,但是,"概念"的梳理、提炼、构建是一个系统化工程,学校层面应该创造各种资源和条件去组织教师团队开展共同的学习和研讨,探索"概念"提取的方法和路径,并将其运用于项目设计中,重点关注学习的发生与智慧的增长。

---

① 夏雪梅.项目化学习的实施:学习素养视角下的中国建构[M].北京:教育科学出版社,2020:89.

② 叶碧欣,桑国元,王新宇.项目化学习中的教师素养:基于混合调查的框架构建[J].上海教育科研,2021(10):23—29.

3. 针对操作难点,创新教师教育的策略和形式

教师转变需要外在的专业引领或支持,需要借助一定形式的专业指导来实现,而这些专业发展指导与实践有可能极大地改变教师的信念、知识、行为和学生的学习成绩。在访谈中,笔者发现以下这些问题是被受访者多次提及的操作难点:项目的选题、项目学习目标的设定、驱动性问题的设计、项目活动的序列化设计、项目学习过程的指导、项目学习的评价设计。在每一个操作难点之下,又能够细分出若干彼此关联的子问题,比如"项目的选题"就涉及项目本身的趣味性、与学科内容和实际生活的关联度、与环境的适切性、与学情的匹配度等等,可以说,每一个操作难点的背后都包含着一整套复杂的实践系统,都是可以独立探讨和研究的专题。因此,面对这一类有一定项目实施经验的教师群体,就不适宜采用集体讲座这样简单化、一刀切的培训形式,而应该探索个性化、定制式、可持续的教师教育形式与专业指导策略,以便更有针对性地推进教师转变。

二、项目化学习中的学生成长

学生是项目化学习的主体,学生对项目化学习的兴趣和学习投入会直接影响到学习质量和效果。那到底学生喜欢什么样的项目化学习?项目化学习对学生的挑战和收益到底如何?以下案例基于对4名学生深度访谈结果的呈现,提炼出影响项目化学习投入和效果的主要因素。

(一) 访谈背景

为了解学生对项目化学习的认知、投入程度和认可度等,我们课题组除了在日常项目实践中观察收集资料外,又对浦东新区4名参加过项目化学习的小学生进行了深度访谈(见表6-3)。其中一名学生访谈是利用周末线上进行,其他三名学生是利用在校时间面对面个别访谈。每次访谈时间在30分钟到1个小时。

表 6-3 访谈对象基本信息

姓名	性别	年级	(已参与)项目名称	是否担任组长
YKY	女	四年级	1. 美术项目——“探秘石库门” 2. 数学项目——“度量衡的故事” 3. 英语项目——“社区街道地图”	担任组长 不担任组长 不担任组长
ZZC	男	四年级	1. 活动项目——“细菌现形记”	担任组长
LJH	男	三年级	1. 数学项目——“一米阳光” 2. 英语项目——“云想衣裳” 3. 语文项目——“话说美丽山河” 4. 心理项目——“愤怒的小怪兽变形记”	不担任组长 不担任组长 不担任组长 担任组长
LJQ	女	五年级	1. 活动项目——“果味悠长” 2. 活动项目——“玩具发明家” 3. 活动项目——“班级收纳师” 4. 语文项目——“西游人物卡”	担任组长 担任组长 担任组长 担任组长

(二)访谈内容设计

根据相关文献和实践探索,主要访谈了四个问题:对项目化学习的认知、学习投入、项目实施及问题解决、对项目化学习的认可及学习效果。每个维度下设若干二级指标,初步形成了如表 6-4 所示的学生访谈内容结构。

表 6-4 学生访谈内容结构

一级	二级
1. 对项目化学习的认知	对项目化学习的了解
	与传统课堂学习的区别
2. 学习投入	内在兴趣
	主动性

(续　表)

一级	二级
3. 项目实施及问题解决	时间安排
	项目主题及内容
	分组方式及合作
	教师支持
	学习成果奖励和评价
4. 对项目化学习的认可及学习效果	对学科学习的促进
	能力提升

(三) 访谈结果

1. 学生对项目化学习的认知

在访谈中,我们询问学生"你觉得项目化学习与平常的课堂学习的区别主要是什么? 你更喜欢哪种学习?"时,四名学生由于都参与过1个以上的项目,对项目化学习的了解比较多,给出了很多自己的想法。

"项目化课堂更生动、有趣,小组合作时能更多讨论,参与度较高,每位同学都能随时发表想法。而平常的课堂,老师讲得多,或部分同学能回答问题。所以我觉得项目化学习虽然有难度,但我很愿意尝试。"(ZZC-20231115-IV)

"项目化学习主要是不用老师教,我们可以自己去寻找答案,学习时间很自由。日常的学习和项目化学习我都喜欢,我觉得都很重要,不可能完全自由地去学习,还是得在课堂中踏踏实实地学习,就像是自由的奔跑和赛道上奔跑,学到的东西是不一样的吧。"(LJQ-20231115-IV)

"最大的不同是跨学科。主要是时间宽裕,我还是喜欢做项目化的作业。"(YKY-20231115-IV)

"我认为主要区别在学习形式。平时上课只需要在课堂里认真坐好,跟随各科老师思路，上好课就可以。但项目化学习不一样，我们同学需要自主合作，对项目化学习的主题，或现实生活问题进行探究，不断创作、创新、验证、完善，最终得到小组自己的作品和成果。完成方式也不一样，小组成员往往提前查询资料或调查统计，边交流边讨论，相互协作、共同完成，并在老师的指导和帮助下，不断调整研究方向，解决出现的问题，确保学习顺利进行。学习检验也不一样，平时我们通过综合作业来检验，而项目化学习是通过成果汇报来检验。两种方式我都非常喜欢，这两种方式，就像一个是一日三餐，一个是餐后甜点、零食，都是我喜欢的学习方式。”（LJH－20231115－IV）

2. 项目化学习中的学习投入

项目化学习中的学习投入是指学生对项目有内动力，愿意投入时间专注地完成项目，并能用自己的想法影响项目的进程和成果。[①] 主要表现为学生对项目化学习有好奇心、有兴趣、主动参与项目等。

（1）内在兴趣

学生喜欢项目化学习的理由主要是贴近生活、好玩、时间宽裕、内容有兴趣、多元化人群合作、公平、大家一起想办法。

“我最喜欢的是‘玩具发明家’和‘班级收纳师’这两个项目，还有一个‘西游人物卡’，这些项目都很贴近我们的生活，比如说那个‘玩具发明家’，我们自己设计棋子棋盘还有规则，然后大家一起玩我们发明的游戏。”“我们很喜欢奥特曼卡片，老师还想让大家认真阅读经典，就一起想出了一个办法，把西游记里的人物制作成卡片，书里除了孙悟空、唐僧这些主要人物，其实那些妖精的本事也很有意思，后来大家还做了这些人物的法器卡片，标注了好多特点，制作得也都很好，我们还办了展览。”（LJQ－20231115－IV）

① 夏雪梅.项目化学习质量评估：基于中国情境的建构[M].北京：教育科学出版社，2024：195.

“做的是比较放松的,时间没有那么急,我就比较喜欢。比如这学期的一个项目是做一个绘本,内容我喜欢,这段时间在开展访谈会,每次5—10个学生,收集不同群体的推荐语,目前在制作邀请函,我觉得比较有趣。”“上台,小组互相打分,不给自己打分,家长打分,其他班级打分,我很喜欢,有多元化不同人群的合作,很公平。”(YKY-20231115-IV)

“我参加过四个项目,印象最深的是‘细菌现形记’,因为在本次活动中我懂得了要认真洗手,同时也明白了良好的卫生习惯对身体健康的重要性。在这个过程中我还进行了实验操作,学习了许多科学知识。”(ZZC-20231115-IV)

“印象最深的是‘云想衣裳’英语项目化,那是二年级下半学期,我们团队刚开始经验不足,走了很多弯路,但从结果来看,走弯路,克服这些困难还是值得的。我们小组通过团队配合,查询资料、调查统计、小组讨论、制作小报、制作PPT、制作成果展示板等,通过大家齐心协力,团结奋进,在年级汇报评比中,获得第一名的好成绩。当时大家欢呼雀跃,兴奋不已。”(LJH-20231115-IV)

(2) 主动提出解决问题的建议

“小组基本没遇到不愉快的事情,但也有个别组员因特殊原因迟到或不来等情况,我建议组长可以先线上开一个小会,讨论大致流程,任务分配等,然后提前确定线下小组活动时间,保证小组线下活动的出勤率。”(LJQ-20231115-IV)

3. 项目实施及问题解决

(1) 时间安排

“我觉得放在刚开学的时候比较好,因为假期刚结束,大家都比较兴奋,没有完全做好沉下心学习的准备,而项目化学习比较轻松有趣,更容易投入。而放在期末,复习任务较重,容易分心,不合适。”(ZZC-20231115-IV)

“项目化任务绝对不是多多益善，堆在期末考试，又复习，又做项目化，希望安排在学期开始到稍微期中一点。不要取消，有的项目还是比较好玩的。”“画周围社区街道的平面图这个项目我就不太喜欢，上个周二到这周五。我是组员，组内 7 人，有的组是 4—6 人。每组的任务一样。有兴趣的可以做立体的。我们打算做一个平面的，分组时间太少，时间很紧张。还有要写英文写段。如果放到下周五，我就会觉得好很多。”（YKY－20231115－IV）

“项目安排在什么时间比较好，这个好像我也不知道啊，发现问题就拿出来研究呗，但是不能太多，因为还得学习学校里的内容，每天也挺累的。”（LJQ－20231115－IV）

“我觉得每学期前期、中间都可以，若有多个项目化开展，最好错开时间，只要能给我们假期或双休日时间准备，我觉得每学期都可以开展项目化学习。”（LJH－20231115－IV）

（2）项目主题及内容

“项目课题是老师布置下来的，我们当然喜欢自己提出，这样我们参与的兴趣会更高，但这样耗费的时间更多，每个人的想法又不一样，所以老师可能就不让我们自己想。”“我们喜欢的主题，比如选择给我老妈过生日计划，寒假全家旅行计划，制定一周的家庭菜单，研究家乡的美食，有一次弄堂美食项目被一个组抢到了，但最后也没看到他们拿出什么好的成果。”（YKY－20231115－IV）

“有的项目是源于自己的生活发现，如“细菌现形记”，是我担任午餐管理员，但有很多同学不主动洗手，于是便向老师提出如何去改进。课程类的项目，如语文课本剧和数学是由老师提出，这些项目我都很喜欢。”（ZZC－20231115－IV）

“我参与的项目很多，有“云想衣裳”“校园植物大师”等。主题一般是来源于我们的课本知识，也有同学讨论得出的生活中的问题。”（LJH－

20231115 - IV)

“有的项目主题是我们自己问老师的,有的是我们发现了一个现象大家一起分析,然后提出问题,还有比如那个“班级收纳师”的是隔壁班陈老师问他们班学生,雨具一直很凌乱怎么办,我们两个班一起做的,都是很真实的,我觉得真实很重要。”(LJQ - 20231115 - IV)

(3) 分组方式及合作

“项目任务变多的时候,数学会适当减少一些其他作业。这样我就比较喜欢。分小组的时候,是自由分组,个别同学找不到自己的分组,剩下的被临时组成一个组,对于项目就会没有什么热情。我做组长,最有压力,有的老师课堂上会留时间让我们小组完成很多任务,这样组长就比较省力。如果课堂上没有时间做项目,组长最累,任务怎么分配,任务布置不下去,如果交不出,组长就着急,回家爸爸妈妈就帮着一起做。”(YKY - 20231115 - IV)

“我们一般是很要好的分在一个组,老师也会帮忙分配,还有家离得近的,在一个小区的一组。我没做过组长,我没有主动说要做,我也觉得自己做不好,组长得管理大家,分配任务。”“我觉得还是要好的在一个组比较好,很开心。我是和我的好朋友在一组,我们住得也很近,所以我们就很方便,也没有什么不愉快的事情,其他小组倒是有的,比如谁负责汇报,后来老师就加了一个内容,叫‘好团队画像’,这是个小组配合的团队要求,大家在合作之前先调整自己,就少了很多问题。”(LJQ - 20231115 - IV)

“我们是同学间自由组合,一般是好朋友一起或有相同兴趣的同学一起,这样在小组活动中配合更默契,交流更容易。当然,在这个过程中也会遇到困难。例如在《西门豹》课本剧排演时,演员总是表演不到位,也不认真听从指令,我作为导演就很头疼。最后,我们发现是剧本编写的问题,再做修改。”(ZZC - 20231115 - IV)

“有老师分配、同学自由组队等方式。我觉得同学自由组队方式更好,因为自由组队，队员之间更熟悉，更了解对方，小组讨论、小组配合起来更默契，更有利于项目化学习的进展。”（LJQ－20231115－Ⅳ）

（4）教师支持

“项目过程中遇到问题可以问老师，数学帮助最多。因为是老师性格原因，我们爱提问题，××老师这一年教我们数学，这个学期鼓励我们看谁先提出有价值的问题。我们做的时候老师会看着我们，帮助我们提供胶带什么的，这个老师态度非常好。数学老师让我们看PPT、视频，指导我们怎么做。”（YKY－20231115－Ⅳ）

“一般老师就是带着我们分析问题，然后把问题细分类，需要做什么，带着大家讨论一下，还会带着我们参观、记录什么的。我们的一个项目是做航海博物馆的一日游攻略，老师带着我们参观了航海博物馆，还给我们提供了采访记录表，还引荐了馆长给我们采访。”（LJQ－20231115－Ⅳ）

“项目过程中老师的辅导是很重要。如我们在‘细菌现形记’过程中，不知道该用什么方法进行细菌检测时，闵老师建议大家可以网上查询，也到图书馆查询资料，最终筛选出用细菌培养的实验方案。当实验过程中，我们的预设和实验结果出现了冲突，如为什么七步洗手法显示出的细菌量很多，我们便向卫生老师请教，原来是实验的精准度不够，可能水中有细菌或实验者洗手不干净。”（ZZC－20231115－Ⅳ）

（5）学习成果奖励和评价

项目化学习都有至少一项的学习成果。那学生看重自己的成果吗？学生是否希望自己小组的项目成果得到什么样的激励或奖励？

“没有奖励过，只要是奖励我就乐开花了。有些就老师拿出去展示，别人的鼓励我们根本听不到，之前有三次线下宣讲，我们做的东西还要担心被一、二年级学生弄坏，象征性的奖励都行。”“我们设计的作品是不同样子的校徽，有可能被采纳，但机会不多。”（YKY－20231115－Ⅳ）

“成果展示非常重要，每个小组都需要展示，每次可以三个人讲，而不是一个人像做 pre 一样背稿子讲。走班参观,每个组可以一半同学在项目成果旁边,向别的来参观的同学介绍自己的项目,组内的另一半同学去参观其他的项目,去参观的同学可以给自己喜欢的组投票。营造轻松的介绍氛围,每个组都同时介绍,这样就不会给学生造成宣讲压力。”(YKY－20231115－IV)

“我们小组的项目成果展示有的是以宣讲的方式,有的是以演出的方式。如‘细菌现形记’,我们不仅在课堂上宣讲,由老师和同学评价,还前往低年级班级宣讲,弟弟妹妹能够懂得洗手重要性的道理,我觉得我们的项目就成功了。因为整个过程是由我们自己设计操作的,我很有信心,真希望爸爸妈妈也来看看。上次‘细菌现形记’公开课,有同学的爸爸来了,我很羡慕。”(ZZC－20231115－IV)

“项目成果用什么方式评价都可以啊,还是得大家一起去讨论用什么方式,可以展览会,可以试用一下,每种结果有不同的方式,谁都可以参与。”(LJQ－20231115－IV)

4. 项目化学习的认可度及学习效果

(1) 对学科尤其是数学有促进

访谈中发现,学生表示项目化学习对数学知识和概念的学习有促进和帮助。

“项目学习对平常学习有一些帮助。增加知识也是有的,比如度量衡项目,有从－10 到 10 的感觉。数学做一些项目,正好学到这个知识,会有一些帮助。比如铺瓷砖这个项目,我上课突然就顿悟了。”(YKY－20231115－IV)

“数学的学习其实很贴近生活,很多数学知识都能够运用于生活。比如克与千克、东南西北都是生活中需要用到的知识。在本学期的项目中,我一开始不了解面积是什么,怎么计算面积。通过‘一米阳光’这个项目,我们自主学习了什么是面积,了解面积的概念,还进行了实地测量,并学习了长方

形、正方形、不规则图形的面积计算公式等，更好地培养了我们自主学习的能力。”（LJH－20231115－IV）

“项目学习对我的学习是有帮助的，能让书本上的概念看得见、摸得着。例如数学的升和毫升单位间的换算很容易弄错，但通过1000毫升的量杯和1升的水杯互相倒水的过程，能清楚感受大小的差别。”（ZZC－20231115－IV）

（2）有挑战能提升能力

“我很喜欢项目活动，也愿意用这个方法继续学习。它能够锻炼我的组织交流能力，需要跟组员合作完成项目。对我创新能力的挑战，这些活动书本上是找不到的，都是自己想的。如果设计错了，就要推翻重来。”（ZZC－20231115－IV）

“我学会了主动去思考，和大家一起研究，有些实际问题真的和书本有联系。项目化学习是很有挑战的，如果有好的问题我还想参加。”（LJQ－20231115－IV）

“提升能力是有的，我变得更加沉稳，上台表达没有以前那么慌张。”（YKY－20231115－IV）

（四）研究基本结论

从以上四位学生的深度访谈结果我们发现：

1. 学生对项目化学习的认知主要是项目化学习是一种参与度高，时间比较自由，需要小组合作共同解决问题的跨学科学习方式，这种认识和理解与项目化学习的本质是基本一致的。

2. 学生对项目化学习的学习投入比较高，主要表现为有兴趣、有内动力，能主动参与完成教师或者组长分配的任务，并能对项目中的一些小问题提出改进建议。存在的问题是学生的能动性还需要加强，学生还不能对项目中的主要问题、关键成果、项目走向等提出建设性的想法。

3. 项目实施可以继续优化、完善。项目主题和内容来源比较多样，有课本教材以及学生学校生活中发现的问题和感兴趣的问题;项目时间安排还需要更谨慎,如要避开考试,时间要充裕,完成项目时要减少学科教学的其他回家作业;分组形式比较灵活自由,尊重学生的意愿。项目实施过程中教师支持主要表现为提供学习资源、学习工具,直接指导等帮助学生完成项目,能营造探究氛围,鼓励学生讨论、交流、提问等,支持学生通过查资料、做实验等方式解决问题,但在"深化概念和评估知识"①方面还需要加强,如加强知识之间、知识和项目之间的联系,通过追问、反思、对话、质疑、引导同伴评论等使学生不断回到项目目标中的核心概念。学生希望自己的项目成果能够公开展示,得到他人的评价、认可与奖励,更希望家长能够更多地参与。

4. 学生认可项目化学习,认为项目化学习对学科学习主要是数学学科学习有促进,认为项目化学习有挑战、能锻炼自己的能力,愿意继续参与。

表 6-5　影响学生学习投入和学习效果的项目要素与内容举例

项目要素	内 容 举 例
时间安排	项目学习时间宽裕 课堂上有讨论时间 项目学习中学科学习作业量要减少 项目不宜安排在期末考试期间
分组方式及合作	分组方式灵活,尊重学生意愿 组长由组员指定 引导学生开展团队建设
教师支持	态度友好 鼓励学生提问题、做实验 提供学习工具、学习资源,支持学生解决问题

① 夏雪梅.项目化学习中"教师如何支持学生"的指标建构研究[J].华东师范大学学报(教育科学版),2023(8):90—102.

（续　表）

项目要素	内 容 举 例
项目主题及内容	项目主题和内容来源多样 有学生学校生活中发现的问题和自己感兴趣的问题
学习成果奖励及评价	成果能被展示或采纳 成果能获得观众的认可和教师的奖励 家长能参与到成果评价中

【实践案例16】

转变观念应对即时性生成的问题①

在“古诗推广计划”项目化学习中，有一件小事值得我们思考：

为了让更多学生来参观古诗时光长廊，我们结合语文教材第七单元的“设计海报”内容，合作设计了26份海报。学生问教师贴哪里好，教师指着洗手间右侧的墙脱口而出：“贴在人流量大的地方，比如洗手间门口，每个人都会去。”一节课后，教师发现全校好多个洗手间的墙上都贴了海报。教师意识到自己不该把想法告诉学生，应该让学生自己思考。但是，教师庆幸的是自己预留了一部分海报！于是，教师把剩下的海报发给学生们，嘱咐学生自己去找地方贴。结果又过了一节课，教师发现剩下的海报也贴在洗手间的周围。

教师反思时发现，师生不自觉地进入了一种思维定式——教师应该及时回答学生的问题，学生应当万事听指挥。这是长期的“教”与“学”关系带来的惯性。这种模式虽然使一个教师可以同时教40多个孩子而保持权威、保持教室安静、保持全员侧耳倾听的高效率，但是，学生主动思考、个性化质疑、独立处理问题的机会就少了。这也是目前教师在开展项目化学习中，容易走回传统教学方式的原因之一。基于讲授的教学方法，教师把每一个教

① 本文作者：王淑芬，上海市浦东新区福山证大外国语小学。

学环节都设计得严丝合缝,我们以往追求的“不多一分钟,不少一分钟”一定程度上帮助学生绕开了本该遇到的问题,教师也习惯了通过提前设计,帮助学生扫清学习路上的障碍。然而,项目化学习中,学习的情境发生了变化,很多的学习环节无法预测,也难以绕开,因而教师也需要转变观念,改变习惯,拿出勇气和教学智慧应对即时性生成的问题。

【实践案例17】

在不断的试错与失败中成长

——以“我是小小神农”项目为例①

在项目化学习的过程中,最主要的就是以驱动性问题来引领学生开展探究。“我是小小神农”这一学习项目最主要的探究内容就是种植中草药,学生在行动研究的过程中,也遇到了很多困难和问题,但这些困难也促使他们养成了分析和反思的良好习惯。在整个探究的进程中,他们的思维也十分活跃与发散,能够通过不同的“线索”去解释成功与失败的原因,并且尝试去推论与证明其猜想的正确与否,这无疑是一种高阶思维的培养。项目化学习不断地推进,遇到的状况和问题也层出不穷,这些问题多数在学生自发探究的过程中产生。作为他们学习的陪伴者,有两个场景让我记忆尤为深刻,于是我将其记录下来,撰写成案例,以此剖析我们的学生在项目化学习中的表现与成长发展路径。

艾草枯死之谜

本草园西南侧的田地里种植了艾草,它的生长周期为2个月出头一点,照理学生们三月底去进行种植和养护,五月底即可收获新鲜翠绿的艾叶。我们本草园里的田都是以班级为单位划分,进行“责任田”制度的管理和养护。前些天,当我班学生准备去采摘艾叶时,却意外地发现艾草已经全部枯萎。于是,我便引出了一个讨论的话题:艾草为什么会枯死?于是我们

① 本文作者:陈诗玮,上海市浦东新区昌邑小学。

便开始探究艾草的枯死之谜。小朋友们分组讨论,分析成因并进行验证。他们花了一周的时间,从各方面着手调查并讨论,出现了以下几种猜想:1. 气温过高,影响生长;2. 土壤不合适;3. 有害虫侵蚀艾叶;4. 没有及时浇水,导致枯死;5. 过度浇水,导致植物烂根。不过,这些都是孩子们的猜测,要了解猜想是否正确,还需要去验证。于是,我们便开展了一系列的研究。

【研究:气温过高,影响艾草生长】

觉得气温过高导致植物枯死的学生借助网络的力量,倒推去排查了前两周的天气,发现五月的平均气温在17—25℃,只有一天是极端高温,高达35℃,而艾草的生长习性为耐高温,不耐低温,低于-5℃则停止生长。孩子们通过搜索历史气温,观察温度阈值,对自己的猜想进行辩证,排除错误猜想。

【研究:土壤不合适】

一小部分学生觉得是土壤的问题影响到了艾草的生长,于是他们便上网搜寻有关艾草种植条件的信息。通过资料检索,学生知道了艾草适合生长在肥沃、疏松、排水性好的土壤里,土壤的酸碱性也会影响艾草生长的好坏,适宜的土壤pH应在6.0—7.5之间。因此,这部分学生觉得土壤可能过酸或过碱,导致艾草被烧死。于是,他们便对此开展研究和讨论。

对于他们来说,最主要的问题就是如何得知土壤的pH。于是他们便开始自主研究,尝试用pH试纸来测量土壤。在种植艾草的地里采样——挖了一块泥土放置容器中,去除杂质并用蒸馏水稀释,搅拌成泥水,最后发现pH试纸呈荧光绿色,对照比色卡,测得pH在6.6—7.6之间,是中性土壤。以此发现并不是土质的问题,故而排除这一猜想。

【研究:有成群的害虫侵蚀艾叶】

不少学生觉得养护的过程中除虫工作没有做好,导致成群的害虫啃食艾草的根茎叶,使得艾叶全部枯萎,不复生长。因此,他们也开展一系列的探究与证明。首先,他们先实地捕捉了田里的昆虫,有西瓜虫、蜈蚣、微型瓢虫以及其他一些不知名昆虫。然后将不同昆虫分类放进内置几片艾草叶的玻璃瓶中,观察一周后发现艾叶并未出现严重受损的现象,以此得出这些虫类并不喜欢吃艾草叶片,从而排除了这一猜想。

【研究:没有浇水导致艾草枯死】

绝大多数学生觉得艾草枯死的最主要成因就是没有及时浇水,但当我让他们思考如何去证明就是这一原因的时候,很多孩子都愣住了。不过也不乏有想法的学生会去翻看本草园的养护记录表,询问负责养护艾草的班级同学和后勤管理老师等,在他们思考并践行一系列的举措后,发现这块地没有班级管理,养护记录表上没有任何有关艾草的养护情况,并且从后勤管理老师那儿得知,艾草所在的位置也最为偏僻,自动洒水器平时无法浇灌到艾草,再加上这一块地始终"无人问津",艾草自然而然就枯萎了。

学生们也对这次失败的种植活动进行了反思,发现我们在起初的设定上存在一定的缺陷。三年级 8 个班,本草园的地有 10 块,按照每班一田的方式,势必有 2 块田没人打理。于是,他们便起草了一份招募令,在年级里招募了感兴趣的同学参与这个"拯救艾草"的行动计划,让艾草也能生机勃勃,就像焕然一新的本草园一样,重焕光彩。

金银花去哪儿了

金银花是我们班级自己种植和养护的本草植物,因此在照料的过程中,我班学生严格遵循本草园的种植要求,播种金银花种子后,按照每周浇两次水、修剪一次杂草的频率进行养护。金银花的花期是 4—6 月,照道理来说,经过两个月的悉心照料,金银花早就应该开花了,可在我们的地里,一朵金银花的影子都没见着,出现的却是一大簇不知名的"野生植物",其特征与金银花大相径庭,这让学生们百思不得其解。于是,一个驱动性问题就此诞生:我们的金银花去哪儿了？学生们以此开展了激烈的讨论和探究。有的学生说,是天空中的小鸟把种子衔到了这块土地上生根发芽,以此影响和干扰金银花的生长;也有的学生说,在播种金银花之前土地里就混有别的种子;甚至有学生脑洞大开,说这是金银花变异后的结果。

但无论哪种情况,也都只是学生们的猜想,所以我就顺势引导他们进行验证。在证明的过程中,确实也出现了一系列的困难,例如:如何证明是小鸟把种子带到了这块土地上,学生们想到去看百草园的监控,观察这一块土地是否经常有小鸟休憩,但这一行为犹如大海捞针,想要证明基本是不可能的。但从所谓的"野生植物"生长特征去观察,成片的、均匀的、有规律的生长,断然不会是小鸟所为。再如,学生们想去证明在播种金银花种子之前是否存在别的植物的种子,根本无从下手。于是,我便引导他们去联系售卖种子的老板和种植养护人员,在求证中得知成片的植物肯定是播撒下去的种子长成的,但是之前就播种的还是混在金银花种子里的就无从辨别了。探究到这一步,我觉得学生们已经很不错了。至少在探究的过程中,孩子们尝试着用辩证的思维去解决遇到的问题和困难,在证明和反思中完成探究,这一点也是我在项目化学习中十分推崇的一种核心素养。

在这两个案例中,学生们出现了很多天马行空的猜想,对于这些想法,我并不是直截了当地告诉他们结果,而是陪伴他们去不断地试错,探寻真正的结果。因为我始终认为,这样的陪伴远比说教来得更有意义。

项目化学习是以问题驱动学生进行实践探究的,结果可能成功,也可能失败,但我注重的并不是结果,而是在探究的过程中,让他们习得解决问题的能力,与此同时,学会用发散性的思维去思考问题,并证明自己的猜想和推断,对于失败的项目也能进行反思和经验总结,为下一次实验做好充足的准备。我想,这就是项目化学习带给我和我的孩子们最具深刻意义的收获。

【实践案例 18】

不可低估的创造力

——“健康生活我来‘皂’”项目实践案例①

2019 年起,本着从学生的生活出发,贴近学生实际,促进学生个性发展与素质的全面提升的课程理念,学校开发了以中医药为主题内容的特色校本课程“四季本草 TANG”,形成了横向涵盖六大学习领域,纵向学习目标由浅至深的“四季本草 TANG”中草药课程体系。

项目化学习“健康生活我来‘皂’”是四年级“夏花”板块项目活动之一。该项目通过“知识学习”“调查研究”“创造实践”等环节,使学生了解制皂的基本过程,并设计制作一块中草药手工皂,培育学生的好奇心,自信心,发散思维,批判思维,设计方案、预测建设、动手操作、团队合作等能力。

思变:一个“跳出框架”的想法

“四季本草 TANG”中草药项目入项活动中,学生们畅谈了疫情给我们的生活带来的改变。经过七嘴八舌的讨论,大家认为疫情给我们最大的改变就是出门戴口罩和勤洗手。由此,确定了这次项目化学习的目标——利用之前学习的中草药知识,自己制作一块中草药手工皂。经过前期的知识建构,学生们了解了制皂的方法和基本步骤,并对市场上的中草药皂的成分进行了调查,打算利用中草药的特性来设计一款独一无二的中草药手工皂。

“老师,”博学小组的组长小蔡举手示意,“我们小组通过讨论已经确定用艾草作为我们中草药手工皂的配方。但我们觉得这并不创新,所以我们想从产品的外观上进行设计,可以吗?”博学小组的建议很出乎我的意料,因为在项目设计表中涉及了“香气”和“药用价值”,并没有手工皂外型设计这一栏。不知不觉中,我已经带着孩子们走进思维的“泥潭”。手工皂还能有其他造型吗? 手工皂为什么不能有其他造型呢?!

---

① 本文作者:陆燕华,上海市浦东新区唐镇小学。

“当然可以。”我欣然接受他们的提议，“能跟老师分享一下你们想从哪方面入手吗?”“我们觉得现在人们在外洗手的需求增加了，如果中草药手工皂能随身携带就太方便了，所以，我们打算设计一款中草药便携皂。”小王信心满满地回答我。“你们的想法非常好，期待你们的作品!”

爱因斯坦曾言:“在引起问题的认知框架内思考，则永远无法解决问题。”与学生相比，我在思维中形成的大量“规矩”和“惯例”，使我在项目化学习过程中为学生们做出了局限性的设计，这险些使学生与“灵光一现”的创造性想法擦肩而过。项目化学习倡导“以学生为中心”的理念，在学习过程中学生的思维和想法应得到尊重与重视，项目化学习的过程其实是教师和学生共同发现问题、解决问题的过程。创新产生的第一步，或许也是最重要的一步，就是主动承认我们思维的局限性，发现思维定式这层包裹着我们的头脑的蛋壳的存在，然后主动打破这层蛋壳，创新的生命也就诞生了。这也是项目化学习的目标所在，我们应乐于见到学生在活动中的思变，做好引导与支持。

思辨:一场“难忘”的圆桌会议

谋定目标之后，博学小组的成员随即开始了便携中草药手工皂外型设计。一周后的中草药课堂上，他们进行了组内设计交流。兴趣成为了强烈的内驱力，仅仅过了一周，博学小组的成员便交了令人刮目相看的设计。小王同学设计的是“盒装便携中草药手工皂”，即把中草药手工皂切成小块，用纸张包装放在一个类似于润喉糖包装的铁盒中;小沈同学设计的是“便携中草药手工皂纸”，即用中草药皂液浸润无纺布后切成小块，晒干备用;小蔡同学设计的是“旋转便携中草药手工皂”，即把中草药手工皂制成口红状，方便携带和使用。

谁的设计最合理，最有可行性? 一场圆桌会议正式拉开帷幕。最先被否定的是“便携中草药手工皂纸”，大家一致认为手工皂纸这样的设计在市场上已经出现，没有体现设计的“独一无二”。接着，组员们对“盒装便携中草药手工皂”提出了很多问题，如：如何确定一粒皂粒正好够一个人洗手？小朋友和大人每次洗手需要的皂量是否一致？大家相对认同的是“旋转便携中草药手工皂”的设计，认为这项设计既紧扣便携这个目标，也颇具创新。但是，也有学生提出用口红罐体灌装中草药手工皂是否会引起混淆，存在安全隐患。最终，圆桌会议结束，所有的设计方案都“三振出局”。

虽然博学小组在圆桌会议中没有得出一个合理、可行的设计方案，但是我却欣喜地看到了学生的思辨过程。思辨能力是指思考和辨析的能力。这种能力包括对问题的分析、推理、判断和解决问题的能力，以及运用逻辑和理性思考的能力。在当今社会，人们需要具备多种能力以应对日益复杂多变的问题和挑战。其中，思辨能力是最为重要的一种。项目化学习是一种以问题解决为导向的学习方式，它可以有效培养学生的思辨能力。通过引导学生进行问题分析、信息整合、逻辑推理、批判性思维和创新思维等方面的训练，教师则可以帮助他们更好地应对复杂多变的问题和挑战，提高他们的综合素质和能力水平。

思便：一个“惊喜满满”的创意

博学组的便携手工皂设计经过第一次的圆桌会议，遇到了“瓶颈”——该如何针对设计中的问题做出相应的调整？在项目化学习中教师可以是指导者、促进者、组织者，更可以是“伙伴”，与学生一起探索、学习新的知识。我提供给了组员们梳理问题、解决问题的支架——鱼骨图，请他们把设计问题进行梳理，并用反向鱼骨图去解决问题。经过梳理，设计问题清晰可见，组员都一致认为“旋转便携中草药手工皂”设计问题最少，他们选择对其进行改良。

“老师，我们想到了！你看……”几天后的午休时间，博学小组的成员们涌入我的办公室，兴奋地和我分享他们的新设计。经过几天的讨论与研究，他们想到了用废弃固体胶棒来代替口红盒作为“旋转便携中草药手工皂”的包装，这样不仅增加了便携手工皂的容量，更不会引起误用。这真是一个令人惊喜的创意设计！创新需要在思辨和思变的基础上进行思维整合，即是思便。如果说思辨强调的是一种辩证思维，思变强调的是创新思维，那么思便强调的就是一种全局思维。在项目化学习中，学生通过查阅资料、交流讨论，在处理冲突的问题时，不会简单地选一否一，而是通过融会贯通，结合双方或多方的优势，消除对抗，走出一条新路子。

最后，博学小组的"旋转便携中草药手工皂"在此次项目化学习活动展示中脱颖而出，成为了最具创意的中草药手工皂。

回顾整个项目化学习的过程，每一位学生的所获所得不是三言两语能概括的，孩子们的表现超乎了我的预期，迸发出了不可低估的创造力。在反思日志中，有学生写道：

> 我突然想到曾经跟着妈妈一起去做过润唇膏，我觉得香皂也可以用润唇膏管子来制作呀！不仅独特，携带起来也非常便捷。我在小组讨论中把我的设计分享给了我的组员，心里为自己的别出心裁沾沾自喜。可是当即就有同学提出，润唇膏的管子太小了，做不了多大的肥皂，而且容易和润唇膏弄混，会产生危险。说得很有道理，的确是我思考不全面，难道就没有什么替代品了？
>
> 一节美术课上，我正摆弄着固体胶棒，打开—旋转—盖上—打开—旋转—盖上……这不就是最好的替代品吗！我们可以用废弃胶棒来作为香皂模具，于是旋转乐中草药香皂就问世了，而且为了跟普通的胶棒区别开，我们特意添加了淡绿色的色素，还加入了桂花，清新的颜色和淡淡香气，让我们小组的手工皂独树一帜，获得了所有同学的喜欢。
>
> 这真是一次艰辛的创造旅程啊！但是，当我看着手中这款由我设计完成的香皂时，心里可甜啦！我想说，我特别爱这样的学习方式，"四季本草 TANG"中草药课程给了我把自己想法付诸实践的时间和空间，让我成为一名小小的创客！

项目化学习实施中的不确定性为学生的发展提供了无限可能，学生"思变、思辨、思便”的能力在无形中得以培育,使学生在学习中邂逅更好的自己。在项目化学习中,“三思而后行”可能有新的释义,即在项目化学习中使学生经历“思变、思辨、思便”的过程,从而“知行合一”付诸实践,在“创中学”,在“学中创”。而作为教师的我们,应该用好手中的这项“魔法”——项目化学习,激发孩子那不可低估的创造力。

附件 1：浦东新区义务教育项目化学习实施校长调查问卷

尊敬的校长：

您好！我们想通过问卷调查，了解您对项目化学习的认识和学校实施情况。问卷采用匿名形式，您所提供的事实、数据和观点，仅供研究使用，与对学校的评价无关。您的回答对于这次调查很重要，谢谢支持！

上海市浦东教育发展研究院

2021 年 8 月

一、基本信息

1. 您的性别

（1）男　（2）女

2. 所在学校是

（1）公办　（2）民办

3. 所在学校是

（1）小学　（2）初中(含九年一贯制)

4. 所在学校是(可多选)

（1）市级种子实验校　（2）市级项目实验校　（3）区级种子实验校　（4）区级项目实验校　（5）区级创建校

二、校长对实施项目化学习的认识

5. 您认为对于一所学校,实施项目化学习的价值主要在于(限选 3 项)

(1) 转变教师的知识观、课程观、学生观

(2) 促进学校教与学方式变革,激发学校办学活力

(3) 促进学校朝向未来的学校发展和转型

(4) 促进学校与家庭和社区的联系

(5) 项目化学习包容不同风格和类型的学生,有助于促进教育公平

6. 您认为目前学校实施项目化学习面临的主要障碍是(排序,请填写数字,从 1—8,1 代表“最主要”,8 代表“最不主要”)

(　　)现行的考试制度不匹配

(　　)学生评价机制的限制

(　　)分科为主的学科课程结构的限制

(　　)教师缺少相应的项目化学习设计和实施能力

(　　)学生要学的知识和技能太多,时空不够

(　　)家长不理解项目化学习的价值,支持不够

(　　)校长的课程领导力有待增强

(　　)专家资源有限,指导跟不上

三、校长对实施项目化学习的信念

7. 实施项目化学习能促进教与学的变革

(1) 能　(2) 比较能　(3) 一般　(4) 不太能　(5) 不能

8. 实施项目化学习能促进学生创造性、问题解决、批判性思维、沟通与合作等跨学科素养的提升和发展

(1) 能　(2) 比较能　(3) 一般　(4) 不太能　(5) 不能

9. 实施项目化学习能促进学生对学科关键概念/能力的学习

(1) 能　(2) 比较能　(3) 一般　(4) 不太能　(5) 不能

10. 实施项目化学习能促进不同学科教师之间的沟通和合作

(1) 能 (2) 比较能 (3) 一般 (4) 不太能 (5) 不能

四、学校推进项目化学习实施的举措

11. 学校准备或已经采取如下措施推进项目化学习的实施(限选 4 项)

(1) 加强教师培训,使教师具备相应的技能

(2) 从校本课程、综合实践活动入手研发项目式课程

(3) 依托课程标准和教材进行项目化学习的学与教的变革

(4) 根据项目化学习的要求开展学生综合素质评价

(5) 开展课题研究,实践项目化学习的理论与实施方法

(6) 在绩效分配中对参与项目化学习教学实践和取得成绩的教师予以倾斜

(7) 在学校课程计划安排中,为项目化学习实施提供课时、教研等方面的支持和保障

(8) 学校现在发展状态挺好,不需要大的改变

附件 2: 浦东新区义务教育项目化学习教师调查问卷

亲爱的老师:

您好!非常感谢您在百忙之中参与本次问卷调查。此问卷编制的目的是了解义务教育阶段项目化学习的实施现状。问卷不记名,所收集的数据仅供学术使用,您所填写的任何信息将被严格保密,请您放心如实填写。非常感谢您的支持!

上海市浦东教育发展研究院

2022 年 9 月

第一部分　基本信息

请根据您的实际情况做出回答

1. 您的学历:A. 大专　B. 本科　C. 研究生

2. 您的教龄:A. 5 年及以下　B. 6—10 年　C. 11—15 年　D. 16—20 年　E. 20 年以上

3. 您任教学段　A. 小学　B. 初中

4. 您是否为项目化学习种子教师　A. 是　B. 否

第二部分　请选出最能反映您真实想法或做法的表述

对项目化学习的认知

5. 我对项目化学习的了解程度:

A. 非常了解　B. 比较了解　C. 一般　D. 比较不了解　E. 非常不

了解

6. 我认为项目化学习主要具有以下价值:(多选题,最多选 4 项)

A. 深化学生的知识理解和迁移

B. 提高学生的学习动力和参与性

C. 培养学生的批判性思维、创新思维、协作和沟通等 21 世纪技能

D. 让学习变得相关和有意义,帮助学生了解学校如何与外界联系

E. 比传统教学更能有效地提高学生的学业成绩

F. 随着时间的推移改善学生对知识的保留、巩固和理解

G. 增进学生学习的自信心

H. 促进学生间的交往,让他们发现彼此的优点

I. 促进更多的公民参与和全球意识

开展项目化学习的态度和意愿

7. 我认为项目化学习难以获得成效:

A. 非常符合　B. 较为符合　C. 不确定　D. 较不符合　E. 非常不符合

8. 我认为项目化学习无法提高学生的学业成绩:

A. 非常符合　B. 较为符合　C. 不确定　D. 较不符合　E. 非常不符合

9. 学习项目化学习的相关理论和知识让我觉得:

A. 兴奋　B. 充实　C. 无感　D. 不知所措　E. 困扰

10. 开展项目化学习让我觉得:

A. 兴奋　B. 充实　C. 无感　D. 不知所措　E. 困扰

11. 我会积极主动学习项目化学习相关的课程、书籍、文献:

A. 非常符合　B. 比较符合　C. 一般　D. 比较不符合　E. 非常不符合

12. 我会积极主动参加项目化学习的相关培训和交流活动:

A. 非常符合　B. 比较符合　C. 一般　D. 比较不符合　E. 非常不符合

13. 在今后的教学中,我会主动寻找机会开展项目化学习:

A. 非常符合　B. 比较符合　C. 一般　D. 比较不符合　E. 非常不符合

14. 您认为教师不愿意开展项目化学习的最主要原因是:(多选题,最多选 4 项)

A. 学校事务繁杂,教师精力有限　B. 无法提高学生的学业成绩　C. 时间进度过长　D. 与考试内容冲突　E. 与教育评价体制不匹配　F. 欠缺资源整合　G. 缺乏专业指导　H. 学校缺乏团队合作文化

项目化学习的设计

15. 在项目化学习设计中,我迫切关注的问题是如何将项目化学习与学科教学深度融合:

A. 非常符合　B. 比较符合　C. 一般　D. 比较不符合　E. 非常不符合

16. 在选择项目内容时,我会优先考虑________(排序题)

A. 学科核心知识　B. 学生知识能力基础

C. 学生兴趣需求　D. 与真实世界的关联度

17. 在项目化学习设计中,我遇到的难题是如何选取项目主题并设计驱动性问题让学生积极参与:

A. 非常符合　B. 比较符合　C. 一般　D. 比较不符合　E. 非常不符合

项目化学习的实施

18. 当实施的项目对学生而言具有一定挑战性时,我通常:

A. 降低项目难度,确保学生顺利完成项目任务

B. 在教学前或教学中,帮助学生构建相关的知识与能力

C. 根据项目实施中学生的真实表现,提供适切的学习支架

D. 不做干预,让学生在项目化学习中自由探索

E. 其他________

19. 在项目化学习的实施中,我遇到的主要困难是:(多选题)

A. 组建一支"项目化学习的教师(跨学科)团队"

B. 得不到所有学生的支持和积极参与

C. 耗费大量的时间和精力

D. 学生和教师对于项目化学习的流程都比较陌生

E. 班额较大的班级如何在协作学习中避免部分学生开无轨电车、打酱油现象

F. 项目管理中需要处理诸多细节问题

G. 其他________

项目化学习的评价

20. 对我而言,开展项目化学习评价:

A. 非常难　B. 比较难　C. 一般　D. 比较容易　E. 非常容易

21. 开展项目化学习评价中,我遇到的困难是:(多选题)

A. 如何对不同层次的学生进行评价

B. 教师的过程性反馈如何有效指导和推动学生学习

C. 如何引导学生正确对待不同人士的反馈与评价

D. 如何基于多种评价和反馈进行反思与改进

E. 如何设计出符合项目目标的评价指标和方式

F. 其他________

22. 根据我的实践,我发现下列哪种类型的学生对项目化的热情会更高,更愿意主动投入:

A. 学业不良的学生　B. 学业中等水平学生　C. 学业高水平学生

再次感谢您的支持与配合!

附件 3: 浦东新区义务教育项目化学习种子教师访谈提纲

一、基本信息

所在学校:

执教年级:

执教学科:

(已完成)项目名称:

二、主要问题

1. 您认为项目化学习与我们以讲授为主的课堂教学相比,有什么不同?

2. 在设计的过程中,您认为哪一部分的设计是最核心的,为什么?

3. 在进行项目化学习的设计时,您认为最难的是什么? 最想得到哪些方面的帮助?

4. 项目实施过程中,您认为自己做得好的有哪些?

5. 您认为开展项目化学习的效果如何,是否达到了您的预期?

6. 您认为哪些学生更容易在项目化学习中受益? 具体表现在什么方面?

图书在版编目(CIP)数据

让项目化学习真实发生 ：浦东的研究与实践 / 杨海燕编著 . -- 上海 ：上海社会科学院出版社，2024.
ISBN 978-7-5520-4158-3

Ⅰ. G632.0

中国国家版本馆 CIP 数据核字第 2024VL1912 号

让项目化学习真实发生:浦东的研究与实践

编　　著：杨海燕
责任编辑：路　晓
封面设计：裘幼华
出版发行：上海社会科学院出版社
上海顺昌路 622 号　邮编 200025
电话总机 021-63315947　销售热线 021-53063735
https://cbs.sass.org.cn　E-mail：sassp@sassp.cn
照　　排：南京前锦排版服务有限公司
印　　刷：上海颛辉印刷厂有限公司
开　　本：710 毫米×1010 毫米　1/16
印　　张：17
字　　数：234 千
版　　次：2024 年 12 月第 1 版　　2024 年 12 月第 1 次印刷

ISBN 978-7-5520-4158-3/G·1366　　定价：85.00 元

版权所有　翻印必究